企业个人信息保护合规手册

朱凯 夏蕊 蒋皓宇 ◎ 著

中国法制出版社
CHINA LEGAL PUBLISHING HOUSE

前　言

个人信息保护是任何一个法律体系社会在进入数据化时代后所面临的新问题、新挑战。过去的隐私保护制度虽然包含了个人信息保护的内容，但对信息的利用却太过消极，更多的是从人身权利的角度出发，保护个人的基本人权、禁止或限制个人信息的交流传递。而当今的个人信息保护，更多强调的是信息应如何合法利用，从运用先进数据处理技术和发掘数据要素价值的角度出发，引导人们在合法、合规的基础上最大限度地利用个人信息为生产生活和经济发展服务。

21世纪以来，随着数字技术的迅猛发展，个人信息日益成为一种重要的数据化资产，个人信息保护也逐渐上升为全球性的关注议题。这一趋势推动了全球个人信息保护立法进程不断加快。据统计数据显示，2000年至2010年，全球颁布个人信息保护法的国家数量较十年前翻了一番，达到40个；而2010年至2019年，这一数字更是增长至62个，创下历史新高。预计这一趋势将在未来几年持续下去，到2029年，全球将有超过200个国家或地区拥有个人信息保护法。

中国的个人信息保护制度之建立，正是全球个人信息保护制度建立和完善这一历史性发展的重要一环。2021年8月20日《中华人民共和国个人信息保护法》的正式颁布，标志着中国个人信息保护立法迈入了新的历史阶段。这部法律的出台，既是"百年未有之大变局"背景下对全球个人信息权益保护的制度回应，也是顺应数字时代发展趋势的必然要求。这部《个人信息保护法》凝聚了国内外先进立法经验，体现了中国特色社会主义法治理念；在借鉴域外立法智慧的基础上，又充分吸收了本土实务经验；既将个人信息权益保护作为基本原则，又注重规范个人信息处理活动，实现了"个人信息权益"的私权保护与"个人信息处理"的公法监管的有效平衡。同时，该法还统合了私主体和公权力机关的义务与责任，兼顾了个人信息保护与利用，为我国网络社会和数字经济发展奠定了坚实的法律基础。

企业在个人信息保护制度中扮演着双重角色：既是个人信息保护制度的受益者，也是个人信息保护制度的责任人。一方面，个人信息保护制度的建立和完善，可以帮助企业促进个人信息数据的利用，更好地了解消费者需求、提高营销效率、创新商业模式；另一方面，企业是个人信息收集、处理和利用的主要主体，更容易发生个人信息泄露、侵权等问题。因此，个人信息保护制度不仅是企业的机遇，也是企业的责任。企业只有积极参与个人信息保护制度的建设，切实履行个人信息保护责任，才能在个人信息保护中获得更大的收益。

本书是由中岛律师事务所的高级合伙人朱凯律师，带领团队两位在数据合规和个人信息保护领域提供法律服务的卓越的律师，共同创作完成的实务性指导图书。作为领导者的朱凯律师自2019年起专注于网络安全、数据安全和个人信息保护的法律服务工作和实务性业务研究。在当前这样一个信息化、数据化时代，作为法律从业者，作者深刻感受到技术推动着国家法治的迅速发展变化，技术发展和社会生活的网络化、数据化将每个人不可逆地推向未来的浪潮。在此过程中，作者不断思考如何理解网络、数据和个人信息之间的关系，观察它们相互之间的影响，并把握法律制度的变革、发展和趋势。本书内容包含了作者多年来在个人信息保护法律服务领域积累的经验的总结，对企业个人信息保护合规司法实践具有指导价值。

以个人信息保护为基础，作者深入讨论了全球个人信息保护的整体环境、中国个人信息保护法律制度的发展和现状，以及《个人信息保护法》与《网络安全法》、《数据安全法》之间的相互关系和意义。此外，作者还探讨了企业根据当前法律规定所需承担的保护合规义务。

同时，个人信息保护制度作为一套新的制度，正在不断发展和完善。因此，作者也希望引导读者了解这一全新而完整的法律体系的历史沿革、变化过程和发展趋势。毕竟，作为实务性法律的运用者，企业高级管理人员应具备前瞻性和预见性，以适应不断演变的个人信息保护要求。

本书的目标读者为企业中负责合规、数据安全和法律事务管理的专业人员，为他们提供实现企业个人信息保护合规目标的指导。本书提供了实用的方法和步骤，帮助读者从零开始，系统梳理企业的业务流程和场景，对个人信息进行分类和处理，并建立一套完整的内部个人信息保护制度，以及掌握在面临企业个人信息安全风险时妥善处理这些事故的方法。

本书涵盖了最新的重要的个人信息保护制度，具有极强的时效性。基于丰富的实务经验，作者在本书中快速、系统地分析和对比了企业个人信息出境的可选路径，并结合企业的具体使用场景提供指导，帮助企业判断和选择合适的出境合规路线。

此外，本书在实际操作层面也具有一定的指导作用，介绍了企业如何从零开始建立个人信息保护制度体系，读者可以根据书中内容结合企业自身情况，逐步建立起个人信息保护的初步制度。作者将复杂的概念和法律制度转化为易于理解的内容，并提供了按部就班的实操引导。本书还揭示了个人信息保护领域的最新制度发展趋势。读者将受到启发，并从全面理解个人信息保护的角度受益，将这些知识和信息应用于实际工作中。

本书结构按照逻辑顺序设计，旨在逐步引导读者了解和实施个人信息保护合规。第一章对基本概念进行界定，为全书奠定了基础。第二章介绍了欧盟、美国和亚洲主要地区的个人信息保护规则。在当前国际环境下，个人信息保护不仅局限于一个国家或地区，在深入学习和了解本国制度的同时，了解域外制度和环境也是必要的。特别是欧盟的《通用数据保护条例》，其所涵盖的长臂管辖已经对我国境内的外贸企业产生了深远影响。第三章详细介绍了我国的个人信息保护制度，以《个人信息保护法》为核心内容，不仅包括《个人信息保护法》的规定，还涵盖了与之相关的《网络安全法》和《数据安全法》，以及重要的技术性文件《信息安全技术 个人信息安全规范》和《信息安全技术 个人信息安全影响评估指南》，提供了个人信息保护法律制度内容。第四章和第五章更加注重实操，构成了个人信息保护合规过程中最关键的两个环节——制度建设和安全事件处置。这两章的内容既可成为企业的实操指南，按部就班、逐渐实施，也可用作企业的自查工具，逐一对比、补充不足。

我们深知，企业个人信息保护是一项长期而艰巨的任务，需要全社会的共同努力。我们希望本书能够为企业和个人提供一些帮助，促进企业个人信息保护事业的健康发展。最后，向所有致力于企业个人信息保护的读者致以诚挚的敬意！

目　录

第一章　隐私和个人信息保护概述

第一节　什么是隐私，个人信息和隐私的关系 …………… 001
 一、权利属性不同 ………………………………………… 003
 二、权利的主、被动性不同 ……………………………… 004
 三、授权同意标准不同 …………………………………… 004
 四、集合性属性不同 ……………………………………… 005
 五、隐私保护优先原则 …………………………………… 005

第二节　个人信息保护的意义和目的 …………………………… 006

第三节　个人信息的定义和分类 ………………………………… 010
 一、个人信息的定义 ……………………………………… 011
 二、个人信息的类别 ……………………………………… 012

第二章　域外个人信息保护法制发展现状

第一节　欧盟《通用数据保护条例》（GDPR）…………… 018
 一、GDPR 的制定背景 ……………………………………… 019
 二、GDPR 的适用范围 ……………………………………… 019

三、GDPR 下数据主体的七大权利 ·········· 021

　　四、GDPR 下数据控制者的四大义务 ·········· 029

　　五、GDPR 下的七大数据处理原则 ·········· 033

　　六、GDPR 下的处罚措施 ·········· 039

　　七、GDPR 的实施情况 ·········· 040

　　八、中国企业合规措施 ·········· 042

第二节　美国个人信息保护法制发展 ·········· 043

　　一、美国加利福尼亚州消费者隐私法案（CCPA） ·········· 043

　　二、美国加利福尼亚州隐私权法案（CPRA） ·········· 054

　　三、美国数据隐私和保护法（草案） ·········· 063

第三节　亚洲地区个人信息保护法律法规现状 ·········· 069

　　一、亚洲地区个人信息保护主要立法 ·········· 070

　　二、个人信息保护法制化发展趋势 ·········· 077

第三章　我国个人信息保护主要制度规范

第一节　《个人信息保护法》是我国个人信息保护的基本法律 ······ 079

　　一、《个人信息保护法》的立法背景和立法目的 ·········· 079

　　二、《个人信息保护法》的适用范围和定义 ·········· 084

　　三、《个人信息保护法》重点条款解读 ·········· 085

　　四、《个人信息保护法》与《网络安全法》、《数据安全法》的关系 ·········· 124

第二节　《网络安全法》 ·········· 127

　　一、《网络安全法》的立法背景和立法目的 ·········· 127

　　二、《网络安全法》解读 ·········· 129

　　三、《网络安全法》对个人信息保护的作用 ·········· 137

第三节 《数据安全法》·················· 144
一、《数据安全法》的立法背景和立法目的 ·········· 144
二、《数据安全法》解读 ··············· 146
三、《数据安全法》对个人信息保护的作用 ·········· 148

第四节 《个人信息保护法》相关标准规范··········· 160
一、关于信息安全的技术标准规范——《信息安全技术
个人信息安全规范》（GB/T 35273—2020） ········· 160
二、《信息安全技术 个人信息安全影响评估指南》
（GB/T 39335—2020） ············· 167

第四章 企业个人信息合规管理制度建设

第一节 企业个人信息合规管理制度建设概述 ········· 181
一、企业个人信息合规管理制度建设的意义 ·········· 182
二、企业个人信息合规管理制度建设的目标 ·········· 185
三、企业个人信息合规管理制度建设的方法 ·········· 187
四、企业个人信息合规的关键要素 ············ 194

第二节 企业个人隐私政策的编写和公示 ··········· 203
一、隐私政策的概念 ················ 204
二、隐私政策的功能 ················ 204
三、隐私政策的法律属性 ··············· 205
四、隐私政策包含的内容 ··············· 207
五、隐私政策的公示和更新要求 ············· 216
六、应注意的问题 ················· 219

第三节 企业员工个人信息保护管理 ············ 222
一、员工个人信息保护管理措施 ············· 222

二、员工个人信息保护意识和能力的评估 ………………… 229
第四节　第三方合作伙伴个人信息保护管理 ………………… 230
　　一、第三方合作伙伴个人信息保护管理措施 …………… 230
　　二、第三方合作伙伴个人信息保护意识和能力的评估 ………… 237

第五章　企业个人信息安全事件处置及个人信息保护管理

第一节　企业个人信息安全事件分类 ………………………… 241
　　一、按事件类型分类 ……………………………………… 242
　　二、按事件范围分类 ……………………………………… 243
　　三、按损害后果分类 ……………………………………… 244
第二节　企业个人信息安全事件应对和处置流程 ………… 246
　　一、制订企业个人信息安全事件应急预案 ……………… 246
　　二、企业个人信息安全事件的处置 ……………………… 251
第三节　企业个人信息安全事件后续工作 ………………… 254
　　一、总结经验 ……………………………………………… 254
　　二、完善安全管理体系 …………………………………… 255
　　三、加强监控和预警 ……………………………………… 255
　　四、进一步增强员工的安全意识 ………………………… 256
　　五、维护用户权益 ………………………………………… 256
第四节　企业个人信息保护管理流程 ………………………… 257
　　一、基本原则 ……………………………………………… 258
　　二、企业个人信息收集管理流程要点 …………………… 258
　　三、企业个人信息存储管理流程要点 …………………… 261
　　四、企业个人信息使用管理流程要点 …………………… 262
　　五、企业个人信息共享、转让管理流程要点 …………… 264

六、企业个人信息披露管理流程要点 …………………… 265

七、企业个人信息删除管理流程要点 …………………… 266

八、企业个人信息安全事件管理流程要点 ………………… 267

九、企业个人信息保护管理流程的监督和评估 …………… 268

附录　企业个人信息保护主要法规、规范、标准 …………… 269

第一章 隐私和个人信息保护概述

第一节 什么是隐私，个人信息和隐私的关系

隐私是一种古老而基本的权利，它涉及个人生活中的私密、尊严和自主性，指的是个人在不受侵犯、干扰或公开的情况下，独自或与他人共享的信息、行为和空间。1948 年的《世界人权宣言》（Universal Declaration of Human Rights）第 12 条、1950 年的《欧洲人权公约》（European Convention on Human Rights）第 8 条第 1 款、1966 年联合国《公民权利及政治权利国际公约》（International Covenant on Civil and Political Rights）第 17 条都对隐私权有明确规定。

全球最早的隐私权国内法律通常被认为是德国在 1970 年颁布的《赫塞州数据保护法》（Hessian Data Protection Act）。该法比其他国家关于数据保护和隐私权的立法更早，标志着现代数据保护法律的诞生，为其他国家的立法提供了参考。其规定涉及个人数据的收集、处理和使用，以确保这些行为不会侵犯到个人隐私。虽然它没有明确给出隐私权的定义，但其核心理念是确保个人隐私得到保护。由于当时人类社会还没有进入信息化时代，该法所指的数据更多侧重于与个人有关的信息，故《赫塞州数据保护法》确立的是保护个人隐私的重要原则，这些原则后来成为

其他国家和地区隐私和数据保护法律的基础。比如，欧洲的《通用数据保护条例》（General Data Protection Regulation，GDPR）就受到了德国数据保护法的影响。

更有影响力的是美国的1974年《隐私法案》（Privacy Act）。该法案主要针对美国联邦政府机构收集、维护、使用和披露个人信息的行为进行规范，其核心目标是保护个人隐私，同时确保个人能够查阅和纠正政府机构记录中关于他们的信息。遗憾的是，美国1974年《隐私法案》没有对隐私作出明确的定义。事实上，在美国的法律体系中并没有一个统一的关于"隐私"的定义，对隐私权的保护通常是通过一系列具体的法律条款实现的，这些条款规定了政府和企业在处理个人信息时应遵循的原则和限制。美国最高法院在多个案件中对隐私权进行了讨论，其中著名的案件之一是1965年的格里斯沃尔德诉康涅狄格州案（Griswold v. Connecticut）。在这个案件中，法院裁定了"隐私权"的概念，该概念源于宪法对个人自由的保护，主要涉及个人生活中的隐私权利。通过这个案例确立了隐私权的基本原则。

在我们的日常生活中，关于隐私，最常见的是当我们安装一款新的手机软件（App）时，软件在用户注册阶段弹出来的"隐私协议"（或"隐私政策"）。但是，当仔细审读这些"隐私协议"时，我们会发现这类常见的"隐私协议"约定的实际主要内容并不是关于隐私的，而是关于个人信息保护的。这就引出了我们首先需要辨析的第一组法律术语——隐私和个人信息。

我国《民法典》第四编"人格权"第六章专章规定了隐私权和个人信息保护。隐私权作为一项重要的人格权，主要通过《民法典》人格权编的规则予以保护，并辅以相应的单行法和司法解释，形成周延的保护。《民法典》第一千零三十二条规定了自然人享有的隐私权及隐私覆盖的范围："自然人享有隐私权。任何组织或者个人不得以刺探、侵扰、泄露、公开等方式侵害他人的隐私权。隐私是自然人的私人生活安宁和不愿为他人知晓的私密空间、私密活动、私密信息。"

在个人信息保护方面，《民法典》第一千零三十四条则规定："自然人的个人信息受法律保护。个人信息是以电子或者其他方式记录的能够单独或者与其他信息结合识别特定自然人的各种信息，包括自然人的姓名、出生日期、身份证件号码、生物识别信息、住址、电话号码、电子邮箱、健康信息、行踪信息等。个人信息中的私密信息，适用有关隐私权的规定；没有规定的，适用有关个人信息保护的规定。"

隐私与个人信息之间存在一种微妙的联系，这导致许多人难以明确区分法律上的隐私与个人信息。在不对比这两个概念的情况下，很多人容易将隐私与个人信息等同起来。然而，尽管二者存在交集，它们却是截然不同的法律概念。《民法典》第一千零三十二条在定义隐私时，将个人不愿意被他人了解的私密信息纳入了隐私范畴；而私密信息本身也构成了个人信息的一部分，与《民法典》第一千零三十四条所规定的个人生物识别信息、健康信息、行踪信息等形成了相互交织和重叠的关系。因此，在法律语境中，虽然隐私与个人信息存在一定程度的重叠，但它们仍是具有不同内涵和法律保护要求的独立概念。从法律规范适用的视角出发，隐私权与个人信息权益保护在一定程度上的交汇表现为法律规范之间的竞合，因此，在处理涉及隐私权与个人信息权益的问题时，应当充分注意法律的选择适用。

区分隐私和个人信息，主要应当从以下五个方面入手。

一、权利属性不同

隐私权主要表现为一种精神性的人格权，关注的是个人在私密领域的尊严、名誉和心理安宁。隐私权保护的是个人免受他人侵犯的权利，使其能够独立地控制与自己相关的私密信息。相较之下，个人信息权益则是一种综合性权益——既包括精神性利益,又包括财产性利益。其关注的是个人数据的处理、使用和保护,以确保个人信息的安全、完整和可控。在实际运用中,个人信息权益的保护和利用应当并重,既要维护个人的隐私尊严,又要确保个人信息的合法合规使用,以充分发挥信息资源的价值。

二、权利的主、被动性不同

隐私权作为一种被动性的人格权,主要是保护个人免受他人对其私密生活的侵犯。这意味着隐私权着重维护个人私生活的安宁,确保个人的私密信息不被他人公开披露,以及保障个人在私生活领域的自主决定权。隐私权的保护主要表现为防范和制止他人对个人隐私的侵犯行为,如偷窥、监听、泄露个人信息等。相对而言,个人信息权益作为一种主动性的人格权,更注重的是个人对自己信息的支配和决定。权利人不仅可以被动地防御他人对其信息的侵犯,还具有排他性、积极性和能动性地控制和利用自己的个人信息的权利。个人信息权益的主要内容包括权利人在个人信息的收集、存储、处理、使用和传播等方面的知情权、同意权、访问权、更正权、删除权、限制处理权和数据携带权等。这些权利赋予了权利人在信息处理过程中更多的自主权,以维护个人信息的安全和个人隐私。

三、授权同意标准不同

隐私权涉及个人不愿被他人知晓的私密信息,保护的是个人私生活的安宁和尊严。因此,《民法典》在侵犯隐私权的免责事由中要求必须经过"权利人明确同意",表明只有在权利人明确表示同意的情况下,其他主体才能合法地收集、使用或披露其隐私信息。这样的规定有利于强化对隐私权的保护力度,避免权利人在不知情或不清楚的情况下被剥夺隐私权。相较之下，对个人信息权益的保护则相对灵活。《民法典》在规定个人信息处理的免责事由时，要求经自然人或者其监护人"同意"，而无须"明确"。这意味着在某些情况下，权利人默示的同意也可以作为其他主体收集、使用或传播个人信息的合法依据。这种区别反映了个人信息权益保护在实践中需要平衡多方利益，如在确保信息的自由流通、促进经济发展和满足社会公共利益等情况下，可以不经权利人的"同意"而收集、使用和传播其个人信息。

四、集合性属性不同

个人信息与隐私权的另一个重要区别在于集合性。个人信息往往是将众多的单条个人信息集合起来形成的数据，无论是匿名化还是非匿名化处理，单个的个人信息都是数据的组成部分。而隐私往往难以具有集合性，其本身是单个主体享有的权益。隐私权作为基本人权，一般不允许集合化处理；但与之相对的是，越来越多国家的法律文件采用"个人信息"这一术语将个人信息与数据等同起来，着重强调个人信息聚合成数据后的流通与共享。从这一区别的角度看，隐私权和个人信息权益在保护方式的侧重点上也有所不同。隐私权作为单个主体的权利，其主要保护方式是限制他人的侵犯，保护隐私的秘密性和私密性。而个人信息则可以在一定范围内被集中、利用和共享，但需要保证在这一过程中不侵犯权利人的合法权益。

五、隐私保护优先原则

除以上四点重要的差异对比外，当隐私保护和个人信息保护发生冲突的时候，根据《民法典》第一千零三十四条第三款的规定，应先适用隐私的保护，再适用个人信息的保护，即"隐私保护优先"原则——权利不得减损原则与人格尊严高于私法自治的保护原则。在法律保护上，对权利的保护程度应该高于权益。隐私权作为一种法律上的权利，要受到绝对的保护，而个人信息只是一项人格权益，并不是一项独立的权利。由此可见，隐私权的保护程度高于个人信息的保护程度，在二者重合时，应优先适用隐私权保护规则，实现更高程度的保护。进一步来讲，隐私权体现的是一种人格尊严，但个人信息权益体现的是个人对自己信息的自主决定权，彰显私法自治。从人的法律保护的价值导向看，人格尊严应高于私法自治。因此，当隐私保护和个人信息保护发生冲突的时候，应当按照隐私保护优先的原则来选择适用的法律。

第二节 个人信息保护的意义和目的

从长远的历史视角分析可以看到，随着社会的发展，从过去的非信息化时代到现在的信息化时代，个人信息保护发生了深刻的变化。在非信息化时代，个人信息保护的重点主要在于防止个人信息被非法侵入和获取。然而，受限于技术手段，非信息化时代的个人信息的泄露规模相对较小，对个人和社会的影响相对较弱。而在当前的信息化时代，个人信息保护的意义已经发生了很大的变化，其重要性和紧迫性前所未有地提升。

首先是技术的革新。特别是大数据与人工智能的发展，使得个人信息的价值显著提升，其泄露的风险也随之增加。在大数据与人工智能技术的推动下，个人信息已经成为新型生产要素，其价值逐渐凸显。通过对大量个人信息的挖掘和分析，企业和机构能够更准确地了解客户需求，优化产品和服务，降低风险等，从而创造巨大的经济价值。与此同时，大数据和人工智能技术的发展也加剧了个人信息安全风险。黑客、网络犯罪分子等不法行为者利用先进技术手段窃取、滥用个人信息，导致个人信息泄露、财产损失等问题频发。此外，大数据分析还可能带来数据歧视、侵犯人权等问题，这进一步凸显了个人信息保护的重要性。

其次是全球化法律法规的变革和发展。信息化时代，随着个人信息保护需求的不断提高，各国政府对个人信息保护的重视程度也在逐步加强。这些严格的法律法规对企业和个人的信息处理行为提出了更高要求，以确保隐私权和个人信息的安全得到保护。以欧盟的《通用数据保护条例》（GDPR）为例，该条例于2018年5月正式生效，对企业和组织处理欧盟公民个人数据的方式提出了严格要求。GDPR强调了个人数据的保护和隐私权，要求企业和组织在收集、处理和存储个人数据时采取适当的安全措施。此外，GDPR还赋予了个人更多的数据控制权，如同意权、访问权、更正权、删除权等。违反GDPR的企业将面临高达全球年营业额4%或2000万欧元（取较高者）的罚款。中国的《个人信息保护法》于2021年11月1日正式实施，其旨在保护个人信息权益、维护网络安全、促进数字经济发展。该法规定了对个人信息的收集、处理、使用、共享、转让以及删除等方面的要求，明确了个人信息主体的权利，加强了企业和组织的责任。违反《个人信息保护法》的行为将面临严厉的处罚，包括罚款、吊销许可证、停业整顿等。这些法律法规使个人信息保护成为法律层面的迫切需求。通过实施这些法律法规，政府和社会各界共同努力，为个人信息安全提供有力保障，保护公民隐私权益，维护国家信息安全。

再次是信息安全意识的觉醒。近年来，一系列严重的网络安全事件和个人信息泄露事件的发生，如数据泄露、勒索软件攻击、网络钓鱼等，不仅导致了大量个人信息的泄露，还给受害者带来了严重的经济损失和心理压力。公众越来越关注个人信息安全，希望通过保护个人信息来降低自身面临的风险。一些大规模的个人信息泄露事件，如社交媒体平台、电商网站等泄露用户数据，使得公众对个人信息保护的需求变得更加迫切。这些事件暴露了企业在信息安全管理方面的不足，也使得公众意识到个人信息可能被不法分子用于实施诈骗、侵犯隐私等非法行为。随着网络安全事件和个人信息泄露事件的不断发生，媒体和舆论对此类事件的关注度也逐步提高，社会对信息安全的关注度和敏感度逐渐提高，公众对个人信息保护的意识和需求逐渐觉醒，使得个人信息保护变得越来越重要。

另外，数据驱动经济的崛起也为个人信息保护带来了新的机遇和挑战。在信息化时代，数据被视为一种重要的资源，越来越多的企业和政府部门依赖数据支持决策、优化业务流程、推动创新和提高竞争力。随着大数据、云计算、人工智能等技术的迅速发展，数据的价值越来越明显，数据驱动的经济体量也越发庞大。随着数据在经济中的地位不断提升，对个人信息的保护也显得越来越重要。数据驱动经济的发展带来了诸多潜在的滥用风险，如数据泄露、个人信息侵犯等。在这种背景下，保护个人信息不仅是保护个人权益的重要组成部分，而且是维护社会稳定、推动经济可持续发展的重要因素。一方面，保护个人信息有助于建立公众对数据驱动经济的信任。如果个人信息保护不到位，公众便会对企业和政府部门处理个人信息的行为产生担忧，导致数据驱动经济的发展受阻。因此，确保个人信息安全，可以提高公众对数据驱动经济的接受度，从而推动经济的发展。另一方面，保护个人信息有助于确保公平竞争。在数据驱动的经济中，企业需要遵守相关法规和行业准则，确保在收集、处理和使用个人信息的过程中遵循公平、透明和合法的原则。保护个人信息，可以防止企业利用不正当手段获取竞争优势，从而维护市场的公平竞争秩序。此外，保护个人信息还可以促进经济创新。在一个重视个人信息保护的环境中，企业和政府部门将被鼓励采用更加安全和可靠的技术和方法处理个人信息，这也将促进相关技术的发展和创新，为数据驱动经济的可持续发展提供技术支持。

不可否认的是，在信息化时代，个人隐私权的拓展是一个重要的议题。随着数字技术的飞速发展，传统的隐私保护方式已经无法满足现代社会的需求。因此，我们需要重新审视和理解个人隐私权，将其从传统的生活空间、通信隐私等方面扩展到数字空间。数字空间的个人隐私权涵盖了个人在网络世界中的各种信息，包括但不限于个人的网络身份、社交行为、消费习惯等。在这个背景下，保护个人信息变得尤为重要。个人信息不再局限于生活中的基本隐私，还涉及个人在数字世界中的各种角色和活动。这意味着我们需要在保护个人信息方面采取更为全面和有效的措施。我们需要加强对数字空间个人隐私权的立法保护，包括制定针对数字空间的隐私权法律法规，确保个人在数字世界中的隐私权得到充分保障。政府应该加强监管力度，对企业和个人的网络行为进行有效监控，防止个人信息被非法获取和使用。企业在开发和使用数字技术时，应当充分考虑个人隐私权的保护；在产品设计和技术应用过程中需要遵循隐私权保护的原则，将隐私权保护作为企业责任的一部分。此外，企业还应该加强内部管理，建立完善的个人信息保护制度，确保员工在处理个人信息时遵守相关法规。作为个人信息主体的个人在数字空间中需要提高自身的隐私保护意识，了解和学习有关数字空间隐私权的知识，以便更好地保护自己的个人信息；在使用数字产品和服务时应当谨慎，避免过度分享个人信息，以降低个人信息泄露的风险。综上所述，随着个人隐私权在数字空间的拓展，个人信息保护已经成为维护个人隐私权的核心任务。

最后是信息安全的全球性挑战在当今世界日益凸显。随着互联网的普及和全球化进程的加速，网络攻击、数据泄露等安全问题已不单单是一个国家的内部问题，而已成为全球性挑战。在这个背景下，保护个人信息还涉及国际合作和协调。为了应对这一挑战，各国政府、企业和公众需要共同努力，建立有效的国际合作机制和法律体系。从政府的角度出发，各国政府在国际层面上应当加强合作，共同制定和推广跨国数据保护和信息安全的法律法规。这将有助于形成一个统一的国际标准，为全球范围内的个人信息保护提供法律依据。欧盟的 GDPR 为我们作出了很好的示范，其让各国政府可以通过国际合作和国际组织平台建立协同保护机制。政府间的协调和合作也可以加强跨境执法力度，使网络犯罪分子无处可逃。从企业的角度出发，企业在全球市场中应当担负起社会责任，确保其产品和服务在遵循国际法律法规的基础上，保护用户个人信息。企业需要与跨国监管机构合作，分享有关数据安全和隐私保护的最佳实践经验，以提高行业整体的信息安全水平。企业间的合作也有助于打击网络犯罪，共同应对数据泄露等安全威胁。另外，公众在全球信息安全挑战面前，也需要提高自身的信息安全意识，关注个人信息保护。在选择数字产品和服务时，公众应关注企业的隐私政策和数据保护措施，遵循安全的网络行为规范。民间组织和非政府组织也可以在提升公众信息安全意识方面发挥重要作用，推广安全的网络使用习惯。在全球化、信息化、数据化的背景下，保护个人信息是一项全球性挑战。各国政府、企业和公众需要共同努力，通过国际合作和协调，建立有效的法律体系和合作机制，以应对跨境信息安全问题和个人信息保护挑战。只有通过全球范围内的协同合作，我们才能够真正实现个人信息的全球安全保护。

总而言之，在信息化时代，个人信息保护的意义已经发生了深刻的变化。在当今社会，个人信息保护不仅关乎对个人隐私权和其他基本权益的维护，还涉及国家安全、国际合作、数据经济发展、社会信任、法律法规、社会公平与正义以及数字素养等多个层面上的问题。因此，在当前的历史背景下，我们需要高度重视个人信息保护，以应对信息化时代的各种挑战。

第三节 个人信息的定义和分类

在本书中，作者将深入探讨个人信息保护的各个方面。但在此之前，作者将先对"个人信息"这一概念进行清晰而明确的定义和分类。这将有助于读者更好地理解个人信息保护的重要性，以及如何在实际操作中对个人信息加以保护。

一、个人信息的定义

本书所讲的"个人信息"均以中华人民共和国现行有效的法律为基础。中国现行有效的法律对"个人信息"进行了明确定义的，主要有以下三部。

首先是《网络安全法》，它是国家针对网络安全制定的一部重要法律。《网络安全法》于2016年11月7日由全国人民代表大会常务委员会通过，自2017年6月1日起正式实施，其实施对于规范网络行为、提高网络安全水平、保护公民个人信息具有重要意义。本书将有专门的章节为读者介绍这部与个人信息保护具有紧密关系的法律。

《网络安全法》第七十六条第五项规定："个人信息，是指以电子或者其他方式记录的能够单独或者与其他信息结合识别自然人个人身份的各种信息，包括但不限于自然人的姓名、出生日期、身份证件号码、个人生物识别信息、住址、电话号码等。"

其次是《民法典》，它是一部系统地规定民事法律关系的法典。该法由全国人民代表大会于2020年5月28日通过，自2021年1月1日起正式实施。

《民法典》第四编"人格权"第六章"隐私权和个人信息保护"第一千零三十四条第二款对个人信息进行了定义，规定："个人信息是以电子或者其他方式记录的能够单独或者与其他信息结合识别特定自然人的各种信息，包括自然人的姓名、出生日期、身份证件号码、生物识别信息、住址、电话号码、电子邮箱、健康信息、行踪信息等。"

最后是《个人信息保护法》，它是一部专门针对个人信息保护的法律，也是本书介绍的中国法律体系下个人信息保护的主要法律、核心法律。该法于2021年8月20日由全国人民代表大会常务委员会通过，自2021年11月1日起正式实施。

《个人信息保护法》第四条第一款规定："个人信息是以电子或者其他方式记录的与已识别或者可识别的自然人有关的各种信息，不包括匿名化处理后的信息。"

综合上面这三部法律的颁布及实施时间及其立法发展，作者可以粗略地分析出个人信息这一定义在立法过程中的一些发展变化。《网络安全法》在附则中对个人信息作出了明确的定义，虽然其内容规定在附则中，但它为个人信息保护提供了基础性的支撑。基于《网络安全法》对于数据、个人信息的基础性作用，它为个人信息保护奠定了坚实的基础。虽然《民法典》对个人信息的定义相对简单，却在正文中明确加以规定，比在附则中进行解释性规定更进了一步。《民法典》对个人信息的定义增加了信息与特定自然人的关联。最新颁布实施的《个人信息保护法》则进一步对个人信息的定义进行了拓展。从《网络安全法》到《民法典》，再到《个人信息保护法》，可以看到我国法律体系对个人信息保护的重视程度逐渐提高，个人信息定义的内涵和外延也在不断完善。

二、个人信息的类别

在明确个人信息的法律定义后，我们需要进一步对个人信息的类别进行基本的了解。从实务的角度出发，个人信息的类别可以从不同的维度进行划分，这种划分的目的是帮助相关主体在进行个人信息处理时，更好地进行风险识别。通常而言，个人信息会从四个维度进行划分：敏感程度、数据来源、数据类型、应用场景。

1. 根据敏感程度，可以分为敏感个人信息和非敏感个人信息

根据敏感程度来划分个人信息是最常见也是最主要的方式，其主要

原因在于法律对于敏感个人信息的处理有特殊规定，这就决定了敏感信息在个人信息保护机制上的重要地位。敏感个人信息的内容非常广泛，如身份证件号码（如身份证号、护照号）、生物识别信息（如指纹、面部识别、声纹等）、银行账户信息、信用卡信息、居民户籍信息、个人财产信息、个人健康和生理信息（如病史、基因信息等）、个人行踪轨迹、网络身份识别信息（如账号密码、IP 地址等）、通信记录和内容（如通话记录、短信记录等）、信用信息、学历学位信息，教育、培训、考试记录，工作经历，宗教信仰，联系人信息，职务及行政执法记录、职业资格等。这类信息一旦泄露，可能会对个人权益造成严重损害，因此属于敏感个人信息。非敏感个人信息则包括姓名、年龄、性别等较为基本的个人信息，相对来说，信息价值较低、风险较低。

2. 根据数据来源，个人信息可以分为用户主动提供的信息和用户被动产生的信息

用户主动提供的信息是指用户在使用某项服务时自愿提供的个人信息。这些信息通常包括：注册账号时填写的个人资料，如姓名、性别、出生日期、手机号码、电子邮件等；在线购物时提供的收货地址、联系人和联系电话；申请金融服务时提供的信用信息和工作信息；参加在线问卷调查时填写的个人信息；在社交媒体上发布的个人动态和分享的内容等。用户被动产生的信息是指用户在使用某个服务的过程中，由于使用设备、网络等而自动产生的个人信息。这些信息通常包括：浏览网页时产生的浏览记录、搜索记录等；使用地图应用时的地理位置、导航路线等；使用智能设备时产生的设备信息、使用时长、软件安装情况等；通过 Cookies[①] 和其他网络技术收集的用户行为数据；使用在线通信工具时产生的通话记录、短信记录等。了解信息的来源有助于更好地识别个人信息处理过程中的风险，并采取相应的保护措施。

---

① 小型文本文件。

3. 根据数据类型，个人信息可以分为结构化数据和非结构化数据

结构化数据具有明确的结构，易于存储、检索和分析。结构化数据通常存储在表格或数据库中，每个数据元素都有固定的格式和含义。这些信息通常包括：身份证号、护照号、驾驶证号等证件信息；联系电话、电子邮件、通信地址等联系方式；出生日期、性别、民族等基本信息；工作信息、教育背景、职业等；银行账号、信用卡号、支付记录等金融信息。非结构化数据没有明确的结构，通常包括文本、图片、音频、视频等多媒体信息。非结构化数据难以进行统一的存储和检索，但仍然可能包含个人信息。这些信息通常包括：用户在社交媒体上的发言、评论、点赞等互动数据；上传的照片、视频、音频等多媒体文件；通过聊天工具发送的文字、表情、图片等信息；个人博客、论坛帖子、电子邮件等文字内容；位置信息、运动轨迹、生物识别数据等。处理非结构化数据时可能需要采用更复杂的技术手段来识别和提取其中的个人信息，而企业往往会在个人信息处理合规的过程中，忽略非结构化的个人信息数据。

4. 根据应用场景，个人信息可以分为不同类别

这种划分有助于在不同场景下更好地识别和管理个人信息，同时也有助于制定相应的处理策略。以下是一些常见的应用场景及其涉及的个人信息类别。

医疗健康信息：这类信息主要包括个人的健康状况、病史、诊疗记录、体检报告、药物使用情况等。在医疗健康领域，对这些信息的保护尤为重要，可以保护患者隐私和权益。

金融信息：金融信息涉及个人的银行账户、信用卡号、信用记录、交易记录、贷款记录等。在金融领域，对这类信息的保护关系到用户的财产安全和金融信誉。

教育信息：教育信息包括学生的学籍信息、成绩记录、奖惩情况、课程安排等。在教育领域，保护学生的隐私和信息安全是教育机构的

责任。

职业信息：职业信息主要包括个人的工作经历、职位、薪资、绩效评估等。在招聘和人力资源管理过程中，对这些信息的保护关系到员工的权益和企业的合规性。

电子商务信息：电子商务信息涉及消费者的购物记录、收货地址、支付方式等。在电子商务领域，对这类信息的保护有助于维护消费者权益、降低信息泄露的风险。

位置信息：位置信息包括个人的实时位置、轨迹、签到记录等。在导航、出行等应用场景中，对这类信息的保护有助于保障个人信息的安全。

了解不同应用场景下的个人信息类别，有助于制定有针对性的保护策略和处理流程，降低信息被泄露和滥用的风险。同时，这也有助于企业和组织更好地遵守相关法律法规，保证自身的合规性。

第二章　域外个人信息保护法制发展现状

随着数字技术的不断进步，个人信息越来越容易被收集、处理、储存和传输，个人信息保护已成为全球普遍关注的议题。在这种情况下，各国政府和组织都在采取措施以确保个人信息安全，与此同时，企业在国际市场竞争中也越发注重强调个人信息合规问题。

那么，个人信息合规的"规"到底是什么呢？综观全球，"规"的覆盖面广泛而零散。

在欧洲地区，当人们提起个人信息合规时，第一时间就会想到欧盟的《通用数据保护条例》（GDPR）。作为欧盟个人数据保护普遍适用的法律，GDPR对全球个人数据保护标准和规范也产生了积极的推动作用，越来越多的国家和地区开始采取类似GDPR的规定，制定或修订个人数据保护法规，以适应数字化时代的发展和挑战。GDPR在事实上已成为全球个人数据保护立法的引领者，促进了全球个人数据保护标准和规范的趋同，提高了全球数据治理的效率和可信度，其重要性不言而喻。

在北美地区，便不得不提到美国立法。美国的个人信息保护法规不像GDPR那样统一，而是由多个州和联邦政府分别制定并管理的。各类企业和组织需要根据其业务和地理位置，遵守不同州和联邦机构的隐私法律和条例。比如，《加利福尼亚州消费者隐私法案》（California Consumer Privacy Act，CCPA)、《加利福尼亚州隐私权法案》(California Privacy Rights Act，CPRA)、《弗吉尼亚州消费者数据保护法》(Virginia Consumer Data Protection Act，VCDPA)、《科罗拉多州隐私法案》(Colorado Privacy Act，CPA)等的陆续出台，构成了美国如今主要的隐私保护法规体系。当然，美国也正在推进全国性的立法——《美国数据隐私和保护法案》(草案)，拟从联邦层面推动分散的隐私立法走向统一，更好地保护公民隐私权利。

在亚洲地区，个人信息保护立法的发展情况则不尽相同。我国的个人信息保护法规的出台相对较晚，目前，最重要的《中华人民共和国个人信息保护法》已于2021年11月1日正式实施；日本、韩国、新加坡的个人信息保护法规则的出台相对较早，十多年前这些国家便已通过相应的个人信息保护法，并在此后进行了更新。除此之外，亚洲地区其他国家和地区也在加强和完善相关的法规和标准，以更好地保护公民个人信息。尽管亚太各国家和地区的个人信息保护立法存在差异，但都表明了其对个人信息保护的重视，并致力于建立更加完善的法规和标准来加强个人信息保护。

由此可见，全球隐私保护法制的发展呈现出多样化和国际化的趋势。对于当今全球主要的个人信息保护立法，作者认为有必要对其一探究竟。

第一节　欧盟《通用数据保护条例》(GDPR)

《通用数据保护条例》(GDPR)是欧盟在2018年5月25日颁布的一项数据保护法规，其在欧盟当时的数据保护立法框架上进行了改革和创新，旨在统一和加强欧盟内部的数据保护法律，并为个人提供更全面的数据保护。如今，GDPR已成为欧盟个人数据保护领域最具影响力的法规，也是全球最严格的数据保护法规。

一、GDPR 的制定背景

GDPR 的前身可以追溯到欧盟于 1995 年颁布的《数据保护指令》（Data Protection Directive），该指令建立了最低的数据隐私和安全标准，其主要目的是确保处理个人数据的机构在处理和存储个人数据时符合适用的法律法规，保护个人数据的隐私性和保密性，并保障个人数据的自由流动，为保护欧盟范围内个人数据的隐私和安全提供了一定的保障和规范，对后来 GDPR 的制定和推广起到了重要的推动作用。

随着信息技术的迅猛发展，大量的个人数据被采集、存储和使用，导致个人数据泄露、滥用和盗用事件频发，引起了社会的广泛关注和担忧。欧盟各国意识到，如果没有更严格的法规保护个人数据，便可能导致该类事件愈演愈烈，严重损害公民的权利和自由。

于是，欧盟在 2012 年提出了一项全新的数据保护法规改革计划，旨在加强个人数据隐私保护，提高各类企业和组织的数据处理透明度和责任意识，推进全球数据保护标准的制定和推广。这项数据保护法规改革计划最终在 2016 年正式通过，并被命名为《通用数据保护条例》（GDPR）。GDPR 自 2018 年 5 月 25 日起正式生效，成为欧盟境内所有企业、组织或个人，以及涉及欧盟个人数据的境外企业、组织或个人都必须遵守的强制性法规，旨在确保个人数据合法、公正、透明和安全处理，以保护欧盟个人数据隐私权，促进欧盟经济发展和社会稳定。

二、GDPR 的适用范围

GDPR 在第一条便开宗明义地指出，其规定的是处理个人数据方面的要求。由此可见，GDPR 主要聚焦于管辖和规范"个人数据的处理"。

那么，首先需要厘清的便是 GDPR 所规定的"个人数据"，其指的是任何可直接或间接地识别的自然人的相关信息。其包括但不限于姓名、身份证号码、电子邮件地址、电话号码、IP地址、地理位置、在线标识符、个人偏好和行为、健康记录、种族或族裔信息、宗教或哲学信仰、性取向等与个人身份相关的数据，亦涵盖物理、生理、遗传、心理、经济、文化或社会身份等要素。这其实与我国《个人信息保护法》第四条规定的"个人信息"[1]有相似之处。

在明确了GDPR下的"个人数据"的定义后，我们需要进一步厘清GDPR所规范的"个人数据处理"的范围。对于该适用范围，GDPR已在第二条明确规定适用于"全部或部分通过自动化手段进行的个人数据处理，以及通过自动化手段以外的其他方式进行的、构成或旨在构成归档系统的数据处理"[2]，并排除了以下个人数据处理的情形。

· 在欧盟法律管辖范围外的个人数据处理。

· 成员国在实施《欧洲联盟条约》（Treaty on European Union）第五编第二章范围内的活动（主要指为欧盟的共同外交和安全政策开展的个人数据处理）。

· 自然人为纯粹的个人或家庭活动实施的个人数据处理。

· 主管机关为预防、调查、侦查或起诉刑事犯罪或执行刑事处罚，以及为保障和预防对公共安全的威胁等目的而进行的个人数据处理。

除上述情形外，GDPR还在第三条中明确了其适用的地理管辖范围，直接延伸至欧盟本土外的企业，这也使得GDPR成为一个"长臂管辖"法规。具体而言，GDPR管辖以下两类企业。

第一，在欧盟境内设立实体的企业，只要其在通过该实体开展业务的过程中涉及对个人数据的处理，无论该处理行为是否发生在欧盟境内，

---

[1] 《个人信息保护法》第四条第一款规定："个人信息是以电子或者其他方式记录的与已识别或者可识别的自然人有关的各种信息，不包括匿名化处理后的信息。"

[2] Article 2.1 of GDPR: "This Regulation applies to the processing of personal data wholly or partly by automated means and to the processing other than by automated means of personal data which form part of a filing system or are intended to form part of a filing system."

均受 GDPR 的管辖。

第二，未在欧盟境内设立实体的企业，但其向欧盟境内个人提供商品或服务，或对欧盟境内个人的行为进行监测，同样受到 GDPR 的管辖。

由此可见，GDPR 所管辖的个人数据处理的范围其实非常广，涵盖了企业在商业活动中的绝大部分涉及欧盟的个人数据处理活动。图1介绍了 GDPR 的管辖范围。

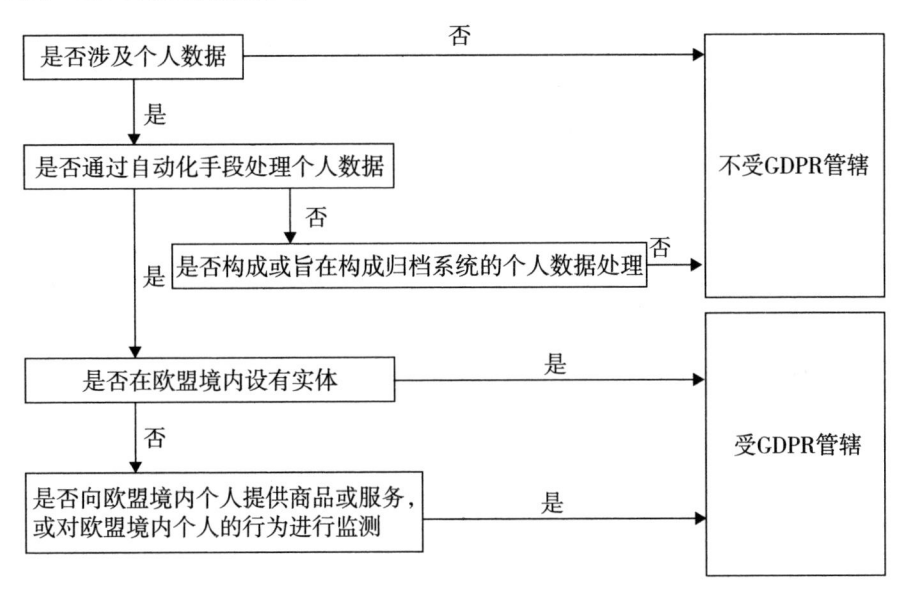

图1　GDPR 的管辖范围

三、GDPR 下数据主体的七大权利

相较于欧盟1995年出台的《数据保护指令》，GDPR 赋予了数据主体更广泛的权利，使得数据主体对其个人数据具有更大的控制权，同时增强了对其个人数据的保护。根据 GDPR 第三章之规定，数据主体享有七项主要权利，具体如下。

1. 访问权

GDPR 第十五条规定了数据主体的访问权，即数据主体有权向数据控制者确认是否处理其个人数据，并可以请求访问其被处理的个人数据。

访问权的规定具体包括以下七个层面。

(1) 确认数据处理

数据主体有权向数据控制者确认是否处理了涉及其个人数据的信息。数据控制者应提供明确的回答，指明是否处理了该个人数据。

(2) 访问个人数据

如果数据控制者确认处理数据主体的个人数据，则数据主体有权访问这些数据。数据控制者应向数据主体提供一个包含其个人数据的清单或副本。

(3) 访问方式

数据主体有权要求数据控制者以适当的方式提供其个人数据副本，如电子或纸质形式。数据控制者应尽力满足数据主体的要求，除非其明确要求以其他方式访问。

(4) 提供透明信息

数据控制者应向数据主体提供关于其个人数据的详细信息，包括数据处理目的、处理期限、数据的来源和接收者等。

(5) 访问频率

数据主体有权在合理时间间隔内请求访问其个人数据。数据控制者不得以频繁访问为由拒绝数据主体的合理请求。

(6) 访问费用

通常情况下，数据控制者应免费提供数据主体访问其个人数据的副本。然而，在请求过于频繁或复杂时，数据控制者可以收取合理的费用，但应提前告知数据主体。

(7) 访问限制

尽管数据主体有权访问其个人数据，但 GDPR 规定了一些特定情况下的例外，如当访问可能泄露他人的个人数据信息时，或者当数据涉及商业秘密或知识产权等受到法律保护的信息时，数据控制者可以限制数据主体访问。

简言之，数据主体的访问权是确保数据主体对其个人数据拥有执行权和控制权的重要保障措施。这使数据主体能够了解其个人数据的情况，并有能力验证数据的准确性和合法性。

2. 更正权

GDPR第十六条规定，数据主体享有更正权，有权要求数据控制者对不准确的个人数据作出更正，并有权要求其将不完整的个人数据补充完整。对于更正权的理解，作者总结了以下七个层面。

（1）更正请求

数据主体可以通过书面或其他适当的方式向数据控制者提出更正请求。数据主体不需要通过特定的格式或表格来提出请求，但可以选择使用数据控制者提供的更正请求表格。

（2）不准确数据

如果数据主体认为其在数据控制者处的个人数据不准确或不完整，有权要求数据控制者进行更正。不准确数据可以是事实性的错误、遗漏或过时的信息。

（3）补充声明

除了更正个人数据的不准确部分，数据主体还可以要求数据控制者提供补充性声明。补充性声明是个人数据的附加信息，以确保数据的完整性。

（4）处理限制

收到更正请求后，数据控制者应采取合理的步骤来更正或补充个人数据。在更正完成之前，其可以限制对该数据的处理，以确保数据的准确性和完整性。

（5）通知第三方

如果数据已经传输给第三方，数据控制者还应通知第三方进行更正。

数据控制者应尽力与第三方合作，确保其更正数据的义务得到履行。

（6）更正期限

数据控制者应在收到更正请求后一个月内处理该请求。特殊情况下，数据控制者可以延长这一期限，但需要在一个月内通知数据主体。

（7）通知数据主体

一旦更正完成，数据控制者便应通知数据主体其个人数据已经更正。这样，数据主体便可以确保其个人数据得到纠正。

更正权使数据主体能够纠正其个人数据中的任何错误或不完整信息。这让数据主体能够控制其个人数据的准确性，并确保其个人权益得到保护。数据控制者有责任及时处理更正请求，并与相关方合作，确保个人数据的准确性得到维护。

3. 删除权/被遗忘权

GDPR 规定的数据主体的删除权确保数据主体可以要求数据控制者删除与其相关的个人数据，并且数据控制者有强制义务采取合理的步骤删除这些数据，该权利在 GDPR 的第十七条中有明确规定。具体而言，删除权包含以下六个方面的内容。

（1）删除请求

数据主体可以通过书面或其他适当的方式向数据控制者提出删除请求。数据主体不需要通过特定的格式或表格提出请求，但可以选择使用数据控制者提供的删除请求表格。

（2）删除条件

数据主体有权要求删除个人数据的情况包括：其个人数据不再是原先收集或处理的目的所必需；数据主体撤回了同意数据处理的授权；数据主体反对数据处理，且该反对不存在对抗该反对权的优先权；数据处理违反了 GDPR 或适用的国家法律；删除是根据欧盟或国家法律的要求进行的。

(3) 处理限制

在收到删除请求后,数据控制者应采取合理的步骤删除与数据主体相关的个人数据。在删除完成之前,数据控制者可以限制对该数据的处理,以确保数据的删除操作被有效执行。

(4) 通知第三方

如果数据已经传输给第三方,数据控制者还应通知第三方进行删除。数据控制者应尽力与第三方合作,确保其删除数据的义务得到履行。

(5) 删除期限

数据控制者应在收到删除请求后一个月内处理该请求。特殊情况下,数据控制者可以延长这一期限,但也需要在一个月内通知数据主体。

(6) 通知数据主体

一旦删除完成,数据控制者便应通知数据主体。这样,数据主体便可以确保其个人数据不再存在于数据控制者的记录中。

删除权使数据主体能够要求数据控制者删除与其相关的个人数据。这确保了数据主体对其个人数据的控制权和自主权,以及对个人数据的抹除的能力。

4. 限制处理权

GDPR第十八条规定的数据主体的限制处理权允许数据主体要求数据控制者限制对其个人数据的处理,具体包括以下五个方面。

(1) 限制处理条件

数据主体可以行使限制处理权的情况包括:数据主体质疑其个人数据的准确性,以使数据控制者有机会验证数据的准确性;数据处理违反了GDPR的规定,但数据主体更倾向于限制处理而不是立即删除数据;数据控制者不再需要对个人数据进行处理,但数据主体需要将该数据用于法律索赔等;数据主体已经提出了反对数据的处理,该反对效力待定,须先确认是否存在对抗该反对权的优先权,再确认是否超过了数据控制者的合法利益。

（2）处理限制

在收到限制处理请求后，数据控制者应采取合理的步骤限制对与数据主体相关的个人数据的处理。限制处理意味着数据控制者只能在特定情况下继续处理数据，而不得对其进行其他操作，除非得到数据主体的同意或进行法律索赔。

（3）通知数据主体

数据控制者应在收到限制处理请求后尽快通知数据主体，指明限制处理的期限和条件。数据控制者还应在解除限制处理之前通知数据主体。

（4）数据存储

在限制处理期间，数据控制者只能存储数据主体的个人数据，而不得对其进行其他处理，除非获得数据主体的同意或进行法律索赔。

（5）解除限制处理

一旦限制处理期满或限制处理的条件不再存在，数据控制者便应解除对个人数据的限制处理，并通知数据主体恢复正常处理。

限制处理权使数据主体能够在特定情况下要求数据控制者限制对其个人数据的处理。这为数据主体提供了一种保护机制，以确保其个人数据的准确性、保密性和安全性，并在特定情况下限制对数据的进一步处理。

5. 可携带权

GDPR第二十条规定了数据主体的可携带权。根据该条款，数据主体有权要求数据控制者提供其个人数据的副本，并在适用的情况下，要求将这些数据直接转移给其他数据控制者，具体而言有以下六点。

（1）数据主体的权利

数据主体有权要求数据控制者提供其个人数据的副本。副本可以结构化、常用和机器可读的格式提供，如 CSV[①] 文件或 XML[②] 格式。这使得数据主体能够轻松地获取和复用其个人数据。

（2）转移给其他数据控制者

在数据主体的要求下，数据控制者应将个人数据直接传输给其他数据控制者，前提是这种转移在技术上可行。这意味着数据主体可以在不受阻碍的情况下将其个人数据从一个服务提供商转移给另一个服务提供商。

（3）处理限制

在收到可携带请求后，数据控制者应采取合理的步骤验证数据主体的身份，并提供其个人数据的副本。在传输数据的过程中，数据控制者应确保数据的安全和保密，并采取适当的措施防止未经授权的访问、使用或泄露。

（4）可携带权的适用范围

可携带权适用于数据主体主动提供的个人数据，以及根据合同或同意进行自动处理的数据，不包括非结构化数据或派生数据，除非这些数据是在自动化处理中生成的。

（5）数据主体的选择权

可携带权并不限制数据主体在数据控制者之间传输个人数据的方式。数据主体可以选择直接下载数据副本或授权数据控制者将数据传输给其他指定的数据控制者。

（6）时间限制和费用

数据控制者应在收到请求后一个月内处理可携带请求。特殊情况下，可以延长这一期限，但需要在一个月内通知数据主体。数据控制者不得

[①] CSV（Comma-Separated Values，CSV）被称为字符分隔值，其文件以纯文本形式存储表格数据（数字和文本），并以逗号或其他字符分隔。

[②] XML（Extensible Markup Language，XML）被称为可扩展标记语言，是标准通用标记语言的子集，可以用来标记数据、定义数据类型，是一种允许用户对自己的标记语言进行定义的源语言。

就提供数据副本收取费用，除非数据主体的请求过于频繁或复杂。

可携带权使数据主体能够获得并转移其个人数据，从而增加其对个人数据的控制权和自主权。这使数据主体能够更灵活地管理其个人数据，并可在需要时切换数据控制者。数据控制者有责任提供个人数据的副本并支持数据的转移，以确保数据主体的权利得到保护和尊重。

6. 反对权

GDPR第二十一条规定了数据主体的反对权，即数据主体有权在特定情况下反对对其个人数据的处理。当数据主体行使反对权时，数据控制者必须暂停处理活动，除非存在合法的强制性理由，这些理由优先于数据主体的权益、权利和自由，或用于法律索赔辩护。

GDPR列举了三种适用反对权的情形：基于直接营销的目的、基于科学研究或统计目的、包含公共利益的信息服务。

（1）基于直接营销的目的

如果个人数据被用于直接营销活动，数据主体有权随时反对对其个人数据的处理。数据控制者在收到反对请求后必须停止使用个人数据进行直接营销。

（2）基于科学研究或统计目的

当个人数据处理是为了开展科学研究或统计分析，并且不涉及直接基于特定数据主体的决策时，数据主体可以行使反对权。在这种情况下，数据控制者需要权衡科学研究或统计目的的重要性与数据主体的权益、权利和自由之间的关系。

（3）包含公共利益的信息服务

如果个人数据处理是包含公共利益的信息服务，如在线商店、社交媒体平台或云服务提供商，数据主体就可以行使反对权。数据主体可以要求数据控制者停止或限制对其个人数据的处理，除非数据控制者存在合法的强制性理由。

反对权赋予了数据主体在特定情况下对其个人数据的处理提出异议的权利。数据主体可以行使该权利，以保护对其个人数据的使用和处理，并确保数据主体的权利得到尊重。数据控制者有责任及时处理反对请求，并在必要时进行权衡并解释其处理决策。

7. 不受制于自动化决策的权利

GDPR 第二十二条规定，数据主体有权不受纯粹基于自动化的决策的约束，即使这些决策可能对其产生法律效果或类似程度的重大影响。

需要说明的是，此处的自动化决策是指完全基于自动处理（如算法或计算机程序）进行的决策，而没有任何人工干预。这种决策可能涉及个人数据的收集、分析和评估，以及对数据主体进行的评分、分类或预测其行为、偏好、能力等方面。

虽然数据主体享有不受制于自动化决策的权利，但 GDPR 也规定了三类例外情形。

其一，自动化决策是为订立或履行数据主体与数据控制者之间的合同所必需。

其二，自动化决策经数据控制者所遵守的欧盟或成员国法律授权，并以适当的措施保障数据主体的权利和自由及合法利益。

其三，自动化决策经数据主体的明确同意。

在上述例外情形下，数据主体不受制于自动化决策的权利将会受到限制。

不受制于自动化决策的权利旨在确保数据主体对其个人数据的处理具有一定的透明度、可理解性和可控性，以保障其权益和自由。进一步说，数据主体还可以要求人工干预、提出异议或要求重新评估，以确保自动化决策的公正性和合法性。

四、GDPR 下数据控制者的四大义务

根据 GDPR 的规定，作者总结了数据控制者在处理个人数据时必须

履行的四项义务，以确保对数据和隐私的保护，分别包括：采取适当的数据保护措施、保障个人数据安全、开展数据保护影响评估，以及设立数据保护官。

1. 采取适当的数据保护措施

GDPR 规定，数据控制者有义务采取适当的技术和组织措施保护数据主体权利，确保数据处理原则得到贯彻执行，这是控制者的核心义务。

对于该采取怎样的数据保护措施，GDPR 未作具体的定义，但是规定了基本原则，即"数据保护设计和默认数据保护原则"，这为企业采取数据保护措施提供了指引方针。这个原则要求数据控制者在设计和实施数据处理活动时，从一开始就应该采取适当的技术和组织措施保护个人数据的隐私和安全，其具体涵盖以下两个方面。

（1）数据保护设计

在开始开发新的数据处理系统、服务或产品时，数据控制者应该将数据保护纳入设计过程。这意味着数据控制者在设计阶段就要考虑隐私和安全的要求，并采取适当的措施最大限度地减少个人数据的风险。例如，可以采用数据匿名化、数据最小化、数据加密和访问控制等措施来保护个人数据。

（2）默认数据保护

数据控制者应该采取默认的数据保护措施，确保只在必要的范围内对个人数据进行处理，并且仅在必要时才对个人数据进行共享。默认情况下，个人数据应该受到最高级别的保护，如限制数据的收集、存储和使用，并仅在明确的法律依据或数据主体的同意下对数据进行处理。这样的措施可以帮助保护数据主体的隐私，从而确保他们对个人数据的控制权和选择权。

数据保护设计和默认数据保护原则旨在将数据保护纳入数据处理活动的整个生命周期，并确保数据控制者在开始设计和实施时就考虑隐私和安全问题。这有助于最大限度地保护个人数据,并增强数据主体对其个人数据的控制。同时,这些原则也有助于数据控制者遵守 GDPR 的要求,并证明其合规性。

2. 保障个人数据安全

GDPR 第三十二条规定了数据控制者在处理个人数据时的保障个人数据安全的义务。根据该条款,数据控制者应采取适当的技术和组织措施确保个人数据的安全,以防止未经授权的访问、泄露、破坏或损失。

具体而言,数据控制者可以采取以下措施保障个人数据的安全。

(1) 个人数据假名化及加密

数据控制者可以采取技术措施,如个人数据的假名化和加密,以确保个人数据的保密性和完整性。

(2) 数据处理系统的机密性、完整性、可用性和恢复能力

数据控制者应确保数据处理系统及服务能够持续保持个人数据的机密性、完整性、可用性和恢复能力,这包括使用防火墙、访问控制和身份验证等措施来保护数据系统免受未经授权的访问、篡改和破坏,并确保数据系统能够在发生故障或遭受攻击后及时恢复正常。

(3) 及时恢复个人数据

在发生物理事故或技术事故导致个人数据丢失或受损时,数据控制者应采取适当的措施确保个人数据能够及时恢复使用和访问。

(4) 定期测试、评估和衡量数据保护措施的有效性

数据控制者应定期测试、评估和衡量已实施的数据保护技术和组织措施的有效性,包括安全审计、漏洞扫描、渗透测试和风险评估等活动,以确保个人数据的安全性和合规性。

这些措施旨在确保个人数据受到适当的保护,减少数据泄露、未经授权访问和发生其他安全风险的可能性。数据控制者应根据个人数据的特性和处理活动的风险选择和实施适当的安全措施,并持续监测数据保

护措施的有效性，不断改进数据保护措施，以保障个人数据的安全。

3. 开展数据保护影响评估

根据 GDPR 第三十五条的规定，为了确保数据处理的安全性并避免违反 GDPR，数据控制者和数据处理者应对数据处理过程中的固有风险进行数据保护影响评估（Data Protection Impact Assessment，DPIA），并采取相应的措施来减轻这些风险。

一般来说，当使用一种数据处理方式特别是新技术，可能对数据主体的权利和自由产生高度风险时，数据控制者应进行 DPIA。尤其是在以下情况下，进行 DPIA 是必要的。

（1）基于自动化处理的系统而广泛的数据评估

当企业使用自动化处理系统对大量个人数据进行评估、分析、预测等处理时，可能对数据主体的权利和自由产生高度风险。例如，使用算法进行个性化广告定向推送或信用评分。

（2）大规模地处理特殊类别的数据或与刑事犯罪和违法行为相关的个人数据

特殊类别的数据指的是能够揭示个人种族或民族、政治观点、宗教或世界观、工会会员身份、基因数据、生物识别数据等敏感信息的个人数据。如果企业需要大规模地处理这些特殊类别的数据，或者处理与刑事犯罪和违法行为相关的个人数据，那么进行 DPIA 就是必要的。

（3）大规模地监视公开区域

如果企业进行大规模的公开区域监视，如使用闭路电视摄像头进行广泛的视频监控，那么也需要进行 DPIA，因为这种监视活动也可能对个人的隐私和自由产生重大影响。

需要强调的是，DPIA 并不是只在这些情况下适用，还可以根据具体情况和具体地区的数据保护法规进行进一步的细化和调整。企业在对这些数据进行处理之前，应根据情况进行 DPIA，并确保在处理个人数据时遵守 GDPR 的规定。

4. 设立数据保护官

GDPR 创新性地规定了数据保护官（Data Protection Officer，DPO）的设立。数据保护官负责监督数据处理方的数据保护措施，以保障数据主体的权益。

根据 GDPR 的规定，在下述情况下，数据控制者和处理者应设立 DPO。

・由公共机关执行处理，但以司法身份行事的法院除外。

・数据控制者或处理者的核心工作是需要对数据主体进行大规模、定期和系统的监察处理。

・数据控制者或处理者的核心活动包括大规模处理特殊类别的数据和与刑事定罪等犯罪相关的个人数据。

DPO 的职责包括监督组织的数据保护政策和实践，为数据主体提供咨询服务，协调与监管机构的合作等。同时，GDPR 还要求 DPO 具有足够的独立性和权力，以确保其有效履行监督和控制职责，保障个人数据的隐私和安全。

五、GDPR 下的七大数据处理原则

1. 数据处理的合法性原则

GDPR 规定的数据处理的合法性原则是指数据控制者或处理者在进行个人数据处理前必须获得数据主体的合法授权或者具备合法事由。也就是说，必须在合法的基础上进行数据处理，不能随意收集、使用、存储或者分享个人数据。GDPR 规定了以下五种主要的合法数据处理基础。

（1）个人数据主体的明确同意

GDPR 要求在征得个人数据主体明确的、自由的、具有知情权的同意之后，才能够合法地处理其个人数据。这意味着数据主体必须有完全

知情的权利，并能够自由地选择是否同意其数据被处理。

（2）数据处理是为了履行合同

如果个人数据的处理是为了执行与数据主体签订的合同或为了执行与数据主体所请求的行动的步骤，那么这种数据处理就是合法的。

（3）数据处理基于法律义务

数据处理者必须履行某些法律义务，如税务或法律的要求，这种情况下的数据处理也是合法的。

（4）数据处理基于公共利益

如果数据处理是为了公共利益或公共授权任务，如医疗、社会保障等，那么这种数据处理就是合法的。

（5）数据处理基于自身合法利益

如果数据处理者处理数据是基于其自身合法的利益，如商业利益，且其合法利益与数据主体的权利和自由不矛盾，那么数据的处理就是合法的。

数据处理的合法性原则是 GDPR 的一个重要原则，其要求数据处理者在处理个人数据时遵循合法、公正、透明的原则，并将个人数据主体的权利放在首位。如果数据处理不合法，个人数据主体有权要求数据处理者停止处理并要求赔偿。

为确保数据处理的合法性，数据处理者必须在处理个人数据之前评估其数据处理的基础是否合法并记录评估过程。数据处理者还应及时通知个人数据主体数据处理的目的、基础和权利，并为其提供访问、更正、删除、限制处理和数据移植等权利。

2. 数据处理的目的限制原则

GDPR 对数据收集和使用的透明性作出了严格的规定。根据 GDPR 的规定，数据处理者需要向个人数据主体清晰透明地展示数据处理的目的、处理方式以及数据使用的范围。这些规定旨在保障个人数据主体的知情权和选择权，使其能够掌握自己的数据被使用的情况，并在必要时对其进行控制。

目的限制原则是 GDPR 的核心原则，强调个人数据只能用于事先明确的、合法的、特定的目的。这个原则的重要性在于确保数据处理的合法性和透明性，保护个人数据权利。

根据目的限制原则，对个人数据的处理必须基于特定、明确的目的，并且必须是合法的。数据处理者需要在处理数据之前明确数据处理的目的，并且只能在这些目的的框架内进行处理。如果数据处理者想要将数据用于其他目的，就需要重新收集数据，并且征得个人数据主体的同意。

此外，目的限制原则还有助于保护个人数据主体的隐私和权利。如果数据处理者只能在明确的目的下处理数据，那么他们就不会收集和处理那些与目的无关的敏感数据，从而保护个人数据安全。并且，如果个人数据主体知道他们的数据只会被用于特定的目的，他们就可以更好地控制自己的数据，行使自己的数据保护权利。

因此，目的限制原则在 GDPR 中的重要性不可忽视，它是确保数据处理合法性、透明性和个人数据保护的重要原则之一。

3. 数据处理的最小化原则

GDPR 的数据处理的最小化原则是指在处理个人数据时，数据处理者应当仅仅收集和处理必要的数据。GDPR 明确规定，数据处理者必须确保数据的处理仅限于达到既定目的所必需的范围，且必须将最小化原则纳入其整个数据处理流程，并不断审查和更新数据处理计划，确保数据处理的合法性和透明性。

最小化原则的目的是防止过度收集和处理个人数据，从而降低数据被盗用、泄露、误用的风险。根据最小化原则，数据处理者应该仅在必要的情况下收集数据，只收集必要的数据，并且仅在必要的时间内保留数据。

最小化原则是 GDPR 的重要原则之一，它要求数据处理者必须进行仔细的思考和评估，以确定处理个人数据所需的最小量。这意味着数据处理者需要清楚地了解收集数据的性质、范围和目的，并在此基础上制订数据处理计划。最小化原则的实施可以有效减少个人数据的滥用风险，同时也可以降低数据处理者的责任和成本。

4. 数据处理的安全性原则

GDPR 的安全性原则要求数据控制者必须采取适当的技术和组织措施保护个人数据免于未经授权的访问、使用、泄露、损坏或丢失的风险，包括但不限于以下措施。

（1）加密和安全通信

传输个人数据的通信设备和存储数据的设备，需要采用安全的通信协议和加密措施来保护数据的机密性。

（2）访问控制

采取访问控制措施设置个人数据的访问权限，包括访问控制列表（ACLs）、基于角色的访问控制（RBAC）等。

（3）安全审计

定期审计个人数据的使用和访问记录，以便检测并解决安全漏洞。

（4）数据备份和恢复

确保个人数据备份和恢复的完整性和可靠性，以便在数据泄露或灾难发生时及时恢复数据。

（5）委员会和培训

建立数据保护的责任制和流程，并进行员工培训，以提高其数据保护的意识和技能。

GDPR 的安全性原则旨在促进数据控制者实施综合的数据安全措施，以最大限度地降低个人数据泄露的风险，保护个人数据的机密性、完整性和可用性。

5. 数据处理的准确性原则

根据 GDPR 的规定，数据控制者需要采取合理措施确保数据的准确性，并且必须尽可能及时更新或删除不准确或过时的数据。如果数据控制者发现他们处理的数据不准确，那么他们必须立即采取措施纠正这些错误，并且在可能的情况下通知任何已经收到这些数据的第三方。

在 GDPR 框架下，处理个人数据的组织必须确保数据的准确性，以避免对个人产生不利影响，如错误的决策，个人信息泄露等。这也有助于数据主体对数据处理者建立信任，并为组织建立声誉和可信度。

6. 存储限制原则

GDPR 的存储限制原则规定，个人数据应当保存在一个清晰而明确的时间段内，不得长时间保留。具体而言，当个人数据不再需要处理时，数据控制者应该及时删除或匿名化该数据，以减少个人数据遭受泄露或不当使用的风险。GDPR 作了以下存储限制方面的规定。

首先，数据控制者应该明确数据存储的目的并仅收集必要的数据。存储的数据必须与其目的相符，不得超出该目的所必需的范围。如果数据控制者需要处理额外的数据，必须再次获得数据主体的同意。

其次，存储时间的长度必须严格控制，并且应该根据数据的用途确定。在确定存储时间的长度时，应考虑存储数据的风险、处理目的以及行业标准等因素。一旦不再需要对数据进行处理，数据控制者应当立即删除或匿名化该数据，除非有其他的合法处理目的。具体而言，GDPR 在数据保留期限方面有以下规定。

（1）处理目的已达成

一旦个人数据处理的目的已经达成，数据处理者便应立即删除这些数据。如果该数据还需要被保留，必须符合相关法规的规定。

（2）合同履行

如果处理个人数据是为了履行合同，个人数据可以在合同履行期间被保留。合同履行结束后，处理个人数据没有其他合法基础，数据处理者必须立即删除数据。

（3）合法利益

如果个人数据的处理是出于自身合法利益的目的，数据处理者需要权衡个人数据主体的权益和自身的权益，并考虑保留期限。

（4）法律义务

如果处理个人数据是根据法律规定的义务进行，数据处理者必须在法律规定的保留期限内保留数据。

（5）公共利益

如果处理个人数据是出于公共利益的目的，数据处理者必须遵守相关法规，明确保留期限。

最后，数据控制者必须采取适当的技术和组织措施确保对个人数据的保护及其安全，包括防止数据的损失、滥用、未经授权的访问或泄露等。此外，GDPR 还要求数据控制者制定数据保护方针，包括数据存储的期限、数据安全性、个人数据主体的权利等方面，以确保对个人数据的保护。

存储限制原则是 GDPR 的一个重要组成部分，它强调了个人数据的可控性和透明度，保护了数据主体的权利和利益，减少了数据被滥用和不当使用的可能性。同时，存储限制原则也能促进数据控制者更好地管理和保护数据，提高组织数据管理的效率和效益。

7. 责任和问责制原则

GDPR 的责任和问责制原则是指数据控制者和处理者对个人数据保护的责任和追究制度。

首先，GDPR 要求数据控制者采取必要的技术和组织措施保护个人数据的安全和保密性。数据控制者还需要进行风险评估和定期审核，以确保数据处理活动符合 GDPR 的要求。如果出现数据泄露或侵犯个人数据的事件，数据控制者需要及时通知相关的监管机构和个人数据主体。

其次，GDPR 要求数据处理者必须遵照数据控制者的指示，并只能按照数据控制者的授权处理个人数据。如果数据处理者违反了 GDPR 的要求，数据控制者有责任追究其法律责任。此外，GDPR 还要求数据控制者与数据处理者签订书面合同，明确数据处理的目的、方式和要求，并确保数据处理者遵守 GDPR 的规定。

最后，GDPR 还要求数据控制者和处理者建立内部机制，确保 GDPR 的要求得到全面贯彻和落实。例如，GDPR 要求数据控制者和处理者指定数据保护官（DPO），由其负责监督和协调与个人数据保护有关的事宜。

综上，GDPR 的责任和问责制原则为数据控制者和处理者建立了严格的个人数据保护责任和追究制度，确保个人数据得到充分保护。

六、GDPR 下的处罚措施

GDPR 第八章规定了违反数据保护规定的处罚措施，这些措施旨在确保数据控制者和数据处理者遵守 GDPR 的要求，并为违规行为承担相应的责任。

根据 GDPR，违规行为可以分为两个层级，每个层级对应不同的罚款额度如下。

·较轻的违规行为：对于较轻的违规行为，最高罚款金额为 1000 万欧元或全球年度营业额的 2%，取两者中的较高者。

·较严重的违规行为：对于较严重的违规行为，最高罚款金额为 2000 万欧元或全球年度营业额的 4%，取两者中的较高者。

需要注意的是，罚款金额的确定取决于多种因素，包括违规行为的性质、严重程度、持续时间以及违规者的规模和财务状况。监管机构在确定罚款金额时会综合考虑这些因素，并确保罚款对违规者具有威慑力。

除罚款外，GDPR还规定了其他可能的处罚措施，包括以下四种。

第一，警告：监管机构可以向违规者发出书面警告，指出其违规行为并要求其采取纠正措施。

第二，临时或永久禁止数据处理：监管机构可以暂停或永久禁止违规者处理个人数据，直到其采取必要的改正措施。

第三，数据流转限制：监管机构可以限制违规者的个人数据流转，以保护数据主体的权利和利益。

第四，合规监督和审查：监管机构可以进行定期的合规监督和审查，确保违规者遵守GDPR的要求。

GDPR的处罚措施旨在保障数据保护规定的有效执行和实施，并为违反GDPR规定的行为设定了明确的法律后果。监管机构在决定采取何种处罚措施时，将综合考虑违规行为的性质、严重程度和影响范围等因素。此外，处罚措施的实施还需要符合GDPR的原则和程序要求，包括权利保护、听证程序和上诉等。

因此，企业在控制和处理个人数据时必须遵守GDPR的规定，应该意识到违反GDPR可能导致巨额罚款和声誉损失，从而采取必要的措施保护隐私和个人数据的安全，确保其行为符合GDPR的规定。

七、GDPR的实施情况

自2018年5月25日欧盟开始实施GDPR以来，其在数据保护和隐私领域产生了深远的影响，具体体现在以下四个方面。

第一，数据主体的权利得到了保障：数据主体可以通过一系列的方式行使GDPR赋予其的权利，如访问、更正、删除、限制处理等。欧盟成员国也设立了专门的机构来保护数据主体的权利，如数据保护局和数据保护委员会等。

第二，企业和组织在数据处理方面的责任得到了加强：GDPR 要求企业和组织在保护个人数据方面要采取适当的技术和组织措施，并在数据泄露事件发生时，及时报告数据保护机构和数据主体。

第三，对跨境数据流的保护要求更高：GDPR 要求企业和组织在数据流转到非欧盟国家时，必须遵守更高的数据保护标准。此外，GDPR 还明确规定，非欧盟国家只有在欧盟委员会认可其数据保护标准与GDPR 相当时，才能获得数据转移的许可。

第四，非法数据处理行为受到更严厉的处罚：GDPR 规定，违反其规定的企业和组织可能面临高达 2000 万欧元或全球年度营业额的 4%（取较高者）的罚款，这使得企业和组织更加重视数据保护和合规。

尽管 GDPR 的实施和发展取得了一定成果，但仍然存在一些挑战和问题。

其一，跨境数据传输的挑战：在全球化和数字化的背景下，数据跨境传输变得越来越频繁。GDPR 要求数据处理者在向第三国传输数据时确保具备足够的保护水平。然而，"隐私盾"协议被欧洲法院判定无效等事件表明，欧盟与第三国间的法律框架和协议仍需不断调整，以适应不断变化的环境。

其二，合规成本的增加：为了满足 GDPR 的要求，企业需要投入大量资源，如聘请数据保护官、更新技术基础设施、提供员工培训等，这可能会导致企业在短期内承担较高的合规成本。

其三，高额罚款的压力：虽然高额罚款可以起到震慑违规行为的作用，但过高的罚款也会给企业带来沉重的负担，尤其是中小企业。如何平衡对违规行为的处罚与企业的生存发展需求，是一个较为复杂的问题。

其四，隐私与创新的权衡：严格的数据保护要求可能会影响一些创新性的技术和服务，如大数据分析、人工智能等。在保护隐私和数据安全的同时，如何保持技术和服务的创新活力是一个长期的挑战。

其五，法律落地的不一致性：欧洲各国在实施 GDPR 的过程中，可能存在法律执行的不一致性，这可能会导致企业在跨国经营时面临不同的法律解释和要求，增加合规难度。

其六，公众意识的不足：虽然 GDPR 提高了公众对数据隐私的关注，但仍然存在许多人对个人数据权利和保护措施了解不足的问题。进一步提高公众的数据保护意识和参与度，是未来的一项重要任务。

八、中国企业合规措施

如前文所述，GDPR 属于"长臂管辖"法规，即无论企业所在地是否位于欧盟境内，只要该企业存在向欧盟数据主体提供产品、服务或监测相关行为，或处理和持有居住在欧盟的数据主体的个人数据，就将受到 GDPR 的管辖和规制。这意味着，绝大多数涉及欧盟业务的中国企业均需要遵守 GDPR 的要求，以确保数据处理或控制的合规性。

因此，中国企业在面临 GDPR 的管辖时，应当及时采取相应的措施确保其数据处理行为符合 GDPR 的要求。作者认为，中国企业应从以下六个方面入手。

第一，建立并完善数据保护机制，采取适当的技术和组织措施来保护个人数据的安全性和机密性，包括数据加密、访问控制、身份认证等措施，以防止未经授权的访问、泄露或滥用。

第二，制定明确的数据处理政策和操作流程，确保其符合 GDPR 的要求和规定，包括明确数据收集和处理的目的、合法依据，数据保留期限等，并实施适当的数据主体权利保护措施。

第三，加强对 GDPR 的了解和培训，确保员工了解 GDPR 的规定和要求并能正确执行相关的数据处理操作，培训内容可以涵盖数据保护原则、数据主体权利、数据处理合法性等。

第四,与GDPR合规的企业或组织合作,合作伙伴可以提供专业的指导和建议,帮助解决合规方面的问题,确保数据处理活动的合规性。

第五,进行定期的数据保护和风险评估,识别潜在的风险和漏洞,并采取相应的纠正措施,包括安全审计、漏洞扫描、风险评估等。

第六,与专业的数据保护机构或律师事务所合作,获得更全面和更专业的建议和指导。这些机构可以帮助解释GDPR的要求、评估企业当前的数据处理合规性,并提供具体的实施建议。

总之,中国企业应积极采取上述措施确保其数据处理行为符合GDPR的要求,保护个人数据的安全和隐私,并避免可能的罚款和法律风险。这需要企业与内部团队、外部合作伙伴和专业机构的共同努力。

第二节 美国个人信息保护法制发展

一、美国加利福尼亚州消费者隐私法案(CCPA)

美国《加利福尼亚州消费者隐私法案》(California Consumer Privacy Act,CCPA)是继欧盟《通用数据保护条例》(GDPR)颁布之后又一部个人信息保护领域的重要法律,其聚焦于保护加利福尼亚州消费者的个人信息。该法案于2018年6月通过,于2020年1月1日正式生效。作为全美国最严格的个人信息保护法律,CCPA为加利福尼亚州消费者提供了较为全面的个人信息权利保护措施,同时也对其管辖的企业提出了更高的要求。该法案具有示范效应,出台后便被美国其他州或域外借鉴,这也加重了中国企业海外业务的个人信息保护责任。

1. CCPA的立法背景

CCPA的立法背景可以追溯到GDPR的实施和数据泄露事件发生时。

在 GDPR 生效之前，美国没有一部综合性的个人信息保护法律，而欧盟则颁布了 GDPR，使其个人数据保护标准大幅提高，并在全球范围内引起了对个人数据隐私的广泛关注。由此看来，美国企业的个人信息保护标准显得相对较低。

此外，2018 年 3 月，剑桥分析公司（Cambridge Analytica）滥用数百万脸书用户数据成为全球热点事件。这个事件揭示了个人数据被不法分子滥用的风险，引发了公众对个人隐私问题的更大关注，同时促使美国政府和加利福尼亚州州政府越发重视隐私保护问题。

在这样的背景下，加利福尼亚州消费者组织发起了一项名为"消费者隐私权保护"的公民倡议，旨在呼吁立法者通过一部全面的隐私保护法律来保护加利福尼亚州消费者的个人信息，该倡议得到了广泛支持，历经多轮修订，最终形成了 CCPA。

可以说，CCPA 的实施为美国的隐私保护立法提供了新的范例，成为全美国第一部对消费者个人数据隐私进行明确保护的立法，并为其他州或国家制定类似法律提供了借鉴，推动了美国个人隐私保护的立法进程。

2. CCPA 的适用范围

与 GDPR 几乎适用于任何涉及欧盟公民个人数据的企业的做法不同，CCPA 对适用企业的范围作出了合理的限制和排除，从营业收入、信息规模、信息收入占比三个维度对所适用企业的范围进行了明确。也就是说，只有满足以下一个或多个条件的营利性企业，包括公司、合伙企业、有限责任公司或类似实体，才会受到 CCPA 的规制。

·全球年度总营收超过 2500 万美元。

·基于商业目的，每年购买、收集、出售、分享不少于 50000 个加利福尼亚州消费者、家庭或设备的信息。

·每年收入的 50% 及以上来自出售加利福尼亚州消费者的个人信息。

需要注意的是，对与满足以上任何一种情况的企业具有控制或被控制关系的企业，或与其共享商业品牌的企业均将被视为关联企业而同样受到 CCPA 的规制。

从 CCPA 的适用范围可知，以下实体被排除在 CCPA 的管辖之外，这体现出了 CCPA 的监管特征——聚焦于以营利为目的开展数据处理活动的规模企业。

· 非营利机构。

· 提供数据服务的企业。

由此可见，CCPA 侧重于对影响范围大、风险程度高且符合上述条件的大规模企业进行监管，而对于不满足特定条件的企业则未予管辖，这大大降低了中小规模企业的合规成本和压力，避免了该类企业因合规负担而阻碍业务发展。

3. CCPA 的信息保护范围

与 GDPR 保护广泛的个人数据不同，CCPA 中的个人信息保护范围则更加具体，更侧重于对消费者和家庭信息的保护。具体而言，CCPA 将"个人信息"定义为可以识别、描述、涉及或与消费者或与其家庭联系在一起的任何信息，如姓名、地址、身份号码、电子邮件地址、地理定位数据、指纹、互联网浏览历史、购买产品的记录等。

此外，CCPA 还进一步对个人信息进行了合理排除，特别规定其管辖的个人信息不包含以下六种。

（1）集合信息

集合信息是指被加工、组合或转换为无法与特定个人相关联的信息，无法通过该等信息单独识别个人身份。统计报告、行业趋势分析或匿名用户群体的数据都属于集合信息。

（2）去身份信息

去身份信息是指已经去除了可以直接或间接识别个人身份的信息，

且该等去身份化措施确保该个人信息不再能够识别出特定个人。这意味着经过有效地去身份化处理的信息，不再适用CCPA的保护规定。该类信息通常是采用技术方法，如信息加密、信息脱敏等来确保信息无法单独识别个人身份。

(3) 政府公开信息

政府公开信息是指基于联邦、州或地方政府记录的信息，如果信息在政府机构的许可下是可公开获取的，则不适用CCPA的保护规定。

(4) 雇员信息

雇员信息是指与个人在雇佣关系中的地位相关的信息，这些信息主要用于雇用、工资支付、福利等工作目的，且隐私保护受到其他相关法律的规范。对于雇员信息的隐私保护，通常受到其他相关法律如劳动法及雇主与雇员间雇佣合同的规范。

(5) 个人车辆和所有权信息

个人车辆和所有权信息是指与个人的车辆、驾驶执照、车辆注册和车辆保险有关的信息，这些信息通常受到其他相关法律（如车辆管理法规、车辆保险法等）的保护，以确保车主和车辆的隐私得到保护。

(6) 联邦法已经覆盖的医疗、征信、驾驶、金融信息等

联邦法已经覆盖的医疗、征信、驾驶、金融信息等是指根据联邦法律规定已经受到专门保护的医疗、征信、驾驶和金融信息，对这些信息的保护受其他法律的管辖。

需要注意的是，CCPA对于上述个人信息的排除并不意味着这些信息完全不受隐私保护，而是说，它们将受到其他相关法律或法规的管辖和保护。以金融机构为例，其处理个人信息时仍需要遵守美国联邦《格拉姆-利奇-布莱利法案》或《加利福尼亚州金融信息隐私法案》中关于个人信息保护的规定。

总体而言，CCPA的排除条款确保了该法律的适用范围集中在对消

费者个人信息的保护上，同时排除了一些受到其他法律的监管和保护的特定信息类别，这样做的目的是避免 CCPA 与现有的相关法律产生冲突，并保持相关法律规范和隐私保护法规的平衡。此外，这也恰恰体现出了 CCPA 的立法目的主要是针对消费者个人信息的收集和使用进行规范，并赋予消费者对其个人信息更多的控制权。

4. CCPA 消费者的主要权利

CCPA 赋予了消费者多项核心权益，旨在提高消费者对其个人信息的主动控制权。具体而言，除常见的访问权外，消费者主要还享有以下四项个人信息保护权利。

（1）信息披露权

消费者有权要求企业披露收集、使用和披露的个人信息的详细信息。这包括个人信息的类别、收集目的、共享或披露给第三方的情况，以及与该个人信息相关的企业的身份等。

（2）拒绝销售权

消费者有权要求企业停止出售他们的个人信息给第三方。如果一个企业在经营中出售个人信息，消费者可以选择不参与这种信息交易，并要求企业停止出售。

（3）删除权

消费者有权要求企业删除与其相关的个人信息，除非存在某些特定的例外情况，如信息用于履行合同、法律要求保留等。消费者可以要求企业删除他们的个人信息，以保护他们的隐私安全。

（4）平等待遇权

CCPA 明确规定，企业不得因为消费者行使上述权利而歧视他们。这意味着企业不能因为消费者行使了他们的个人信息保护权利而拒绝向他们提供产品或服务，也不能以不平等的方式对待他们。

上述权利旨在增强消费者对个人信息的控制和保护，并使他们能够了解和管理自己的信息，与此相对应，受管辖企业亦有责任遵守这些要求，并建立适当的机制让消费者行使这些权利。根据作者的总结，企业应当做到以下六个方面。

（1）提供信息

企业需要向消费者提供关于其个人信息收集、使用和披露的详细信息。这包括个人信息的类别、收集目的、共享给第三方的情况以及与个人信息相关的企业的身份等。

（2）建立选择不销售机制

企业需建立一个明显可见的"禁止出售我的个人信息"的机制，如在网站上提供一个相关选项或链接，让消费者选择不让企业将其个人信息出售给第三方。企业需要充分尊重消费者的选择并停止出售他们的个人信息。

（3）履行删除义务

企业可以设计一个简化的流程，以便消费者提交删除个人信息的请求，并及时做出响应。在收到消费者的删除请求后，企业应当及时采取措施从系统中删除相应的个人信息，并确保备份信息也得到安全处理。除非存在法律上允许或要求保留个人信息的特定例外情况。

（4）禁止歧视

企业应确保消费者在行使其个人信息保护权利后，仍能享受与其他消费者相同的产品和服务，不能因为消费者行使了个人信息保护权利而歧视他们，也不能拒绝向消费者提供产品或服务。

（5）采取合理的安全措施

企业需要采取合理的安全措施保护消费者的个人信息免遭未经授权的访问、使用或披露，包括技术和组织上的安全措施，以保护个人信息的机密性和完整性。

（6）更新隐私政策

企业需要定期审查和更新其隐私政策，以确保符合 CCPA 的要求，并向消费者提供清晰和详细的隐私政策信息。

以上措施可以帮助受管辖的企业符合 CCPA 的规定，并确保消费者的个人信息保护权得到尊重和保障。企业还应定期审查和更新其合规措施，以适应不断变化的隐私法律和最佳实践。

5. CCPA 中的监管机构

GDPR 和 CCPA 在监管机构方面存在显著差异。

GDPR 拥有一套复杂而完善的监管机构体系，这些机构在监管层次、管辖范围和职责等方面各不相同，它们各司其职，确保个人信息处理行为的安全有效，以最终实现立法目标。

而在 CCPA 中，并没有一个监管机构或体系，仅设置了"加利福尼亚州检察长"这样一个职位，但仔细分析后，作者发现它的职能类似于一个司法机构。只有在服务提供商或其他主体侵害了消费者的权利时，加利福尼亚州总检察长才会发挥作用。由此可见，这与 GDPR 中提供的投诉和调解途径不同，CCPA 提供的是一种相对单一且终局式的司法救济方式。

6. 违反 CCPA 的法律后果

CCPA 对侵犯加利福尼亚州消费者隐私权的受管辖企业的处罚措施相对严厉，主要包括以下两类。

（1）民事处罚

CCPA 规定，对于每一次非故意违法行为，可处以最高 2500 美元的罚款；而对于每一次故意违法行为，可处以最高 7500 美元的罚款。这意味着企业每次出现违反 CCPA 的行为都可能面临被处以相应金额的民事罚款。

（2）信息泄露赔偿

在发生个人信息泄露事件时，受影响的消费者有权通过民事诉讼向受管辖企业追索赔偿金。根据CCPA的规定，消费者可以根据每起信息泄露事件请求100~750美元/人的法定赔偿金额或实际损害金额中较大的数额。这为消费者提供了一种获得补偿的途径，并增加了违法企业的经济成本。

信息泄露事件通常会涉及大量的个人信息泄露，受影响的消费者很可能会提起消费者集体诉讼，即一组受害者联合起来向侵权企业提起诉讼。由于CCPA有关于赔偿金额的规定，所以也在一定程度上降低了消费者举证实际损失的责任，进一步保护了消费者的权益。

需要说明的是，根据CCPA的规定，被告企业可以抗辩免于向消费者承担法定赔偿的唯一理由是，其能够证明已经采取了合理的信息安全措施保护企业系统内的个人信息。这意味着企业应该积极采取安全措施，如加密信息、实施访问控制和监控，以降低信息泄露的风险，并提供证据证明其合规性。

这也说明，在CCPA的规制下，企业必须合理全面地制定安全措施，包括实施适当的技术和组织安全措施，以保护个人信息的机密性和完整性，防止未经授权的访问、使用或披露；定期评估和更新安全控制措施，以应对新的安全威胁和技术漏洞等。

7. GDPR与CCPA的对比

根据上述分析，CCPA与GDPR有较多的差异，而这些差异恰恰是CCPA的特点。作者在表1中就两部法案的主要差异进行罗列，以期帮助读者更好地理解两部法案的内容。

表1　GDPR与CCPA的差异对比

对比要点	GDPR	CCPA
适用范围	不仅适用于欧盟内的组织机构，也适用于欧盟以外的组织机构。无论其所在何地，只要存在其向欧盟数据主体提供产品、服务或监测相关行为，或处理和持有居住在欧盟的数据主体的个人数据，就适用GDPR。	在加利福尼亚州开展业务的营利性企业，且满足以下任一条件的公司： （1）全球年度总营收超过2500万美元。 （2）基于商业目的，每年购买、收集、出售、分享不少于50000个加利福尼亚州消费者、家庭或设备的信息。 （3）每年不少于50%的收入来自出售加利福尼亚州消费者的个人信息。 另，对与满足以上任何一种情况的企业具有控制或被控制关系，或与满足以上任何一种情况的企业共享商业品牌的企业被视为关联企业而同样受到CCPA的规制。
数据保护范围	个人数据是指与已识别或可识别的自然人（"数据主体"）有关的任何数据；可识别的自然人的信息是指可以直接或间接地，特别是通过以下标识确定的自然人身份的信息，如名字、身份证号码、位置数据、在线标识或自然人特定的一个或多个物理、生理、遗传、心理、经济、文化或社会身份要素。	"个人信息"是指直接或间接地识别、关系、描述，能够相关联或可合理地联结到特定消费者或家庭的信息，包括但不限于真实姓名、别名、邮政地址、社会安全号码、驾驶证号码、护照号码、商业信息、生物信息、电子网络活动信息、地理位置数据、音频、电子化的可视图像、视觉、热量、嗅觉或类似信息、职业或就业相关信息等。 此外，特别排除了特定个人信息。

续表

对比要点	GDPR	CCPA
数据主体的主要权利	(1) 访问权 (2) 更正权 (3) 删除权（"被遗忘权"） (4) 限制处理权 (5) 可携带权 (6) 反对权 (7) 不受制于自动化决策的权利	(1) 信息披露权 (2) 拒绝销售权 (3) 删除权 (4) 平等待遇权
监管机构	欧盟数据保护委员会（EDPB）及各成员国数据监管机构	加利福尼亚州总检察长
违法处罚	违规行为可以分为两个层级，每个层级对应不同的罚款额度： (1) 较轻的违规行为：对于较轻的违规行为，最高罚款金额为1000万欧元或全球年度营业额的2%，取两者中的较高者。 (2) 较严重的违规行为：对于较严重的违规行为，最高罚款金额为2000万欧元或全球年度营业额的4%，取两者中的较高者。	对于每一次非故意违法行为，最高可处以2500美元的民事处罚；而对于每一次故意违法行为，最高可处以7500美元的民事处罚。此外，对于数据泄露事件，消费者可以根据每起数据泄露事件提起100~750美元/人的法定赔偿金额或实际损害金额中较大的数额。

8. 中国企业合规措施

对中国企业来说，判断是否受CCPA管辖可以从以下两个方面考虑。

第一，确定业务是否涉及加利福尼亚州：CCPA仅适用于加利福尼亚州境内的企业和组织。因此，如果中国企业的业务涉及加利福尼亚州，如收集、处理、销售加利福尼亚州居民的个人数据，那么该企业就可能受到CCPA的管辖。

第二，确定企业的年收入是否达到CCPA的门槛：根据前文所述，当企业的全球年度总营收超过2500万美元，或者基于商业目的，每年购买、收集、出售、分享不少于50000个加利福尼亚州消费者、家庭或设备的信息，或者每年不少于50%的收入来自出售加利福尼亚州消费者的个人信息时，该企业才受到 CCPA 的约束。

如果企业确定自己受到 CCPA 的管辖，则需要做到以下五点，以确保合规。

（1）制定隐私政策

企业需要制定符合 CCPA 要求的隐私政策，并明确告知消费者有关个人数据处理、收集、使用和披露的信息。隐私政策应包括收集哪些个人数据，如何收集、处理、使用、披露个人数据以及消费者对其个人数据的访问和删除权利等方面的内容。

（2）数据访问和删除权利

企业需要向消费者确保其访问、更正和删除个人数据的权利得以实现。当消费者请求访问或删除其个人数据时，企业应及时响应，并采取适当的措施保护消费者的个人数据。

（3）限制个人数据销售

CCPA 规定，消费者有权禁止其个人数据被销售，企业需要依据 CCPA 的规定，设置一个可以选择禁止销售的选项。

（4）建立流程和机制

企业需要建立相应的流程和机制来响应消费者的请求，监测和记录数据处理活动，及时发现和处理违规行为。

（5）进行培训和教育

企业需要对员工进行有关 CCPA 的培训和教育，以确保员工了解和遵守隐私政策和数据处理规定。

另外，正如前文所提到的，当企业发生数据泄露事件时，唯一能作为法定赔偿抗辩理由的是被告企业能够证明其已采取了合理的数据安全措施保护企业系统内的个人信息。因此，作者建议企业定期评估和评判其现有的数据安全措施是否符合行业标准，并与内部和外部的数据专家、审计人员等进行咨询和确认，以确保企业在面对数据泄露事件时能够提供合理的抗辩证据，从而减少不必要的经济损失。

二、美国加利福尼亚州隐私权法案（CPRA）

2023年1月1日，美国《加利福尼亚州隐私权法案》（California Privacy Rights Act，CPRA）正式生效。CPRA对现有的《加利福尼亚州消费者隐私法案》（CCPA）进行了修订，被誉为"CCPA 2.0"，成为加利福尼亚州个人信息保护领域的最新法规。

CPRA的重要性在于它进一步强化了加利福尼亚州消费者个人信息保护的规定和措施，使消费者能够更好地掌控自己的个人信息，并增强了企业的责任和义务，保护了消费者的隐私安全。CPRA的出台，标志着加利福尼亚州消费者个人信息保护法规的升级和完善，这对于推动全球个人信息保护法规的进一步发展具有重要意义。同时，CPRA为企业提供了一个更加明确和可预测的个人信息保护法规框架，可帮助企业更好地规划业务发展和投资方向。

1. CPRA的立法背景

CPRA的立法背景可以追溯到CCPA的通过和实施之时。

CCPA作为美国第一部全面规范个人信息保护的法律，其通过和实施为全球的个人信息保护规范树立了榜样和标杆，受到了广泛的赞誉和关注。CCPA的主要目的是保护消费者的个人信息权利，规范企业的信息收集和处理行为，并要求企业在遵守法律的同时保护消费者的个人信息安全。

然而，随着信息安全问题日益突出，CCPA的不足和缺陷逐渐显现，特别是在个人信息保护和隐私的监管方面，CCPA不能完全满足加利福尼亚州消费者的个人信息保护需求，需要进一步加强和完善。

因此，在CCPA实施不到一年的时间里，加利福尼亚州政府推出了CPRA的草案，旨在进一步提高个人信息保护的标准，弥补CCPA的不足和缺陷。经过一系列的讨论和修改，CPRA 最终于 2020 年 11 月 4 日正式通过，并于 2023 年 1 月 1 日生效，进一步加强了加利福尼亚州消费者的个人信息权利，强化了企业的责任和监管措施，并提高了消费者对个人信息的控制。

CPRA 的出台也反映了全球个人信息保护的趋势和需求，许多国家和地区开始关注信息安全问题并出台相应的法律和法规。CPRA 的出台对加利福尼亚州及全球个人信息保护产生了重要影响，并进一步推动了全球个人信息保护的发展和进步。

2. CPRA 的八大修订要点

CPRA 可以说是 CCPA 的全面升级版，其不仅加强了消费者对个人信息的控制权和企业对个人信息保护的责任，同时也为企业提供了更加明确和具体的合规要求，使得企业能够更好地保护消费者的个人信息。通过对比，作者总结了 CPRA 对 CCPA 的以下八个修订之处，以帮助读者更好地理解 CPRA 的改进与创新。

（1）调整适用范围

根据前文所述，CCPA 规定，任何在加利福尼亚州开展业务并涉及消费者个人信息处理的营利性实体，如果满足以下任一条件，将受到该法的调整和规制。

①全球年度总营收超过 2500 万美元。

②基于商业目的，每年购买、收集、出售、分享不少于 50000 个加利福尼亚州消费者、家庭或设备的信息。

③每年不少于 50% 的收入来自出售加利福尼亚州消费者的个人信息。

CPRA 将 CCPA 第二项要求中的 "50000" 个加利福尼亚州消费者、家庭或设备的信息的门槛提升至 "10 万"，即企业基于商业目的每年购买、收集、出售、分享的该等信息需要超过 10 万个才适用 CPRA。这一调整的目的是减轻一些中小型企业的规制负担，将更多的中小企业排除在 CPRA 的适用范围之外。

由此可见，CPRA 在 CCPA 的基础上谨慎衡量了大企业及中小企业在个人信息保护上所需承担的责任差异，进一步降低了中小企业的个人信息合规压力。

(2) 引入"承包商"概念

根据 CCPA 的规定，"服务提供商"是指根据与数据控制者签订合同的处理个人信息的实体，其使用个人信息的权利仅限于提供合同约定的服务。CPRA 对"服务提供商"的定义进行了扩展和细化，根据其规定，服务提供商必须遵守更严格的要求，包括不得将个人信息用于自身的商业目的，采取适当的安全措施保护个人信息等。

除此之外，更重要的是 CPRA 引入了"承包商"的概念。根据 CPRA 的规定，承包商是指除企业、服务提供商和第三方外的其他受 CPRA 约束的实体。承包商与服务提供商在一些方面有着相似的义务，如受到类似的合同限制，包括禁止出售个人信息、限制个人信息的处理方式以及禁止混合数据等。

然而，与服务提供商不同的是，CPRA 对承包商有两个额外的要求。

第一，承包商必须证明其理解并将遵守与数据控制者签订的合同中规定的个人信息处理要求，并确保其行为符合合同的约定。

第二，承包商没有代表企业处理个人信息的明确义务。与服务提供商不同，承包商在处理个人信息时不会被视为企业的代表。承包商作为独立实体与企业合作，按照合同约定处理个人信息，而不承担代表企业的义务。

CPRA 引入"承包商"的概念，旨在加强对个人信息处理者的监管，确保他们在处理个人信息时遵守法律要求，并通过明确的合同约定和责任划分增强个人信息保护的整体效果，这有助于提升对个人信息隐私权的保护水平，并增强企业对个人信息处理的合规性和透明性。

(3) 引入"敏感个人信息"概念

CCPA 并未明确规定敏感个人信息的定义和保护条款，而 CPRA 则对其信息进行了单独的归类和定义，并增设了专门的保护规定。根据 CPRA 的规定，敏感个人信息的范围包括社保信息、驾照信息、身份证信息、护照信息、账户登录信息、邮箱信息、短信信息、金融账户信息（如借记卡和信用卡信息等），以及与个人相关的物理信息（如基因和生物识别信息、健康信息、性取向信息）和社会信息（如宗教信仰信息、民族信息、教育背景、会员身份、住址信息）等。

此外，CPRA 要求企业在处理敏感个人信息时采取额外的保护措施，包括但不限于以下五个方面。

①对敏感个人信息的收集、使用、存储和披露采取更严格的限制和控制。

②对敏感个人信息的处理实施更高的安全标准，以防止未经授权的访问、使用或泄露。

③限制敏感个人信息的出售或分享，除非存在用户明确同意或符合法律规定的例外情况。

④向消费者提供关于敏感个人信息处理的额外权利，如限制使用、访问和更正等权利。

⑤在隐私政策和通知中特别强调对敏感个人信息的处理方式和目的。

需要特别说明的是，第三方平台如果需要使用敏感个人信息，必须在其隐私声明中明确指出所需使用的敏感信息的具体种类、使用目的，以及是否会出售或分享这些敏感信息。消费者有权要求将敏感个人信息的使用限制在第三方提供的服务或商品所必需的范围内。具体而言，CCPA 要求企业在收集个人信息之前提供一个明显的"禁止出售我的个人信息"链接供消费者选择，而 CPRA 则进一步要求企业在特定情况下突出显示"限制使用我的个人敏感信息"链接供消费者选择。这也是

CPRA 强调的一个重要隐私权——敏感个人信息限制权。

总体而言，CPRA 对敏感个人信息的保护和使用、限制进行了明确规定，使消费者对其敏感个人信息的使用和披露有了更大的控制权。企业在处理敏感个人信息时必须遵守更为严格的规定，以确保敏感个人信息的安全性和合规性。

（4）增设消费者权利

在 CCPA 现有的消费者权利的基础上，CPRA 赋予了消费者四项新的权利，即个人信息更正权、敏感个人信息限制权、自动化决策的退出选择权、自动化决策的信息访问权，进一步加强了消费者对其个人信息的控制，也促使企业更加负责地处理和使用个人信息。具体而言，四项增设权利的内容如下。

①个人信息更正权：根据 CPRA 的规定，消费者有权要求处理其个人信息的企业对其个人信息进行更正、补充或更新，以确保其个人信息的准确性和完整性。

②敏感个人信息限制权：前文曾提到，敏感个人信息是 CPRA 新引入的概念，消费者可以要求企业限制其处理敏感个人信息的方式和目的，从而更好地保护其敏感信息的安全和隐私。同时需要注意的是，CPRA 也规定了一些豁免情况，即如果企业收集或处理的敏感个人信息不是用于推断消费者的特征、倾向、习惯或偏好，那么消费者将无法行使这项限制权。

③自动化决策的退出选择权：CPRA 赋予了消费者选择退出或拒绝企业对其进行纯自动化决策的权利。这意味着如果企业在其决策过程中使用了纯自动化算法或人工智能技术，而没有进行人工干预，消费者有权选择不接受这种自动化决策，而是要求人工干预或人工审查。

④自动化决策的信息访问权：CPRA 确保消费者可以获取有关企业进行自动化决策的相关信息，包括决策的逻辑、影响以及使用的数据等。

消费者有权了解企业如何使用其个人信息进行自动化决策,并能够评估这些决策对其权益和利益的影响。

(5) 增设数据保护原则

在CCPA的基础上,CPRA引入了一系列个人信息保护原则,包括数据最小化、目的限制和存储限制等,以加强对企业处理消费者个人信息行为的规范。

①数据最小化原则:CPRA要求企业仅收集、使用和保留与预定目的相关且必要的个人信息。这意味着企业应该限制收集和处理的个人信息数量,并仅收集那些与业务目的直接相关的信息。

②目的限制原则:CPRA规定,个人信息的处理必须与事先明确指定的合法、合理和充分公开的目的相符。企业应当明确说明个人信息收集的具体目的,并仅在符合这些目的的范围内使用相应的信息。

③存储限制原则:CPRA要求企业在不再需要个人信息时采取措施删除或匿名化这些信息,除非法律要求或需要保留以履行合同义务。这样可以限制个人信息的存储时间,并减少对履行合同不必需的数据的保留。

CPRA对上述数据保护原则的引入进一步加强了企业处理消费者个人信息的规范,确保企业以更加谨慎和负责的方式处理个人信息,促进消费者个人信息的保护。

(6) 增设暗纹模式的限制

CCPA并未提及暗纹模式下的个人信息保护,而CPRA则引入了对暗纹模式的限制。暗纹模式是指通过设计和界面设置,误导用户或操控其行为,使其作出不利于自身利益的决策或共享个人信息。这种设计手法常常利用心理学原理、视觉伪装和信息隐藏等方式,以欺骗或误导用户的方式收集个人信息或推动特定行为。

CPRA规定的暗纹模式限制,要求企业禁止使用这种欺骗性设计误导消费者，从而保护消费者的隐私权和其他权益。具体而言，CPRA要求企业在用户界面的设计中遵守透明性原则，确保用户能够清晰地理解其个人信息被收集和使用的方式，并可以轻松地行使其隐私权利。这项规定旨在防止企业通过欺诈性的设计手法误导用户，确保用户能够自主地作出知情的决策，并有控制其个人信息使用的权利。

通过限制暗纹模式的使用，CPRA进一步加强了对个人隐私的保护，防止滥用个人信息和欺诈等行为，保护消费者的利益和隐私权。

（7）增设行政监管机构

根据CCPA的规定，加利福尼亚州总检察长负责执行该法案，包括履行消费者个人信息保护的职责，而未规定单独的行政监管机构负责法案的执行和对消费者权利的保护。

相较而言，为了更有效地执行CPRA，加利福尼亚州州政府设立了一个专门的隐私保护监督执法机构——"加利福尼亚州隐私保护局"（California Privacy Protection Agency，CPPA），CPPA的权力机构为董事会，董事会由五名董事成员组成，其中董事会主席和一名成员由加利福尼亚州州长任命，总检察长、参议院规则委员会及议长各任命一名，这些董事会成员均从熟悉隐私保护、技术、消费者权益等领域的加利福尼亚州居民中产生。

CPPA被赋予了一系列执法权力，不仅可以对违反CPRA的行为进行罚款，罚金数额在2500~7500美元，还可以对违反CPRA规定的行为进行调查、传唤证人、调查取证、现场合规检查等。

除上述内容外，CPPA还可以对企业、组织和公众进行关于隐私保护的指导、培训和教育。这有助于增强人们隐私保护的意识，提高相关主体对自身权益的保护意识，并帮助企业和组织理解和遵守CPRA的要求。

因此，设立CPPA有助于加强对消费者个人信息的保护，并确保

CPRA 的有效实施和监督。建立独立的监管机构和赋予其相应的权力和职责，有利于促进消费者个人信息保护规定的落实，为消费者建立更可靠的个人信息保护机制。

(8) 规范数字广告

除上述修订要点外，值得一提的是，CPRA 还对数字广告进行了明确规范，区分了跨语境行为广告和非个性化广告两种类型。

①跨语境行为广告是指根据消费者在企业、独有品牌网站、应用程序或服务之间的活动中的个人信息，向消费者定向投放广告的在线商业活动。跨语境行为广告使用技术分析消费者的个人消费习惯和特征，并根据这些信息定向投放广告。CPRA 将跨语境行为广告列为特定类型的广告，并赋予了消费者选择退出的权利，即要求企业提供选择退出跨语境行为广告的选项。

②非个性化广告。除精确的地理位置信息外，非个性化广告不依赖消费者的个人信息定向投放广告。它被视为内部基于自身"商业目的"而进行的决策，并不受消费者选择退出权的限制。换句话说，如果广告不依赖于消费者的个人信息进行定向投放（除了精确的地理位置），企业便可以将其视为非个性化广告，不需要基于自身提供选择退出的选项。

上述区分对于广告行业和消费者都具有重要意义。

对广告行业而言，这种区分为广告技术公司提供了指导，明确了跨语境行为广告和非个性化广告的定义和范围。广告技术公司需要了解并遵守这些要求，确保在广告投放过程中尊重消费者的隐私权，并避免违反 CPRA 的规定。

对消费者而言，这种区分赋予了消费者更多对个人信息的控制权，使其能够更好地管理个人信息的使用和共享。消费者可以根据自己的偏好选择退出跨语境行为广告，从而减少企业对其在线活动的跟踪和定向广告的接收。同时，非个性化广告的使用受企业内部商业目的的限制，这进一步保护了消费者的个人信息。

综上，通过比较 CPRA 与 CCPA 可以发现，在规范企业处理个人信息的相关活动、消费者对个人信息的权利保护以及政府对于法案的落实和执行等方面，CPRA 均作了进一步的修订，使得有关消费者个人信息保护的规定更明确清晰且更具可操作性，提升了加利福尼亚州消费者个人信息的保护水平。

3. 中国企业关于 CPRA 的合规措施

如前文所述，CPRA 适用于任何在加利福尼亚州开展业务并涉及消费者个人信息处理的营利性实体，只要该实体满足以下任一条件，包括：第一，全球年度总营收超过 2500 万美元；第二，基于商业目的，每年购买、收集、出售、分享不少于 10 万个加利福尼亚州消费者、家庭或设备的信息；第三，每年 50% 以上的收入来自出售加利福尼亚州消费者的个人信息。

如果中国企业确定自己受 CPRA 的规制，就需要采取一系列合规措施满足 CPRA 的要求。具体而言，作者建议企业可以采取以下措施。

（1）评估现有合规情况

评估现有的数据保护和隐私合规措施，判断其与 CPRA 的要求是否相符。识别可能存在的差距，并制订计划进行调整和改进，以确保符合 CPRA 的要求。

（2）个人信息分类和显著性评估

CPRA 对个人信息进行了严格分类，并单独区分了敏感个人信息。因此，企业亦应对自身处理的个人信息进行分类，并评估不同类型数据的敏感性和风险，处理敏感个人信息时应该采取额外的保护措施。

（3）更新隐私政策和通知

企业需要制定符合 CPRA 要求的隐私政策和通知，并及时更新和完善，确保其清晰明确地描述个人信息的处理方式、收集目的、共享实践以及用户的权利和选择。

（4）数据最小化和存储限制

企业应当严格遵守 CPRA 中有关数据最小化和存储限制的要求，仅收集和保留必要的个人信息，并在达到处理目的后及时删除或匿名化数据。

（5）建立信息保护和信息安全体系

CPRA 对企业建立信息保护和信息安全体系提出了更高的要求，包括对个人信息进行风险评估、建立信息处理流程和安全措施等。中国企业需要建立完善的信息保护和信息安全体系，确保信息安全合规。

（6）加强合规检测和监管

CPRA 要求企业建立有效的合规检测和监管机制，以确保企业的隐私保护措施符合法律要求。中国企业需要加强内部合规机制建设，及时发现和纠正违法行为，同时加强与外部合规检测和监管的配合。

总而言之，CPRA 规定了更为严格的个人信息保护要求，中国企业需要仔细了解和遵守相关规定，以确保合规，同时需密切关注未来相关法规的更新和变化，及时调整并提升自己的信息保护水平。当然，每家企业的情况不尽相同，因此作者也建议企业在实施具体的合规措施之前咨询合规专家、律师等，以确保符合 CPRA 的具体要求和最佳做法。

三、美国数据隐私和保护法（草案）

一直以来，美国并没有一部全国性的数据隐私保护法，而是依靠各州制定的不同的隐私保护法或是各个行业的立法进行数据隐私保护。比如，1986 年通过的《电子通信隐私法》（Electronic Communications Privacy Act, ECPA），它涵盖了电子通信中的隐私保护，包括电子邮件和电话通信，规定了在何种情况下可以访问和监视这些通信内容；1998 年通过的《儿童在线隐私保护法》（Children's Online Privacy Protection Act,

COPPA），其旨在保护 13 岁以下儿童在互联网上的隐私，要求在线服务提供商在未获得其父母同意的情况下不得收集儿童的个人信息；2020 年 1 月 1 日生效的《加利福尼亚州消费者隐私法》（California Consumer Privacy Act，CCPA），它是美国首个具有欧洲通用数据保护条例（GDPR）风格的州级隐私法律，赋予了加利福尼亚州居民一些关于个人信息的权利，并规定了公司收集、处理和共享个人信息的规则；2023 年 1 月 1 日生效的《加利福尼亚州隐私权法案》（California Consumer Privacy Rights Act，CPRA），进一步增强和扩展了 CCPA 的隐私权保护。换言之，美国关于数据隐私和保护方面的立法都仅停留于州立法和行业立法而非联邦立法的层面。《美国数据隐私和保护法》（草案）（American Data Privacy and Protection Act，ADPPA）是 2022 年 6 月 3 日美国众议院能源与商业委员会和参议院商业、科学和运输委员会联合发布的一份草案。ADPPA 草案的发布将美国联邦层面的隐私保障提上了立法日程。

ADPPA 是由美国参议院商业、科学和运输委员会高级成员 Roger Wicker，密西西比州共和党和众议院能源与商业委员会的 Frank Pallone 和商业委员会主席兼高级成员 Cathy McMorris Rodgers 共同起草的。这体现了 ADPPA 的一个重大意义——它是第一个获得两党两院支持的美国联邦全面隐私保护提案。ADPPA 的起草者们在接受媒体采访时表示，两党和两院对于制定全面数据隐私框架已经筹备多年，这份讨论草案的发布是一个关键的里程碑。他们希望 ADPPA 的实施能够让公民对自身的个人数据有更多的控制权，同时也希望 ADPPA 能为美国数据相关企业的运营提供一些具有确定性的指引。如果 ADPPA 最终能够生效实施，那么它将有可能成为类似于 GDPR 那样对整个国际经济贸易和交流产生重大影响的法案，也有望从联邦层面推动分散的隐私立法走向统一，从而更好地保护公民权利。

1. 法案的主要内容

ADPPA 共包含四章，分别为忠诚义务、消费者数据权利、企业责任及执行、适用性和其他。

（1）第一部分：忠诚义务

法案第一部分规定了忠诚义务，主要包括数据最小化、具体的忠诚义务、隐私设计、防止定价歧视四个部分。

①"数据最小化"要求适用实体收集、处理或传输个人信息仅限于合理必要的范围。例如，提供或维护数据所属个人请求的特定产品或服务；发起、管理或完成交易或履行个人请求的特定产品或服务的订单；任何相关的日常管理、运营和账户服务活动，如计费、运输、交付、存储和会计。所有这些场景下所涉及的数据应当是合理且必要的。同时需要说明的是，联邦贸易委员会将发布相关的判断标准，帮助适用法案的实体确保用户的隐私和数据的安全。

②"具体的忠诚义务"规定了适用实体对数据收集的限制及例外情况。例如，适用实体不得收集、处理或转移社会安全号码，除非有必要促进信用扩展、身份验证、欺诈和身份欺诈检测，预防、缴税或征收税款，执行双方之间的合同，预防、调查或起诉欺诈、非法活动，联邦、州或地方法律另有要求；适用实体不得收集或处理敏感的数据，除非此类收集或处理对于提供或维护数据的个人所请求的特定产品或服务是绝对必要的；适用实体不得将个人的敏感数据转移给第三方，除非转让是在个人明确同意的情况下进行的，或者适用实体善意地认为该个人面临死亡、严重身体伤害或严重健康风险，有必要进行转移，防止该个人遭受伤害。

③"隐私设计"要求适用实体综合考虑 17 周岁以下个人的隐私风险、其提供产品和服务的关联性的隐私风险，以及联邦和州的法律法规。适用实体应结合自身的规模、性质和信息处理活动的特性，来制定、实

施和维护合理的政策、路径和程序降低隐私风险。

④ "防止价格歧视"规定禁止企业通过服务或定价进行"报复"，即适用实体不得对行使该法案权利或行使根据该法案颁布的任何法规所保障的任何权利的个人进行"报复"，包括拒绝提供商品或服务、收取不同的价格或使用不同的费率，提供不同水平的商品或服务。

（2）第二部分：消费者数据权利

消费者数据权利一章分为十个小节，分别为消费者意识、透明度、个人数据所有权和控制权、同意和反对的权利、儿童和未成年人的数据保护、第三方收集实体、公民权利和算法、数据安全和保护、小企业保护，以及统一选择退出机制。

① "透明度"一节规定，每个适用实体应以清晰、显著、不误导、易于阅读和访问的方式公开隐私政策，提供关于数据收集的详细和准确的表述，以及其所涉及实体的处理和传输活动。同时，本节还详细说明了隐私政策应包含的内容。

② "同意和反对的权利"一节包含撤回同意、选择退出实体对个人的数据传输权利、选择退出定向广告权利和个人自主权。

③ "儿童和未成年人的数据保护"一节规定，禁止向儿童和未成年人投放定向广告；区分受保护的未成年人和一般消费者；在未获得未成年人父母、监护人的明确同意的情况下，不得传输未成年人相关数据。

（3）第三部分：企业问责制

本部分包含行政责任、服务提供商和第三方、技术合规计划、委员会批准的合规准则和数字内容伪造五个方面。

ADPPA对大型数据持有者作出了相对严格的多项规定。在ADPPA的规定下，拥有超过15名员工的实体或服务提供商应指定1名或以上满足要求的员工担任隐私和数据安全官，数据安全官应按照本法案的要求实施数据隐私计划和数据安全计划，以保护数据的隐私和安全，促进适用实体或服务提供商持续遵守法案。对大型数据持有者来说，ADPPA 对其提出了额外的要求，大数据持有者应指定至少 1 名前文所述的官员作为隐私保护官直接向大数据持有者的最高官员报告，该官员应直接或通过受监督的指定人员建立流程、每两年进行一次全面审计、制订对员工的教育和培训计划，维护大数据持有者采取的所有保护重大隐私和数据安全实践的最新、最准确、最清晰和最容易理解的记录等。

（4）第四部分：涉及法案的执行、适用及杂项条款

ADPPA 将设立一个"隐私局"和一个"商业指导办公室"。隐私局负责履行法定监管职责，而办公室则为其所涵盖的实体和机构提供合规指导和教育。

ADPPA 不享有优于任何其他监管机构根据任何其他法律规定的权利，不享有反垄断法豁免权。也就是说，该法案中的监管制度不得被解释为限制、阻止反竞争行为的法律或减少全面适用反垄断法的必要性，该法案中的任何内容均未明示或暗示排除反垄断法的适用。同时，ADPPA 优先于州法律。

2. ADPPA 的显著特点

（1）定义的变化

① "涵盖实体"是指为收集、处理或传输数据并受《联邦贸易委员会法》（Federal Trade Commission Act，FTC）约束的任何实体或个人，是《美国通信法》（Communications Act of 1934）下的公共运营商，或非营利组织。这个定义涵盖了绝大多数企业。

② "涵盖数据"包括识别、链接或合理链接到个人或设备上的任何信息。它还包括从此类信息导出的任何数据或唯一标识符，如 IP 地址、定向广告标识符等。

③ "儿童"是指 17 周岁以下的任何人。这一点很重要，因为《数据隐私法》通常要求企业以某些特定方式处理儿童数据。大多数其他数

据隐私法都将儿童定义为 13 周岁或 16 周岁以下的人。

④"敏感数据"包括其他州隐私法认为敏感的数据类别。大多数法律认为种族、民族、基因数据、儿童数据等信息属于敏感信息；加利福尼亚州还把工会会员资格和社会保障号码等标识符设为敏感数据；ADPPA 则认为敏感数据包括所有这些以及任何设备的登录凭证。

（2）优先权的设置

如果 ADPPA 成为法律，它将优先于所有其他州数据隐私法，如当前受康涅狄格州《数据隐私法》约束的企业将需要优先遵守 ADPPA。如果获得通过，ADPPA 将优先于任何类似的州法律。这意味着联邦贸易委员会（FTC）——ADPPA 的执行机构将负责处罚任何违反州和 ADPPA 共同规则的企业。因此，优先权的设置是该法案的一大症结所在。许多州尤其是加利福尼亚州，并不希望自己的法律被 ADPPA 取代。

（3）私人诉讼权

私人诉讼权是指个人因企业违规行为而起诉企业的权利。大多数美国数据隐私法并不规定私人诉讼权，但 ADPPA 规定了。然而，在提起诉讼之前，个人需要通知联邦贸易委员会或其州检察长，然后，联邦贸易委员会/州总检察长有 60 天的时间来决定是否介入诉讼。此外，个人必须让企业知道他们打算起诉，并且在联系联邦贸易委员会/州总检察长之前，必须给企业 45 天的时间纠正违规行为。

（4）大数据持有者特殊类别

①ADPPA 对待处理拥有大量数据的企业的方式与其他企业不同。要成为大数据持有者，企业必须年度总收入超过 2.5 亿美元，处理超过 500 万人的数据或每年至少处理 20 万人的敏感数据。

②ADPPA 将小型企业定义为：非数据经纪人，年度总收入低于 4100 万美元，并且每年处理不到 20 万人的敏感数据。

③最值得注意的是，它没有最低的门槛——其他州的隐私法通常不

会限制处理拥有少于 10 万个人数据的企业。因此，几乎每一种业务都以某种方式受到 ADPPA 的约束。尽管 ADPPA 中适用于小型企业的规定有一些例外，但其大部分要求仍然对小型企业适用。

（5）数据传输选择权

与其他州的数据隐私法律类似，ADPPA 赋予了消费者多种权利。其中，它与加利福尼亚州 CPRA 提供的额外权利是消费者有权选择不让其数据转移到第三方。其他州的法律允许个人选择不允许其数据被出售，但只有 CPRA 和 ADPPA 允许个人选择不允许其数据被转移，无论是否涉及货币交易。

第三节　亚洲地区个人信息保护法律法规现状

作为全球经济活跃的地区之一，亚洲地区的个人信息保护问题日益凸显，引起各国的广泛关注。如今，个人信息保护已成为亚洲地区的关注焦点，各国政府和地区纷纷制定了相关的法律法规，以保护个人信息安全。亚洲地区经济发展迅速、人口众多，拥有多样化的文化、历史和制度背景，因此，在个人信息保护的立法和执行方面各个国家和地区之间存在一定的差异，呈现出多样性和复杂性。

从整体上看，亚洲地区的个人信息保护法律法规正在逐步健全、不断完善。其中一些国家和地区在制定法律法规时，借鉴了欧盟的 GDPR 和美国的 CCPA 等成熟的法规经验，并根据本地实际情况进行了调整和优化。这些法律法规的出台对于提高个人信息保护的水平、维护公民合法权益、促进数据跨境流通等具有重要意义。

然而，亚洲地区个人信息保护法律法规的发展水平参差不齐，部分国家和地区的法律法规已经比较完善，而另一些国家和地区的法律法规则尚未健全。一些发达经济体，如日本等国家已经制定了较为完善的个人信息保护法律法规，而一些新兴市场经济体的个人信息保护法律法规还比较薄弱，如印度尼西亚、越南等。

尽管在个人信息保护法律法规的制定和实施方面存在差异，但亚洲地区各国和地区普遍认识到了个人信息保护的重要性，并逐步加强相关法律法规的制定和完善。同时，随着新技术，如人工智能、大数据等的出现和应用，亚洲地区的个人信息保护法律法规也在不断更新和发展，以应对不断变化的信息环境和风险。

一、亚洲地区个人信息保护主要立法

1. 中国

中国是亚洲地区最大的经济体和人口大国，个人信息保护法律主要包括《网络安全法》、《数据安全法》、《民法典》及《个人信息保护法》。其中，《个人信息保护法》的出台标志着我国个人信息保护立法进入了一个新阶段。它不仅具有重大的现实意义，也具有深远的历史意义，为建设数字中国、推动数字经济发展提供了更加坚实的法律基础。

鉴于作者将在本书其他章节对上述法律进行详细介绍，此处不赘述。

2. 印度

印度在2000年颁布了《信息技术法案》（The Information Technology Act），并在2008年对其进行了修订，颁布了《信息技术法案（修正案）》（The Information Technology Amendment Act）。此后，印度又在2011年颁布了《信息技术法规》（Information Technology Rules）等。这些法规的出台是为了防范和打击利用信息技术进行的犯罪活动，同时也对数据和个人隐私进行了相关规定。

随着欧盟GDPR的出台，印度也开始加快制定个人信息保护立法的步伐，以期进一步完善本国个人信息保护制度。于是，印度在2019年颁布了《个人数据保护法案》（Personal Data Protection Bill，PDPB），旨在保护个人数据的隐私和安全，并确保数据使用的透明度和公正性。

从印度2019年的《个人数据保护法案》可以看出，印度的数据保护立法和欧盟的GDPR相似，采取了统一的立法模式，而区别于美国在个人数据保护方面的分散立法模式。也就是说，该法案统一适用于印度的所有机构，不论是印度的邦、公司、公民，还是根据印度法律成立或创建的团体或个人，均统一受该法案的管辖和规制。

该数据保护法案明确了个人信息、敏感信息、数据主体、数据控制者等核心概念，赋予了数据主体一系列的权利，包括访问权、更正权、删除权、可携带权、被遗忘权等，这与GDPR的相关数据权利存在许多相似之处。

值得一提的是，该数据保护法案引入了"数据受托人"的概念，并将其定义为单独或与他人共同决定个人数据处理目的和方式的实体，可以是政府机构、公司、法律实体或个人。这一概念虽与GDPR规定的数据控制者存在相似之处，但印度在数据受托人的定义中强调了"信托"的概念。这意味着数据控制者不仅需要控制和处理数据，还需要像信托人一样以"公平且负责任"的态度对待数据主体。通过引入数据受托人的概念，该数据保护法案推动了更加负责任和透明的数据处理实践，并为数据主体提供了更大的保护和控制权利，有助于构建公正、透明和可信赖的数据生态系统。

除了2019年的《个人数据保护法案》之外，针对特定行业的数据处理特点和敏感性，如电信行业、医疗行业、金融业等，印度政府还出台了特定的行业规定，以加强对数据控制主体的约束和监管，并为数据控制主体提供明确的指导和规范，促进数据合规工作、提高数据保护水平、确保个人数据的安全和隐私得到妥善保护。

3. 日本

日本的个人信息保护立法主要包括以下两个。

第一，《个人信息保护法》（Act on the Protection of Personal Information，APPI）：该法于 2005 年实施，旨在保护个人信息的处理和利用。它规定了处理个人信息的组织应遵守的基本原则和义务，包括信息的合法获取、目的限制、安全措施、第三方提供和转移等。

第二，《通信秘密保护法》（Act on the Protection of Communications Secrets）：该法规定了对通信秘密的保护，包括对个人信息的处理和保护的规定。它确保了通信服务提供商对用户通信的保密性。

其中，APPI 是日本的核心个人信息保护法，自 2005 年实施以来，一直是日本个人信息保护的法律基础。APPI 是亚洲较早的个人信息保护法律之一，后分别于 2015 年与 2020 年进行了两次修订，2020 年修订案于 2022 年 4 月 1 日生效。

从最新的 2020 年修订案看，APPI 对"告知披露""数据出境""数据使用合法性"等方面予以进一步加强。在告知披露方面，在 2015 年的 APPI 中，向日本个人信息保护委员会（于 2016 年专门设立的确保正确处理个人信息的最高机构）提交数据报告只是一项非强制性的规定，通知个人也仅仅是一项建议。而在 2020 年修订后的 APPI 规定中，企业经营者必须向 PPC 报告信息泄露情况，并将该情况通知受影响的个人。此外，新修订的 APPI 还增加了"将在 6 个月内删除的短期保存数据同样受到披露要求"的约束。在数据出境方面，新修订的 APPI 对数据出境适用充分性认定的白名单机制以及个人信息主体同意机制。另外，在数据使用合法性方面，除禁止以不正当的方式使用个人信息外，新修订的 APPI 还规定，在向第三方提供信息时，如果该信息对提供方而言不属于个人信息，但提供方预计接收方可能将其作为个人信息，则该信息的对外提供也应当征得本人的同意。

此外，日本还颁布了一系列针对特定领域的个人信息保护法规，如《保险业法》（Insurance Business Act）、《信用卡业法》（Credit Card Industry Act）等，这些法律法规共同构成了日本的个人信息保护立法体系。

除立法外，日本的个人信息保护委员会（PPC）在个人信息保护机制中也扮演着重要的监管角色。个人信息保护委员会发布了对个人信息处理规则具有指导意义的实务指南，其中包含对个人信息保护法、个人信息保护法施行令及施行规则等相关规定的解释，帮助中小企业应对《个人信息保护法》修订实施带来的合规压力。另外，个人信息保护委员会有权监管所有个人信息处理者，无论其是在日本国内还是国外设立，其具体职责包括要求个人信息处理者提交报告文件、进行现场检查，提供指导、建议、劝告或命令等。

值得提醒的是，在日本的法律中，对个人数据和信息的处理行为是被加以严格区分的不同行为，两者有着不同的规范。对个人数据处理行为的规范更为广泛和严格，特别是在安全管理措施和向第三方提供数据方面。

日本个人信息保护机制中还有一个"opt-out"方式，它指个人信息处理者无须事先取得本人的同意即可向第三方提供个人信息，但若本人反对，则应停止向第三方提供个人信息的处理方式，但向第三方提供敏感个人信息时除外。根据日本《个人信息保护法》，个人信息处理者在向本人通知、公布的使用目的范围内处理（包括收集、委托处理、向第三方提供和向境外第三方提供）个人信息的，可以使用"opt-out"方式，不需要事先取得本人的同意，但处理敏感个人信息时除外。处理（包括收集、委托处理、向第三方提供和向境外第三方提供）敏感个人信息时应取得本人的同意，不得采取"opt-out"方式。

中日之间关于个人信息跨境传输的安排在现有的《区域全面经济伙伴关系协定》（Regional Comprehensive Economic Partnership，RCEP）中有原则性规定。根据 RCEP 的规定，各方在遵守各自内部监管规定的前提下，应允许商业活动中通过电子方式进行数据跨境传输。然而，RCEP对数据跨境传输有两项豁免规定，即基于本国合法公共政策和基本安全利益之目的的跨境传输限制。在这两项豁免规定的基础上，中国国内的立法虽然与RCEP的原则基本一致，但在对待数据跨境传输方面采取的是较为严格的限制。相较而言，日本在个人信息处理活动方面的规范相对宽松，包括跨境的数据传输。目前，由于中日之间缺乏相对自由的数据跨境传输安排，无论是从中国传输到日本还是从日本传输到中国，企业经营者都存在较大的合规成本和挑战。

4. 韩国

2021年，欧盟对韩国个人信息保护立法进行了"充分性认定"，得出的结论是韩国的个人信息保护立法具备与GDPR相同的保护水平，这意味着个人信息在欧盟与韩国之间能够自由流动，而无须额外的数据交换或转移机制。

由此可见，韩国的个人信息保护立法达到了较为领先的水平。具体而言，在韩国的个人信息保护立法体系中，《个人信息保护法》（Personal Information Protection Act，PIPA）是核心。

PIPA于2020年经过最新修订，适用于韩国境内的所有信息处理者，无论是公共机构、法人、组织还是个人，亦无论是自行或通过第三方处理个人信息。在此适用范围的基础上，PIPA就个人信息的收集、使用、披露和处理等问题规定了一系列具体而严格的要求，不仅强调信息处理者在面对个人信息时必须遵守透明、最小化和目的限制等基本原则并取得信息主体的同意，更进一步细化规定，信息主体的同意应由其自愿选择（如签名、口头确认或在线复选框等方式）并且要求可以被验证。

此外，值得一提的是，PIPA并不承认公共利益是处理个人信息的合法依据，规定在绝大多数情况下必须经信息主体的明确同意方可对个人信息进行收集、处理或使用。这一规定显著区别于大部分国家和地区的个人信息保护立法。因此，PIPA 被认为是世界上最严格的个人信息保护法律。

除了 PIPA 之外，在同时期一并修订的韩国个人信息立法还有：《信用信息法》（Credit Information Act，CIA）、《信息通信网利用促进及信息保护法》（Act on Promotion of Information and Communications Network Utilization and Information Protection）。这两部立法分别规定了信用信息的定义、收集和使用原则，以及涉及网络服务提供者和个人用户的个人信息权利和义务，进一步完善了个人信息保护体系，严格限制了个人信息的收集和使用，强化了信息主体的权利并加重了对于违法行为的惩罚，与 PIPA 一同被称为韩国个人信息保护领域的三大立法。

在前述主要个人信息立法的基础上，韩国还设立了个人信息保护委员会（Personal Information Protection Committee，PIPC），主要职责包括：对个人信息保护立法进行解释和实施，并推动相关立法的改进和完善；建立和执行与个人信息保护有关的政策、制度或计划，以确保个人信息得到妥善保护；调查侵犯信息主体权利的行为，包括个人信息泄露、滥用等，并进行相应的处理和惩戒；管理涉及个人信息处理的投诉和补救程序，并调解与个人信息相关的纠纷。

除了 PIPC 之外，韩国还对个别行业机构或委员会赋予了个人信息保护职责，如韩国互联网与安全局（The Korea Internet & Security Agency，KISA）负责接收个人信息的泄露报告；金融服务委员会（The Financial Services Commission，FSC）负责监督信用信息企业以及其对《信用信息法》的遵守情况；通信委员会（The Korea Communications Commission，KCC）负责处理个人位置信息的企业以及它们对相关位置信息法的遵守等。

总而言之，韩国的个人信息保护立法不仅从法律法规层面对个人信息的收集、处理、使用等作出了细致且严格的要求，而且从监管层面配备了一系列的职责机构,以加强对个人信息保护立法的监督和落实,具有创新性和先进性,有着充分的借鉴价值。

5. 新加坡

作为全球具有竞争力的经济体之一,新加坡的个人数据保护水平在国际上处于领先地位,拥有相对完善的法律制度体系保护个人数据和隐私。

新加坡的核心数据保护法是2012年颁布的《个人数据保护法令》(Personal Data Protection Act 2012,PDPA),该法于2020年进行了最新修订。

在新加坡注册的组织,以及在新加坡经营的外国组织,只要它们收集、使用或披露新加坡居民的个人资料,或在新加坡进行这些活动,就得受PDPA的约束。此外,PDPA确立了一系列数据保护,包括合法性、公正性和透明度、目的限制、数据最小化、准确性、存储限制、安全保护和跨境数据传输等,并赋予了个人数据主体较为全面的权利,包括访问个人数据、更正个人数据、撤回同意、限制处理和提出异议等。PDPA旨在通过这一系列的规定保护个人资料的收集、使用、披露和处理,确保个人数据的安全和隐私受到妥善的管理和保护。

值得一提的是,新加坡成立了个人数据保护委员会(Personal Data Protection Commission,PDPC)。PDPC是负责PDPA实施和监督的机构,也是新加坡的个人数据保护监管机构。PDPC有权对违规行为进行调查,并可以发出指令、发布决定、进行调解或采取其他适当的行动。此外,PDPC还发布了一系列咨询指南和规则,提供了关于数据保护政策、合规措施和最佳实践的指导,从而帮助组织和个人了解和遵守个人数据保护法规。

总体而言,新加坡的个人数据保护制度,通过以建立PDPA的立法活动,以及设立PDPC作为专门机构,结合在一起为企业和个人提供了明确的规范和指导，以确保个人数据的安全、隐私和合法处理。这一立法框架使新加坡的个人数据保护水平位居世界前列，并为数字经济的可持续发展提供了支持。

综上所述，亚洲地区主要国家的个人信息保护法律法规都以保护个人信息安全为宗旨，均规定了包括合法性、正当性、必要性、最小化原则等在内的基本数据原则，并赋予了个人一定的权利，如访问、更正、删除等，规定了企业应该采取的保护措施。这些共同点反映了亚洲地区各国在个人信息保护方面的共同关注和努力，同时也为跨境数据流动提供了更为统一的法律基础。

不可避免的是，因亚洲地区各国的不同国情与文化差异，个人信息保护法律法规亦存在不同，对于法律的适用范围、个人信息的定义与分类、个人信息的授权和同意规则、个人信息的安全要求以及信息泄露事件的后果等，各国均有差异化的规定。不管怎样，各国均应根据本国情况和国际标准进行综合考虑，制定合理、科学、切实可行的法律法规，在保障个人信息安全和隐私的同时，促进数字经济的发展。

二、个人信息保护法制化发展趋势

个人信息保护法制化已成为亚太国家和地区的共同性趋势。个人信息保护已经成为亚洲地区关注的焦点，越来越多的国家和地区开始制定并完善相关的个人信息保护法律法规，以确保公民的个人信息得到充分保护。

与此同时，亚洲地区个人信息保护法制的发展趋势是多样和复杂的，各国各地区在制定和更新法律法规时，应积极合作，共同应对新的个人信息保护问题和挑战，以确保个人信息和数字权利得到更好的保护。具体而言，各国可以在以下五个方面开展合作。

1. 强化个人信息保护原则

个人信息保护原则是信息保护的基础，需要在亚洲地区及全球范围内得到认可和应用。各国需要在个人信息保护原则方面进行探索和创新，为个人信息保护事业的发展提供有力的支撑。

2. 加强数据安全保障

随着数据的不断产生和流动，数据安全问题日益突出。各国需要加强数据安全的保障措施，包括完善技术手段、加强安全管理和监管、建立安全责任制度等。只有加强数据安全保障，才能更好地保护公民和消费者的个人信息和数据安全。

3. 明确法律责任和处罚标准

目前，亚太各国各地区对于个人信息保护违法行为的处罚标准和力度存在较大差异，导致故意违法者利用不同地域的制度差异漏洞实施侵犯个人信息的违法犯罪行为。因此，需要加强各国各地区在执法标准上的统一、协调，增加立法和执法层面的合作。

4. 加强国际合作和跨境流动

随着数字化的加速推进，跨国数据流动和交流日益频繁，因此需要加强对国际合作和数据跨境流动的管理和监管，保障个人信息和数据安全。

5. 推动技术创新和标准制定

随着技术的不断创新和发展，个人信息保护和数据安全也会出现新的挑战。各国各地区需要加强技术研究和标准制定，推动技术创新和应用，为个人信息保护事业的发展提供更好的支撑。

总之，亚洲地区各国需要加强合作和交流，共同推动个人信息保护和数据安全事业的发展。在亚洲地区内强化个人信息保护和数据安全的保障措施，以更好地保护各国公民的个人信息和数据安全。

第三章 我国个人信息保护主要制度规范

第一节 《个人信息保护法》是我国个人信息保护的基本法律

一、《个人信息保护法》的立法背景和立法目的

随着信息技术的迅猛发展，个人信息保护已经成为全球关注的重要议题。中国在近年来积极推进个人信息保护立法，中国的个人信息保护相关法律制度由多部法律、法规和规范性文件共同构成，这些法律之间既有分工也有协作，初步形成了一个相对完善的法律框架。其中最主要的个人信息保护相关法规有三部，分别是：《个人信息保护法》[1]、《网络安全法》[2]《数据安全法》[3]。《个人信息保护法》作为个人信息保护的核心法律，提供了总体原则和框架，其他法律法规则在不同领域和环节对

---

[1] 2021年8月20日第十三届全国人民代表大会常务委员会第三十次会议通过，2021年8月20日中华人民共和国主席令第91号公布，自2021年11月1日起施行。

[2] 2016年11月7日第十二届全国人民代表大会常务委员会第二十四次会议通过，2016年11月7日中华人民共和国主席令第53号公布，自2017年6月1日起施行。

[3] 2021年6月10日第十三届全国人民代表大会常务委员会第二十九次会议通过，2021年6月10日中华人民共和国主席令第84号公布，自2021年9月1日起施行。

其进行细化和补充,共同构筑起保护个人信息的坚实屏障。本章将介绍中国个人信息保护的主要法律制度,探讨其立法背景、核心内容以及实务要点等,为理解中国在个人信息保护领域的法律体系提供一个全面的视角。

2017年,美国信用评级机构艾可飞(Equifax)公布了一起数据泄露事件,其网站由于漏洞导致黑客获取了1.47亿人的个人信息,包括社会安全号码(SSN)、出生日期、地址,有些记录中还含有驾照信息。[①] 20.9万名消费者的信用卡数据被泄露,约18.2万名美国消费者个人识别信息的某些争议文件也被泄露了。该案件最后以公司与联邦贸易委员会、消费者金融保护局以及美国50个州和地区达成高达4.25亿美元的全球和解而告终。[②]

2018年3月,英国《卫报》披露,脸书(Facebook)用户信息被一家名为剑桥分析(Cambridge Analytica)的公司不当获取和滥用。剑桥分析公司被曝通过一个名为"this is your digital life"的应用程序,获取了超过8700万名脸书用户的个人信息,包括其姓名、性别、生日、居住城市、页面喜好等,并利用这些用户数据进行选举操作和政治宣传。此事件引起了全球的广泛关注和质疑,脸书被指控在数据保护和个人信息保护方面存在严重缺陷。脸书创始人马克·扎克伯格在美国国会和欧洲议会上接受了听证,并承认脸书的数据保护措施存在缺陷。[③]

脸书用户信息被泄露事件促使欧盟颁布了GDPR,对个人数据保护

---

① 《Equifax将支付7亿美元以了结2017年数据泄露事件》,载新浪财经,http://finance.sina.com.cn/stock/relnews/us/2019-07-23/doc-ihytcitm3894369.shtml,最后访问日期:2024年4月23日。《美国信用机构泄密事件升级:今年3月曾遭入侵司法部介入高管减持调查》,载每经网,https://www.nbd.com.cn/articles/2017-09-19/1149116.html,最后访问日期:2024年4月23日。

② 《Equifax Data Breach Settlement》,载联邦贸易委员会,https://www.ftc.gov/enforcement/refunds/equifax-data-breach-settlement,最后访问日期:2024年4月23日。

③ 《扎克伯格再赴欧洲应答FB数据泄露事件》,载新浪新闻专题,http://tech.sina.com.cn/zt_d/fbdata/,最后访问日期:2024年4月23日。《数字媒体时代的数据滥用:成因、影响与对策》,载中国新闻出版广电网,https://www.chinaxwcb.com/site-3/info/563905,最后访问日期:2024年4月23日。

作出了更加严格的规定。此外,联邦贸易委员会在 2019 年对脸书进行了调查,并于 2020 年 7 月宣布与脸书达成和解协议,联邦贸易委员会要求脸书支付 50 亿美元罚款,并采取更为严格的个人信息保护措施以确保用户数据得到更好的保护。① 英国信息委员会(ICO)也对脸书进行了调查,并于 2018 年 10 月宣布对其处以 50 万英镑的罚款。脸书还面临着来自用户的集体诉讼,其中最大的一起案件即剑桥分析公司数据泄露案,最终在 2020 年达成了 5.75 亿美元的和解协议。而剑桥分析公司的滥用行为也受到了调查和追究,致使该公司于 2018 年 5 月宣布破产。②

同样地,企业对个人信息的泄露和滥用并不仅仅发生在西方,在中国市场上也存在着这一情况。

2020 年 3 月,有暗网用户发布了一则名为"5.38 亿微博用户绑定手机号"的数据,包括用户 ID、微博数、粉丝数、关注数、地理位置、手机号等。③ 2020 年 8 月,不法分子与某快递多位"内鬼"勾结,通过有偿租用快递公司员工系统账号盗取公民个人信息,再层层倒卖,导致 40 万条公民个人信息被泄露。④ 案件在 11 月被曝光后引起轩然大波。紧接着有媒体调查发现,此现象不止在该快递公司一家存在,网上存在贩卖

---

① 《FB 支付创纪录 50 亿美元罚金与 FTC 和解》,载新浪新闻专题,http://finance.sina.com.cn/zt_d/fbfj1907/,最后访问日期:2024 年 4 月 23 日。《Facebook 与美监管机构达成和解,被罚款 50 亿美元》,载界面新闻,https://www.jiemian.com/article/3306665.html,最后访问日期:2024 年 4 月 23 日。

② 《英国对 Facebook 处以 50 万英镑罚款》,载中国新闻网,https://www.chinanews.com.cn/gj/2018/10-26/8660235.shtml,最后访问日期:2024 年 4 月 23 日。

③ 《信息泄露黑灰产业链滋生巨大非法获利空间》,载新华网,http://www.xinhuanet.com/2021-04/20/c_1127349485.htm,最后访问日期:2024 年 4 月 23 日。《5.38 亿微博用户数据泄露,隐私一览无余》,载腾讯新闻,https://new.qq.com/rain/a/20200323A0NM9900,最后访问日期:2024 年 4 月 23 日。

④ 《上海网信办约谈圆通责令整改》,载新浪新闻专题,https://tech.sina.com.cn/zt_d/neigui/最后访问日期:2024 年 4 月 23 日。《圆通多位"内鬼"有偿租借员工账号,40 万条公民个人信息被泄露》,载新京报,https://www.bjnews.com.cn/detail/160552366415807.html,最后访问日期:2024 年 4 月 23 日。

快递用户信息的"黑产"链条涉及多家快递公司。[①] 大量包含快递客户姓名、住址、电话号码的信息被打包在网上出售，每条售价 0.8 元至 10 元。2017 年，浙江省警方侦破了一起特大侵犯公民个人信息案，查获犯罪嫌疑人非法获取的各类公民个人信息 7 亿余条，抓获犯罪嫌疑人 20 名。[②] 根据中国互联网协会发布的《中国网民权益保护调查报告（2015）》，63.4%的网民的通话记录、网上购物记录等网上活动信息遭到泄露；78.2%的网民的个人身份信息曾被泄露，包括其姓名、家庭住址、身份证号码及工作单位等。[③]

虽然新技术的应用为人们的生产和生活带来了便利，但同时也带来了一系列涉及个人信息安全的问题。在这种情况下，保护个人信息安全成为全球各国关注的热点。我国政府也逐步加强个人信息保护相关法律制度建设，构建更加健康、有序、规范的信息安全环境。

梳理我国政府对于个人信息保护的制度建设可以发现，个人信息保护早在 2009 年就已经起步。2009 年 2 月 28 日，我国政府在《刑法修正案（七）》中将"非法出售个人信息"的行为纳入规制；2014 年 3 月 15 日，新修订的《消费者权益保护法》中增加了"个人信息保护"的相关规定；2017 年 6 月 1 日，《网络安全法》正式实施，同年 10 月 1 日，《民法总则》首次明确"自然人的个人信息受法律保护"；2018 年，《个人信息保护法》被列入十三届人大常委会立法规划；2019 年 10 月 1 日，《儿童个人信息网络保护规定》施行；2020 年 10 月 22 日，《个人信息保护法（草案）》形成，提请审议并向社会公开征求意见；2021 年十三届

[①] 《快递业泄露个人信息调查："内鬼"批量调取，网点直接拍运单》，载澎湃新闻，https：//www.thepaper.cn/newsDetail_forward_10053975，最后访问日期：2024 年 4 月 23 日。

[②] 《特大侵犯公民个人信息案：7 亿余条个人信息被泄露》，载央视网，http：//news.cctv.com/2017/04/15/ARTI0aXzh3awps8zGHPdwDyR170415.shtml，最后访问日期：2024 年 4 月 23 日。

[③] 《中国网民个人信息泄露问题严重亟待保护》，载央视网，http：//news.cctv.com/2016/05/17/ARTIxCrzCAbPZJsKhyfm0BnZ160517.shtml，最后访问日期：2024 年 4 月 23 日。

全国人大常委会第三十次会议上《个人信息保护法（草案）》提请人大常委会二审、三审；2021年8月20日，《个人信息保护法》获得审议通过，并于2021年11月1日正式施行。

通过上面的时间线索，我们可以看到我国的个人信息保护制度实际上已经经历了十余年。从《个人信息保护法》最终呈现的内容来看，其立法目的主要有以下四个方面。

第一，保障个人信息的权利和利益。该法明确规定了个人信息的保护范围、保护标准和保护措施，保障了个人信息的真实性、完整性和保密性，防止个人信息被滥用、泄露、窃取等。其相当于个人信息的基本法，对个人信息的权利性质、权利归属、权利处置方式等进行了明确的规定。

第二，促进信息化发展和经济社会进步。个人信息保护是信息化发展和数字经济发展的重要前提和保障。该法为企业和个人提供了一个合法、规范、安全的信息交流和利用环境，一方面防止个人信息被盗用、滥用，另一方面引导个人信息处理者合规有效利用信息，挖掘信息价值、推动数字经济和信息产业的发展，促进经济社会进步。

第三，维护国家安全和社会稳定。个人信息的泄露和滥用不仅会对个人权益产生重大影响，还会对国家安全和社会稳定造成严重危害。该法通过建立个人信息保护制度、规范个人信息的处理和利用行为，有效地维护国家安全和社会稳定。特别是在个人信息出境的相关规定中，该法的制定对维护国家数据安全、信息安全的作用显得尤为重要。

第四，加强行政管理和监督。该法明确规定了政府部门和行业主管部门在个人信息保护方面的职责和义务，建立了健全的行政管理和监督机制，对个人信息的处理和利用行为进行有效监督和管理，防范和打击个人信息泄露和滥用行为。

二、《个人信息保护法》的适用范围和定义

《个人信息保护法》在适用范围上是需要相当注意的，我国目前在个人信息保护层面采用的是"属地原则"，关注的是"信息处理行为的发生地"。

《个人信息保护法》第三条第一款规定："在中华人民共和国境内处理自然人个人信息的活动，适用本法。"

通过分析本条款可以看到，在判断是否适用《个人信息保护法》时，我国并不会判断信息处理者的身份，不管它是境内法律主体，抑或境外的法律主体（如境外公司或者自然人），只要数据处理行为发生在境内，那么该行为就受《个人信息保护法》的规制。

《个人信息保护法》的这一规定恰恰与欧盟GDPR强调的以"营业地/设立地"（或"国籍"）为标准的适用范围完全不同，后者针对的是"在欧盟境内设立的数据控制者或处理者对个人数据的处理行为"，而不论其实际处理行为究竟发生在何处。因此，在适用个人信息处理规则的时候，必须要先考虑由于《个人信息保护法》和GDPR的适用范围不同，理论上会存在某些行为"同时受到两个规则的约束"或"同时不受两个规则约束"的情况。

站在立法逻辑严密的角度，则必须考虑到法律适用范围的严密性，《个人信息保护法》第三条第二款进一步规定："在中华人民共和国境外处理中华人民共和国境内自然人个人信息的活动，有下列情形之一的，也适用本法：（一）以向境内自然人提供产品或者服务为目的；（二）分析、评估境内自然人的行为；（三）法律、行政法规规定的其他情形。"

本条款的意思是，如果一项信息处理的行为并不发生在中国境内，但处理对象是中国境内自然人的个人信息，且服务对象也是中国境内的自然人，那么这种信息处理行为即使在境外发生，也要受《个人信

息保护法》的规制。我们可以看到，本条款关注的仍然是处理行为与信息内容的联结点是否包含中国，而不对处理主体的"国籍"加以考虑。

在多法域存在管辖权冲突的跨境贸易和服务中，如果某一个国家以行为地原则确定司法管辖权，那么相较于其他以所属地原则确定司法管辖权而言，就是比较强势的。在这种行为地原则之下，司法管辖的覆盖范围不仅局限于本国企业和公民（国家的司法权对本国企业和公民本身具有较强的辖制力），还有可能延伸至任何其他国家的外国企业和公民。假设一家专门从事数据分析的外国企业从未在我国进行经营，但它接收我国的公民个人信息数据并进行行为分析，则其数据分析行为就受我国《个人信息保护法》的约束。要实现这种强势的管辖，需要相对强的国家实力和外交能力保障。一方面，我们可以借此感知到，我国采取了更为积极和强势的个人信息保护体系措施；另一方面，我们也同时为我国的国际实力和影响力的不断提高而深感自豪。

三、《个人信息保护法》重点条款解读

作为中国个人信息保护制度的基础性、核心法律，《个人信息保护法》的地位相当于个人信息保护领域的"宪法"，是个人信息保护制度的根本法。个人信息保护是人的自由、尊严和权益的体现，也是人的基本权利之一，特别是在当前这样一个网络化、数据化、信息化的时代，个人信息的保护对于保障公民的基本权利、维护社会秩序和促进信息化发展具有重要意义。

正因如此，作者在本节中将按照《个人信息保护法》的核心内容梳理相应的法律条款，并加以解读，帮助读者更清晰、完整、结构性地了解《个人信息保护法》。

1. 关于个人信息的七个关键定义

（1）"个人信息"的定义

《个人信息保护法》第四条第一款规定："个人信息是以电子或者其他方式记录的与已识别或者可识别的自然人有关的各种信息，不包括匿名化处理后的信息。"

在上述有关"个人信息"的定义中，读者需要重点注意以下三个方面。

首先，个人信息是指与自然人有关的各种信息。企业的有关信息，如客户单位名单、订单信息、价格信息等，或许这些也存在被保护的需求，但它们可能会作为商业秘密由《反不正当竞争法》等加以保护，或者作为数据资产由相关的民事法律加以保护，由于其与自然人无关，因此不在《个人信息保护法》的保护范围内。

其次，个人信息必须被以某种方式记录，才能受《个人信息保护法》的保护，因此，类似口头信息等将不被视为个人信息受到保护。口头信息是一种不稳定的信息载体，难以有效记录和保存，更不利于个人信息的保护。个人信息通常以电子或其他形式被记录，如照片、视频、音频、文本、表格、数据库等，这些信息通常可以记录和存储在计算机、互联网、移动设备等各种数字化设备上。

最后，通常来说，个人信息包括个人的姓名、出生日期、身份证号码、地址、电话号码、电子邮箱、家庭住址、职业、健康状况、消费习惯、网络搜索记录等，这些信息可以用来唯一地识别一个自然人的身份。但除了这些可以直接关联至个人身份的信息以外，实务中我们会发现，"与自然人有关"的信息范围非常广泛，也包括通过这些信息能识别到自然人的间接关联信息。在《个人信息保护法》中用"已识别或者可识别的自然人"将直接关联和间接关联关系进行了定义。例如，医疗信息、交通出行信息、社交媒体活动记录等，这些信息或许并不直接指向某个特定个体，但在特定情况下可能通过进一步的数据分析识别出特定的自然人，因此，这样的信息也受《个人信息保护法》的保护。

(2)"敏感个人信息"的定义

《个人信息保护法》第二十八条第一款规定："敏感个人信息是一旦泄露或者非法使用，容易导致自然人的人格尊严受到侵害或者人身、财产安全受到危害的个人信息，包括生物识别、宗教信仰、特定身份、医疗健康、金融账户、行踪轨迹等信息，以及不满十四周岁未成年人的个人信息。"

相较于一般个人信息，法律对敏感个人信息的保护程度更高，对于处理、收集、使用敏感个人信息的主体和方式也作出了更为严格的要求。通常来说，在涉及以下信息时，我国会将其视为敏感个人信息加以处理。

· 生物识别信息：个人的指纹、面部特征、声纹、虹膜、掌纹等身体特征信息，以及基因序列等信息。

· 宗教信仰信息：个人的宗教信仰、宗教活动等相关信息。

· 特定身份信息：个人的政治面貌、身份证号码、社会保障号码等特定身份信息。

· 医疗健康信息：个人的病历、诊疗记录、药物处方、体检报告等医疗健康信息。

· 金融账户信息：个人的银行卡号、支付宝账号等金融账户信息。

· 行踪轨迹信息：个人的实时位置、行踪轨迹等信息。

除上述信息外，不满十四周岁未成年人的个人信息也属于敏感个人信息，保护程度更高。由于与成年人相比，未成年人在生理、心理、认知等方面都尚未发育成熟，面对信息泄露，受侵害的风险更高，所以需要更严格的保护。此外，《个人信息保护法》还规定了对未成年人个人信息的额外保护措施，如必须取得未成年人及其监护人的同意等。

（3）"个人信息处理"的定义

《个人信息保护法》第四条第二款规定："个人信息的处理包括个人信息的收集、存储、使用、加工、传输、提供、公开、删除等。"

作者在前文重点讲到，我国的《个人信息保护法》以"行为地原则"为管辖权基础，因此，法律需要对哪些行为应被视作"个人信息处理"行为进行明确的规定，这些具体的行为一旦发生在中国境内，就受《个人信息保护法》的约束。具体来说，对个人信息的收集、存储、使用、加工、传输、提供、公开、删除可以作如下细分。

·收集：指收集个人信息的行为，包括主动收集和被动收集。主动收集指个人信息控制者通过各种手段向自然人直接收集个人信息，如填写表格、订阅服务等。被动收集指个人信息控制者通过技术手段自动获取个人信息，如网站记录访问者 IP 地址、浏览历史等。结合前文，无论是否采用电子方式，信息被收集以后是必须以某种方式记录下来的。

·存储：指将个人信息保存在计算机或其他设备上（电子方式），或以其他方式予以保存的行为。

·使用：指处理个人信息以实现特定目的的行为。

·加工：指通过使用自动化工具或手动方式对个人信息进行操作的行为，如分类、组合、修改、整理等。

·传输：指将个人信息从一个地方传输到另一个地方的行为，可以通过电信网络、互联网、存储介质等进行。在传输行为上，法律对传输至境内和传输至境外两种方式有不同的要求。

·提供：指将个人信息提供给第三方的行为，包括出售、出租、交换、分享等。

·公开：指向不特定的人公开个人信息的行为，包括发布在互联网、媒体、公共场所等。

·删除：指删除、销毁个人信息的行为。

(4)"个人信息处理者"的定义

《个人信息保护法》第七十三条第一项规定:"个人信息处理者,是指在个人信息处理活动中自主决定处理目的、处理方式的组织、个人。"

个人信息处理者必须在个人信息处理活动中具有自主决定权,即他们有权自主确定个人信息的处理目的和处理方式,可以根据自身的需求和目的决定对个人信息的处理行为。此外,个人信息处理者既可以是组织也可以是个人,不限于企业、机关、事业单位等组织,也包括自然人、个体工商户等个人。

需要注意的是,个人信息处理者不仅包括主动进行个人信息处理的组织或个人,也包括对个人信息处理行为提供支持的第三方服务提供商,如云服务提供商、数据中心等。即便是受托进行个人信息处理,这种受托行为也属于"自主决定处理"的范围。

(5)"自动化决策"的定义

《个人信息保护法》第七十三条第二项规定:"自动化决策,是指通过计算机程序自动分析、评估个人的行为习惯、兴趣爱好或者经济、健康、信用状况等,并进行决策的活动。"

自动化决策是指使用计算机程序对个人的行为习惯、兴趣爱好、经济、健康、信用状况等进行自动分析和评估,并基于分析结果作出决策的活动。当前,自动化决策在大数据时代的应用越来越广泛。然而,针对自动化决策潜在风险和问题,我们有必要对其进行法律规制。比如,"大数据杀熟",其指的是利用个人信息中的消费、健康、信用等数据进行个性化定价,即同一商品或服务在不同用户之间的定价不同,从而实现利益最大化。

2020年,我国首例"大数据杀熟"案件宣判。知名在线旅游OTA网站携某网被判决退一赔三。审理法院在判决书中写道,"携某App作为中介平台对标的实际价值有如实报告义务,承诺钻石贵宾享有优惠价,却显示溢价100%的失实价格，未践行承诺，且携某处理投诉时告知的无法退还全部差价的理由与事实不符，存在欺骗。故认定被告存在虚假宣传、价格欺诈和欺骗行为，支持原告退一赔三的请求"。[1]

如果这种处理个人信息的行为是基于某些人的身份、经济情况等作出的非法的价格歧视行为，那么就会损害个人的利益和权利、涉嫌侵权和违法。

此外，自动化决策也可能存在错误和偏见，因为算法和程序可能会因为数据集和数据分析方法的缺陷而产生误判和偏见。例如，社交媒体平台可能会使用自动化决策技术将某些用户的帖子标记为违规内容，而这些标记可能会存在误判和歧视的情况，导致用户的言论自由受到损害。因此，对自动化决策进行法律规制是非常必要的。

(6)"去标识化"的定义

《个人信息保护法》第七十三条第三项规定："去标识化，是指个人信息经过处理，使其在不借助额外信息的情况下无法识别特定自然人的过程。"

去标识化是指对个人信息中的直接识别信息（如姓名、身份证号码等）进行处理，使得该信息无法直接或间接地与个人身份相联系。也就是说，去标识化是一种通过变换、加密、删除、分散等处理，使得信息不能直接或间接地与特定自然人建立联系的技术和措施。通过去标识化，企业可以保护个人信息的隐私性和安全性，减少个人信息泄露的风险。去标识化属于个人信息的安全保护措施。需要注意的是，去标识化并不等同于匿名化。信息经过一定程度的去标识化处理后，仍有可能重新识别出特定自然人。

值得强调的是，《个人信息保护法》规定，在处理个人信息时应当

---

[1] 《会员订酒店贵一倍，用户告赢携某！这是大数据杀熟第一案吗?》，载搜狐网，https://www.sohu.com/a/477895822_161795，最后访问日期：2024年5月30日。

对个人信息进行去标识化处理,除非经过去标识化处理的个人信息不能复原或不能复原为特定个人信息。这表明,去标识化是一种基本的安全保护措施。

(7)"匿名化"的定义

《个人信息保护法》第七十三条第四项规定:"匿名化,是指个人信息经过处理无法识别特定自然人且不能复原的过程。"

匿名化处理后的个人信息已经与个人身份无关,不能再被用于识别、联系特定的个人,因此,企业可以在保护个人信息的同时对这些信息进行开放、共享、研究等。匿名化是不可逆的,已经匿名化的信息无法还原成原始信息。因此,通常在匿名化之前会对个人信息进行去标识化等处理,以确保个人信息的隐私性和安全性。匿名化信息中,个人身份已经被完全隐去,因此,匿名化信息可以自由地被处理、传输、共享和使用。

与去标识化不同的是,匿名化不仅会处理直接识别信息,还会处理间接识别信息,如个人的住址、年龄、性别、教育背景、职业等,以防止这些信息与特定的个人产生联系。匿名化处理通常包括脱敏、加密、扰动、数据抽样等技术手段。去标识化和匿名化的根本区别在于:去标识化是一种减弱个人信息与个人身份关联的方法,可以在一定程度上保护个人信息,同时保留信息的可用性;而匿名化是一种消除个人信息与个人身份关联的方法,可以更彻底地保护个人信息,但可能会对信息的可用性产生一定影响。

2. 个人信息处理六大原则

个人信息处理原则是指在个人信息处理活动中应当遵循的基本准则和规范,贯穿个人信息处理活动的全部过程。

(1)合法和正当原则

《个人信息保护法》第五条规定:"处理个人信息应当遵循合法、正当、必要和诚信原则，不得通过误导、欺诈、胁迫等方式处理个人信息。"

合法性和正当性是一切权利的基础，保障个人信息的合法性和正当性，可以避免个人信息被非法获取、利用、泄露等，同时也可以保证个人信息和隐私的安全。

从合法性来看，处理个人信息的机构或个人必须遵守国家和地方的相关法律法规，如《个人信息保护法》《网络安全法》《信息安全技术 个人信息安全规范》等。同时，还需要遵守其他相关法律法规，如《民法典》《电子商务法》等。

从正当性来看，处理个人信息的机构或个人应该尊重和遵守与个人签订的合同中关于个人信息处理的约定，这些约定可以是个人信息处理协议、用户协议、隐私协议等。

（2）必要性原则和最小化原则

《个人信息保护法》第六条规定："处理个人信息应当具有明确、合理的目的，并应当与处理目的直接相关，采取对个人权益影响最小的方式。收集个人信息，应当限于实现处理目的的最小范围，不得过度收集个人信息。"

必要性原则和最小化原则实际上是两个独立的原则要求，但相互之间也有一定的关联。

《个人信息保护法》第五条有对"必要性"原则的要求。必要性原则指的是，个人信息的收集、使用、存储、传输等行为应当具有必要性。处理者应当在实现特定目的的前提下，仅收集、使用与该目的相关、必要的个人信息。同时，处理者应当在收集、使用、存储、传输个人信息时，尽量减少收集、使用、存储、传输的信息量和持续时间。

除了必要性原则以外，最小化原则包含了两层含义：一是对个人权益影响最小；二是收集信息范围最小。《个人信息保护法》第六条第一款规定了"影响最小",第二款则规定了"范围最小"。按照最小化原则的要求,在个人信息处理中,应当采取影响最小的措施来达到处理目的,尽量减少对个人权益的影响和侵害;不但要减少直接影响和侵害,还应当将个人信息权益可能受到损害的风险大小纳入考量范围。同时,在实现特定目的的前提下,信息处理者还应当最大限度地采取措施,减少个人信息的处理数量并缩小处理范围,避免无关信息的干扰和收集。此原则可以最大限度地保护个人信息,同时减少处理者的信息管理成本。

(3) 明确、相关和透明原则

《个人信息保护法》第七条规定:"处理个人信息应当遵循公开、透明原则,公开个人信息处理规则,明示处理的目的、方式和范围。"

明确原则是个人信息处理原则中的一项,要求个人信息处理者明确个人信息处理的目的、方式和范围,并在征得信息主体同意后进行处理。遵循明确原则,个人信息处理者可以确保个人信息处理的合法性和正当性,同时也可以让信息主体对自己的个人信息有更清晰的了解和控制。个人信息处理者和信息主体之间的关系将更加透明,可以更有效地保护信息主体的个人信息权益。

相关原则要求个人信息处理的范围与个人信息的采集目的、类型和范围相关,且不得超出相关范围。处理者应当采取措施,按照法律法规和合同约定确保处理的信息与其采集的目的相关,不得处理与采集目的无关的信息。

透明原则是指个人信息处理者应当以全面、准确、易于理解的方式向信息主体披露个人信息的处理方式、范围和结果,确保信息主体对个人信息处理的了解和控制。

在实际操作中,掌握和有效执行透明原则是确保明确、相关等原则的前提和基础,也是企业个人信息保护合规中最易于启动和实现的方面,通常可以通过以下措施实现。

①主动告知信息主体个人信息处理的目的和方式：处理者应当向信息主体告知个人信息的处理目的、方式和范围，并在征得信息主体同意后进行处理。处理者应当向信息主体披露个人信息的收集、存储、使用、共享、转让、披露等方面的情况。

②建立公开透明的制度并接受信息主体监督：处理者应当建立公开透明的制度，及时向社会公开个人信息的收集、使用、保护等情况，接受社会监督。处理者应当定期公布个人信息保护的政策和措施，向信息主体介绍其对个人信息的处理方式、范围和结果，接受信息主体的监督和评价。

③强化通知和告知机制：处理者应当强化个人信息的通知和告知机制，将个人信息的收集、使用、共享、转让、披露等情况告知信息主体，及时更新个人信息保护政策和措施，让信息主体了解并监督信息处理的过程。

上面这些实施措施，可以保障信息主体的知情权、选择权和监督权，提高其对自己个人信息的掌控度，加大对个人信息的保护力度。透明原则的落实也有利于信息处理者提高自身的信誉和公信力，增强社会对其的信任和满意度。更重要的是，透明原则是"自愿同意原则"的基础和前提，没有透明原则，自愿同意原则就失去了实际意义。

(4) 自愿同意原则

自愿同意原则包含的内容比较多，因此在《个人信息保护法》中所涉及的条文也比较多，一共有四条。

首先，自愿同意，对应的法律条文是《个人信息保护法》第十三条第一款第一项：符合下列情形之一的，个人信息处理者方可处理个人信息：取得个人的同意。

信息主体自愿、明示同意是信息处理合法性的前提。个人信息处理者在处理个人信息前，应当向信息主体告知个人信息的处理目的、方式、范围等情况，并经过信息主体的同意，确保信息主体对个人信息处理的了解和控制。个人信息处理者应当采取有效措施，确保信息主体的同意是真实、明确、自主的。信息主体的同意应当以书面、口头、点击确认等方式进行，并应当明确表明同意的内容。

其次，以"自愿同意"作为信息处理的前提是有例外情况的，这就是《个人信息保护法》第十三条第一款第二项至第七项所规定的情况，具体而言包括：为订立、履行个人作为一方当事人的合同所必需，或者按照依法制定的劳动规章制度和依法签订的集体合同实施人力资源管理所必需；为履行法定职责或者法定义务所必需；为应对突发公共卫生事件，或者紧急情况下为保护自然人的生命健康和财产安全所必需；为公共利益实施新闻报道、舆论监督等行为，在合理的范围内处理个人信息；依照《个人信息保护法》规定在合理的范围内处理个人自行公开或者其他已经合法公开的个人信息；法律、行政法规规定的其他情形。

存在以上这六项情况的，个人信息处理者无须获得信息主体同意，即可实施个人信息处理。例如，企业在与员工签订劳动合同或执行劳动规章制度时需要采集和处理员工的一些个人信息，如身份证号码、学历证明等，对这些信息的处理就属于上面所述的第一种情况。又如，个人在与电信公司签订合同时需要提供手机号码、身份证号码等信息，电信公司为了履行合同义务需要对这些信息进行处理，同样属于第一种情况。虽然个人信息处理者在这种情况下处理信息无须获得信息主体同意，但也应当严格按照法律法规和合同约定的要求，保证信息处理的合法性和正当性。

再次，自愿同意还包含对同意的"变更和撤回"，在某些情况下，学者会倾向于将其单独作为一项原则，但作者认为其应当被包含在自愿同意原则之中。

《个人信息保护法》第十四条第二款规定了"变更"的情形，即"个人信息的处理目的、处理方式和处理的个人信息种类发生变更的，应当重新取得个人同意"。该规定的目的在于确保对个人信息的处理行为始终与信息主体的意愿相符，如果处理者需要对个人信息的处理目的、方式或种类进行变更，必须事先告知信息主体，并再次征得其同意。如果信息主体不同意，则处理者应当停止处理该信息主体的个人信息或不再收集相关信息。同时，处理者也需要在信息主体提出变更或撤回同意请求后及时响应并执行。

"撤回"的情形规定在《个人信息保护法》第十五条和第十六条。

第十五条规定："基于个人同意处理个人信息的，个人有权撤回其同意。个人信息处理者应当提供便捷的撤回同意的方式。个人撤回同意，不影响撤回前基于个人同意已进行的个人信息处理活动的效力。"

第十六条规定："个人信息处理者不得以个人不同意处理其个人信息或者撤回同意为由，拒绝提供产品或者服务；处理个人信息属于提供产品或者服务所必需的除外。"

"撤回权"是一项法定权利，个人信息处理者是不能通过任何方式撤销、解除、终止、阻止信息主体行使撤回权的，并且撤回权一经行使即刻生效。信息主体可以随时行使撤回权，个人信息处理者不但不能阻止其撤回，还有义务提供便捷的条件供其随时撤回。此外，撤回权并不具备追溯的效力，个人撤回同意并不会影响撤回前已经进行的个人信息处理活动的效力。也就是说，当信息主体撤回同意后，处理者必须立即停止后续的个人信息处理活动，但其此前已经进行的个人信息处理活动所产生的影响和效果，不因信息主体的撤回同意而失效。

最后，如果处理个人信息是提供产品或服务所必需的，那么个人信息处理者可以要求信息主体同意处理其个人信息。反之，（有时这种个人信息的提供只是为了更好地提供服务，或者向消费者提供更有针对性的个性化服务），个人信息处理者便不得以信息主体不愿意提供个人信息为由拒绝提供产品或服务。这意味着，信息主体拒绝处理其个人信息或者撤回同意后，个人信息处理者不能以此为由拒绝提供产品或服务。

（5）安全保障原则

《个人信息保护法》第九条规定："个人信息处理者应当对其个人信息处理活动负责，并采取必要措施保障所处理的个人信息的安全。"

这一条款明确了个人信息处理者是个人信息的第一安全责任人，有义务采取必要的技术和管理措施保障所处理的个人信息的安全。具体而言，这些措施可能包括但不限于加密、匿名化、访问控制、安全审计、建立内部安全控制制度等。

（6）责任追究原则

《个人信息保护法》第七章的所有内容均为违反规定处理个人信息，或者处理个人信息未履行法定保护义务的法律责任，一共六条。其中，个人信息处理者的行政责任包括：由行政机关责令改正，给予警告，没收违法所得，责令暂停或者终止提供服务，罚款，没收违法所得，并可以责令暂停相关业务或者停业整顿，通报有关主管部门吊销相关业务许可或者吊销营业执照；对直接负责的主管人员和其他直接责任人员罚款，禁止其在一定期限内担任相关企业的董事、监事、高级管理人员和个人信息保护负责人；违法行为记入信用档案，并予以公示；以及治安管理处罚。

个人信息处理者的民事责任包括：承担损害赔偿等侵权责任。

个人信息处理者的刑事责任包括：如其行为构成犯罪的，依法追究刑事责任。

3. 个人信息处理实务要点

虽然作者在前文已经详细介绍了《个人信息保护法》所确立的主要信息处理原则，但在一些核心处理环节，有必要进一步进行阐述和说明。

值得注意的是，作者并不会仅仅局限在《个人信息保护法》的规制范围内，而是会结合其他有关联关系的法律法规讨论，希望借此在实操方面给企业一些更有建设性、可操作性的合规指导。

（1）信息收集的前置条件

告知并获得信息主体的同意是《个人信息保护法》确立的基本原则（前文已详细介绍），这一原则与欧盟 GDPR 的同意原则基本相同。《个人信息保护法》第十七条明确规定了告知事项和基本要求："个人信息处理者在处理个人信息前，应当以显著方式、清晰易懂的语言真实、准确、完整地向个人告知下列事项：（一）个人信息处理者的名称或者姓名和联系方式；（二）个人信息的处理目的、处理方式，处理的个人信息种类、保存期限；（三）个人行使本法规定权利的方式和程序；（四）法律、行政法规规定应当告知的其他事项。前款规定事项发生变更的，应当将变更部分告知个人。个人信息处理者通过制定个人信息处理规则的方式告知第一款规定事项的，处理规则应当公开，并且便于查阅和保存。"

在告知并获得同意这一前置条件上，信息处理者除清晰完整告知信息主体以上事项外，还应当注意以下两个实际操作要点。

首先，例外情况。

在《个人信息保护法》第十八条规定的两种例外情况下，这种告知义务可以被豁免。第一种情况是第十八条第一款规定的法定保密告知豁免，即"个人信息处理者处理个人信息，有法律、行政法规规定应当保密或者不需要告知的情形的，可以不向个人告知前条第一款规定的事项"。

最为典型的是《反恐怖主义法》第五十一条的规定，即公安机关在调查恐怖活动的案件中，可以获得事先告知豁免。

第二种情况是《个人信息保护法》第十八条第二款规定的紧急情况下的事先告知豁免，即"紧急情况下为保护自然人的生命健康和财产安全无法及时向个人告知的，个人信息处理者应当在紧急情况消除后及时告知"。

其次，注意需要"单独同意"的信息和信息处理行为。

《个人信息保护法》除规定了一般意义上的同意外，还特别规定了"单独同意"，意为对于该类信息和处理行为的授权，需要信息处理者和信息主体特别对待。

①敏感信息需要单独同意：《个人信息保护法》第二十九条规定："处理敏感个人信息应当取得个人的单独同意；法律、行政法规规定处理敏感个人信息应当取得书面同意的，从其规定。"

②向第三方提供个人信息，必须获得信息主体的单独同意：《个人信息保护法》第二十三条规定："个人信息处理者向其他个人信息处理者提供其处理的个人信息的，应当向个人告知接收方的名称或者姓名、联系方式、处理目的、处理方式和个人信息的种类，并取得个人的单独同意……"

③跨境传输个人信息的处理，必须获得信息主体的单独同意：《个人信息保护法》第三十九条规定："个人信息处理者向中华人民共和国境外提供个人信息的，应当向个人告知境外接收方的名称或者姓名、联系方式、处理目的、处理方式、个人信息的种类以及个人向境外接收方行使本法规定权利的方式和程序等事项，并取得个人的单独同意。"

（2）适用最小化原则时合理运用法律法规的兜底条款

前文介绍过，《个人信息保护法》要求在进行个人信息处理时应采取对个人权益影响最小的方式，对于个人信息的保存时间，其第十九条规定："除法律、行政法规另有规定外，个人信息的保存期限应当为实现处理目的所必要的最短时间。"

这意味着，首先，对于个人信息的保存期限，法律并没有明确的规定，仅要求信息处理者根据必要性要求，在满足处理目的后的最短时间内删除所收集的个人信息。这就要求个人信息处理者通过制定内部制度的方式，针对具有不同属性、处理目的的个人信息分别确定保存期限，以确保各类个人信息满足其保存期限不超过实现处理目的所必要的最短时间要求。

但是有时候，对这些个人信息的处理存在即时、延时、定期多次处理，甚至长期留存备案待查的需要。进一步地，由于个人信息的数据形态、种类、性质等各有不同，而运用起来往往又存在交叉、重叠等复杂的关系，实际操作中，个人信息处理者常常无法确定如何才算得上法律认可的、合理的、有效的"最短保存期限"。这个时候，为满足保存期限的合规要求，读者就需要对上述第十九条的"兜底条款"进行充分、灵活的运用。

读者在实际操作中应当找到相应的法律、法规作为设置个人信息保存"最短时间"的法律依据，以此完成正当性和合法性的合规需求。

例如，《反洗钱法》第十九条第三款规定："客户身份资料在业务关系结束后、客户交易信息在交易结束后，应当至少保存五年。"那么，金融机构应当设置客户个人信息的保存"最短时间"为业务关系结束后五年。

再如，《电子商务法》第三十一条规定："电子商务平台经营者应当记录、保存平台上发布的商品和服务信息、交易信息，并确保信息的完整性、保密性、可用性。商品和服务信息、交易信息保存时间自交易完成之日起不少于三年；法律、行政法规另有规定的，依照其规定。"那么，电子商务平台经营者应当设置客户个人信息的保存"最短时间"为交易完成之日后三年。

作者仅以《反洗钱法》和《电子商务法》为例，类似的行业性的法律法规还有很多，其中都有相类似或与此相关的规定，信息处理者可以结合其行业背景、业务场景需求，寻找相应的法律法规作为依据，参照设置个人信息保存"最短时间",合理运用兜底条款。

(3)公共场所安装图像采集、个人身份识别设备的注意事项

个人图像、头像、身份识别信息对于个人信息具有很高的敏感性和重要性。这些信息可以被用来标识一个唯一的人,并且可能涉及他们的身份、位置、行踪、活动等方面的信息。如果这些信息被滥用、泄露,就会对个人信息权益产生严重影响,从而对个人的自由、尊严和人格权产生不良影响。

在当前的移动互联网时代,大量的个人身份认证是需要通过人脸识别等技术完成的,如果恶意第三方获取了一个人的人脸、图像信息,他就有可能利用这些信息冒充信息主体,进行非法活动,从而给信息主体带来财务、法律、声誉等多方面的损失。黑客和其他恶意人士也可能会利用个人身份识别信息进行攻击和入侵,访问个人账户、窃取个人财务信息、利用个人信用卡进行欺诈,或者进行钓鱼攻击,通过发送欺骗性的电子邮件或信息诱骗个人揭露更多的个人信息,这可能导致受害人遭受严重的经济损失和其他严重影响。

即便没有发生重大的经济损失,个人图像、头像、身份识别信息的泄露也会给信息主体造成其他严重的困扰。比如,明星、政要等社会知名人士并不想让人知道他们的行踪或其他个人信息,因为一旦身份信息被泄露,其自身及家人便可能面临很多骚扰、追踪和不必要的关注,甚至可能会对他们的人身安全产生威胁。

因此,保护个人图像和身份识别信息的安全对于维护个人权利和自由是至关重要的。

《个人信息保护法》第二十六条规定:"在公共场所安装图像采集、个人身份识别设备,应当为维护公共安全所必需,遵守国家有关规定,并设置显著的提示标识。所收集的个人图像、身份识别信息只能用于维护公共安全的目的,不得用于其他目的;取得个人单独同意的除外。"

这一规定首次明确了个人的个人图像、个人身份识别信息属于个人信息，受法律保护，并且首次明确了其采集要求。

首先，公共场所的图像采集和个人身份识别是有前提条件的，即在缺乏个人单独同意的时候，图像的采集者必须具备"为维护公共安全所必需"这个单一的目的。除了这个目的以外，其他任何行为主体都不享有在公共场所进行图像采集和个人身份识别的权利。那么，谁可以"为维护公共安全所必需"这个目的作为图像采集目的呢？作者认为应当是"具有维护公共安全"职责的主体，并不是所有的市场主体都可以任意以"维护公共安全"为借口进行公共场所的图像采集和个人身份识别。比如，如果一个街边的商贩将其店门口的摄像头对准路上往来的行人，其行为将被认定为违法，因为他实施了公共场所的图像采集，但是他并不"具有维护公共安全"的职责，所以他无权进行这种图像采集。

其次，即便图像采集和个人身份识别者具备上面所说的主体要求，其还需要满足另一个限制性条件，即"设置显著的提示标识"。之所以设置显著的提示标识，第一，是为了告知公众，该区域存在图像采集和个人身份识别设备，从而提高公众对自身个人信息权益的警惕性和保护意识，也可以起到威慑和防范作用；第二，有助于保障图像采集和个人身份识别行为的合法性，防止滥用行为和非法行为的发生，保护公众的合法权益；第三，契合了作者之前介绍的个人信息处理中的"透明原则"和"自愿同意原则"——它至少赋予了人们一种自主选择的权利，即当你明确告知我这里有摄像头的时候，我可以选择进入或者不进入摄像头的信息采集范围之内。由此可见，"透明原则"和"自愿同意原则"是贯穿所有个人信息处理过程的。

最后，读者需要注意，在目的条件、限制性条件之后，《个人信息保护法》再次对所采集的个人信息的使用范围进行了约束：这些信息"只能用于维护公共安全的目的，不得用于其他目的"。这个约束与信息采集目的是相应的、一致的，也契合"必要性原则和最小化原则"，即不得超出授权范围和采集目的使用个人信息。

《个人信息保护法》第二十六条是关于在公共场所安装图像采集、个人身份识别设备的规定，标志着我国在个人信息保护方面的立法已经开始进入更为细化和专业化的阶段。该规定对企业和机构的运营及数据处理方式提出了更高的要求，并且凸显了我国对公共场所环境下个人身份信息的安全和隐私的关注。

4. 敏感个人信息及其保护重点提示

（1）什么是敏感个人信息

敏感个人信息的处理是重点，也是要点。敏感个人信息是一旦泄露或者非法使用，容易导致自然人的人格尊严受到侵害或者人身、财产安全受到危害的个人信息，具有非常高的风险性。在《个人信息保护法》中，有关敏感个人信息设有单独的一节，共五条，主要解决和定义了这样两个问题。

首先，什么是敏感个人信息？《个人信息保护法》第二十八条第一款规定："敏感个人信息是一旦泄露或者非法使用，容易导致自然人的人格尊严受到侵害或者人身、财产安全受到危害的个人信息，包括生物识别、宗教信仰、特定身份、医疗健康、金融账户、行踪轨迹等信息，以及不满十四周岁未成年人的个人信息。"

《个人信息保护法》中敏感个人信息的定义范围，比欧盟 GDPR 中相同类型的数据定义范围更加具体和详尽。GDPR 将这种特定的个人数据称为"特殊类别的个人数据"，在其第 9.1 条也同样采用列举的方式对敏感个人信息进行了规定，具体包括"揭示种族或民族背景、政治观念、宗教或哲学信仰或工会成员的个人数据，以及处理基因数据、生物特征数据用于唯一识别自然人，涉及健康数据或涉及自然人性生活或性取向的数据"。

如果我们将两者的范围进行对比,可以得出表2。

表2 《个人信息保护法》与GDPR关于个人信息的定义范围对比

中国《个人信息保护法》	欧盟GDPR	对比
生物识别	基因数据、为了识别特定自然人的生物性识别数据	类同
宗教信仰	宗教或哲学信仰	类同
无	种族或民族背景、政治观念	中国没有
特定身份	无	欧盟没有
医疗健康	自然人健康数据	类同
无	个人性生活或性取向相关的数据	中国没有
金融账户	无	欧盟没有
行踪轨迹	无	欧盟没有
不满十四周岁未成年人的个人信息	无	欧盟没有

通过表2不难发现,二者主要的部分基本相同,但或许是基于文化和历史因素,欧盟更关注民族、种族、性取向等信息,而中国则更关注经济、行为信息和未成年人信息,且中国《个人信息保护法》在敏感个人信息的保护范围上显得更务实、更有效。

其次,《个人信息保护法》明确了敏感个人信息独特的处理原则——特定目的原则、充分必要性原则,以及严格保护措施原则。与GDPR相同的是,在敏感个人信息的部分,二者的要求是相似的,都要求数据处理者在处理敏感信息时具备更高的要求和条件,并采取更加严格的保护措施。对敏感个人信息的处理必须以特定的、明确的、具有合法根据的目的为前提,不得超出该目的范围进行处理;必须以实现处理目的所必需的范围和方式进行,不得超出必要范围;必须采取严格的保护措施,防止信息被泄露、非法获取或滥用,确保信息安全。

(2)敏感个人信息的处理原则

为了充分贯彻前文所讲的特定目的原则、充分必要性原则以及严格保护措施原则,《个人信息保护法》第二十九条至第三十一条详细规定了相应的保护措施，以帮助原则性法条的落地实施。这些保护措施主要集中在告知、同意以及规则制定方面。

①告知规则：关于告知，应该契合"透明原则"和加强保护的目的。《个人信息保护法》第三十条规定："个人信息处理者处理敏感个人信息的，除本法第十七条第一款规定的事项外，还应当向个人告知处理敏感个人信息的必要性以及对个人权益的影响；依照本法规定可以不向个人告知的除外。"

"本法第十七条第一款"包括的内容主要有四类："（一）个人信息处理者的名称或者姓名和联系方式；（二）个人信息的处理目的、处理方式，处理的个人信息种类、保存期限；（三）个人行使本法规定权利的方式和程序；（四）法律、行政法规规定应当告知的其他事项。"

由此可见，在告知层面，《个人信息保护法》是分为两个层面的。在基础层面，对于所有类型的个人信息，都需要进行基础告知，即前述四类事项。出于加强对敏感个人信息的保护，信息处理者还需要进一步向信息主体告知"处理敏感个人信息的必要性以及对个人权益的影响"，以确保信息主体充分了解其个人信息被处理的情况，并作出相应的选择和决策。这也符合透明原则，保护个人信息主体的知情权、选择权和决策权。同时，告知也可以促进个人信息处理者更加谨慎地处理敏感个人信息，避免过度收集和使用信息，从而更好地保护个人信息主体的权益。

敏感个人信息告知的内容包括"对个人权益的影响"，因此个人信息处理者必须依法评估这个影响，才能履行法定告知义务，这个评估就是《个人信息保护法》第五十五条规定的"个人信息保护影响评估"。后文会对此进行详细说明，读者需要知道的是：信息处理者只有完成了"个人信息保护影响评估"才能确定是否存在影响，才能履行法定告知义务。完成这个评估，是处理敏感个人信息的前置条件。

②同意规则：《个人信息保护法》第二十九条规定："处理敏感个人

信息应当取得个人的单独同意；法律、行政法规规定处理敏感个人信息应当取得书面同意的，从其规定。"第三十一条第一款规定："个人信息处理者处理不满十四周岁未成年人个人信息的，应当取得未成年人的父母或者其他监护人的同意。"

敏感个人信息的同意规则是"单独同意"，也就是说，处理敏感个人信息需要获得信息主体的明确同意，而且这个同意必须是针对敏感个人信息的处理行为而单独征得的，不能和其他信息处理行为捆绑在一起。在实际操作中，信息主体的同意不能采用默认勾选或预先勾选同意的方式，必须由信息主体进行自主选择，并且信息处理者应提供随时撤回同意的选项。此外，如果其他相关规定要求这种同意必须以书面方式进行，那么信息处理者就应当以书面方式征得信息主体的同意。

虽然《个人信息保护法》没有明文规定书面方式具体有哪些，但读者可参考《民法典》第四百六十九条的规定①，合同书、信件、电报、电传、传真，以及以电子数据交换、电子邮件等方式能够有形地表现所载内容，并可以随时调取查用的数据电文，均属于书面形式。

③不满十四周岁的未成年人的个人信息处理规则：此外，根据《个人信息保护法》第三十一条之规定，对于不满十四周岁的未成年人的个人信息处理，个人信息处理者应当取得未成年人的父母或者其他监护人的同意。因为未成年人在法律上还不能完全行使民事权利，无法对自己的个人信息进行有效的同意授权。因此，必须由其监护人代表其行使相应的权利，确保其个人信息的安全和合法使用。这里比较特殊的是"十四周岁"这个年龄设置。《民法典》中关于民事权利能力，主要分成以下四个阶段（图2）。

---

① 《民法典》第四百六十九条规定："当事人订立合同，可以采用书面形式、口头形式或者其他形式。书面形式是合同书、信件、电报、电传、传真等可以有形表现所载内容的形式。以电子数据交换、电子邮件等方式能够有形地表现所载内容，并可以随时调取查用的数据电文，视为书面形式。"

第三章 我国个人信息保护主要制度规范

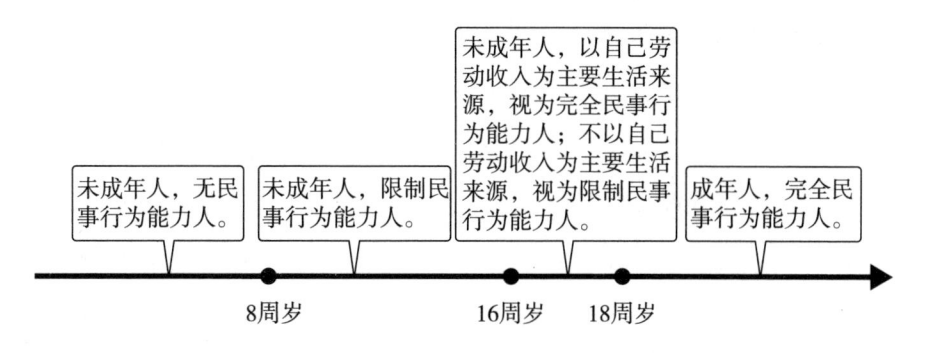

图2 《民法典》中关于民事权利能力的规定示意

（时间轴标注：8周岁、16周岁、18周岁）
- 未成年人，无民事行为能力人。
- 未成年人，限制民事行为能力人。
- 未成年人，以自己劳动收入为主要生活来源，视为完全民事行为能力人；不以自己劳动收入为主要生活来源，视为限制民事行为能力人。
- 成年人，完全民事行为能力人。

也就是说，在《民法典》中并没有十四周岁这一年龄设置。那么十四周岁这一年龄设置是从哪里来的呢？作者从《刑法》（1997年修订）中找到了一些踪迹。其中在刑事责任方面，《刑法》第十七条第二款、第三款规定："已满十四周岁不满十六周岁的人，犯故意杀人、故意伤害致人重伤或者死亡、强奸、抢劫、贩卖毒品、放火、爆炸、投毒罪的，应当负刑事责任。已满十四周岁不满十八周岁的人犯罪，应当从轻或者减轻处罚。"

除此以外，《刑法》（1997年修订）第二百三十六条第二款规定："奸淫不满十四周岁的幼女的，以强奸论，从重处罚。"第二百六十二条规定："拐骗不满十四周岁的未成年人，脱离家庭或者监护人的，处五年以下有期徒刑或者拘役。"

第三百五十八条"强迫不满十四周岁的幼女卖淫的"、第三百五十九条"引诱不满十四周岁的幼女卖淫的"、第三百六十条"嫖宿不满十四周岁的幼女的"，均属于情节严重。由此可见，在我国的法律体系中，十四周岁被视为重要的分水岭，标志着未成年人开始具备行为能力和自主意识，因此也被视为未成年人权益保护的特殊年龄档。

更重要的是，《未成年人保护法》第七十二条第一款明确规定："信息处理者通过网络处理未成年人个人信息的，应当遵循合法、正当和必要的原则。处不满十四周岁未成年人个人信息的，应当征得未成年人的父母或者其他监护人同意，但法律、行政法规另有规定的除外。"

现行有效的《未成年人保护法》由第十三届全国人民代表大会常务委员会第二十二次会议于 2020 年 10 月 17 日修订通过，自 2021 年 6 月 1 日起施行，它比 2021 年 8 月 20 日第十三届全国人民代表大会常务委员会通过的《个人信息保护法》要略早一些，因而《个人信息保护法》中关于处理不满十四周岁未成年人个人信息的相关规定，其实是为了契合在其之前修订通过的《未成年人保护法》的规定。

最后，《个人信息保护法》第三十一条第二款规定："个人信息处理者处理不满十四周岁未成年人个人信息的，应当制定专门的个人信息处理规则。"

《未成年人保护法》中未找到与此内容相同的规定，因此为不满十四周岁未成年人的个人信息"制定专门的个人信息处理规则"是《个人信息保护法》对此等特殊的敏感个人信息所进行的专门保护。那么，所谓的信息处理规则是什么呢？这些规则可能包括但不限于：数据收集和使用原则、信息披露和告知原则、同意和撤回同意机制、安全保障措施、个人信息存储和处理期限、信息安全培训等。如果信息处理者同时处理一般的个人信息和不满十四周岁未成年人的个人信息，那么其就需要制定两套有区别的信息处理规则，来满足针对不满十四周岁未成年人的特殊保护、强化保护。

（3）企业对所涉敏感个人信息的处置合规流程

遵循上述《个人信息保护法》中对于敏感个人信息的各项规则，作者为企业梳理了当其所处理的个人信息包含敏感个人信息时的处置合规流程，希望能帮助企业在遇到敏感个人信息处理时，能够完成预备阶段的制度建设并遵循逐步介绍的合规操作规程。

预备阶段，建立和完善包含敏感个人信息的个人信息保护机制。

企业应当预先建立相应的个人信息保护制度和相关机制，并包含针对敏感个人信息的专门、特别规定。这些机制包括以下五点。

①建立特定的安全保障措施———企业需要采取特定的安全技术措施，专门用来确保敏感个人信息的安全。比如，更严格的加密存储、访问权限控制、防火墙等。

②规范内部操作流程：企业需要规范员工操作流程，建立明确的信息分级管理制度，防止员工泄露、篡改敏感个人信息。

③建立监测机制和安全事件处理流程：企业需要建立针对敏感个人信息的差异化安全事件监测和处理机制，以便及时发现和处理安全漏洞和信息泄露事件，减少敏感个人信息泄露风险。

④建立定期检查和更新机制：企业需要定期检查和更新安全措施和个人信息保护制度，确保其符合最新的法律法规要求和技术标准。

⑤建立信息通报机制：如果发生了敏感个人信息泄露或者其他信息安全事件，企业需要及时通知用户，并采取相应的补救措施，减少损失和影响。以上部分的内容虽然与一般个人信息的保护机制相近似，但考虑到敏感个人信息的重要性和影响力，因而企业应当有针对性地对敏感个人信息相关机制予以重点关注。

以上这些机制针对的是所有可能涉及敏感个人信息处理活动的企业。事实上，几乎所有的企业都有可能涉及敏感个人信息处理活动，毕竟任何一个企业都掌握着自己员工的敏感个人信息。因此，这种敏感个人信息保护机制的建设和完善需求是非常广泛的。

第一步，业务流程梳理和敏感个人信息确定。

企业需要对涉及敏感个人信息的业务流程进行梳理，包括：业务流程的开始、结束时间节点，以及业务流程的各个环节和关键节点；涉及的敏感个人信息的类型、数量、来源和去向；敏感个人信息的采集、使用、存储、传输和销毁环节等。在对敏感个人信息进行确定时，需要明确敏感个人信息的种类和范围，如是否包括个人身份信息、财产信息、交易信息、健康信息、生物识别信息,以及具体的信息内容、表现形式等。

第二步,进行个人信息保护影响评估。

根据业务流程梳理情况,结合企业个人信息保护制度和保障措施条件进行个人信息保护影响评估。个人信息保护影响评估应当根据GB/T39335—2020《信息安全技术　个人信息安全影响评估指南》规定的评估要求开展。该指南由国家市场监督管理总局和国家标准化管理委员会于2020年11月19日发布,并自2021年6月1日起实施。有关该指南的具体内容,作者会在本书的专门章节予以详细介绍,本节中不再赘述。

第三步,告知并获得授权。

个人信息保护影响评估能帮助企业客观判断敏感个人信息处理的必要性以及信息处理行为对个人所产生的影响。企业可以据此制定一份敏感个人信息授权同意书。这个文件可以叫授权同意书,也可以叫告知同意书,其实质都是为了实现"告知"和"同意"两项合规性要求。这份文件中应当包含的内容如下。

①授权范围:具体描述敏感个人信息的种类、用途、处理方式等。

②信息收集:明确企业收集敏感个人信息的方式、渠道和时间。

③使用目的:明确企业使用敏感个人信息的目的和范围。

④披露和共享:明确企业在何种情况下可以披露或共享敏感个人信息,以及共享对象的范围和目的。

⑤存储和保护:明确企业如何存储和保护敏感个人信息的安全。

⑥权利保护:明确个人对于敏感个人信息享有的权利和保护措施,包括查看、修改、删除、撤回同意等权利。

⑦后续沟通:明确个人与企业之间的沟通渠道和方式。

⑧授权同意:由信息主体明确表示对以上信息处理行为的同意意见或者同意授权处理意见,并予以签署。

如果企业不是以签署授权同意书的方式进行告知和授权，那么在采取其他任何方式的情况下，均须注意对"告知"和"同意"进行留痕，例如，通过公司内网进行告知的以网页时间戳留痕，并应将员工通过电子邮件、短信等方式签署"同意"意见的相关电子文件进行存档，以防后续出现争议，以及保存个人信息处理合规的证据。

第四步，信息收集和处理。

只有在完成上述步骤的基础上，企业才得以合规地进行敏感个人信息的处理。在敏感个人信息的收集和处理过程中，企业仍然需要关注信息处理的原则和合规要点。企业应该遵循"最小化原则"，只收集与业务相关且必要的敏感个人信息，并严格限制敏感个人信息的收集范围。同时，企业应该采取必要的技术和管理措施，保障敏感个人信息的安全，防止信息泄露、丢失或被盗用等情况的发生。在使用过程中，企业应该遵循敏感个人信息使用和披露的必要性原则，仅在必要的情况下使用和披露敏感个人信息，并严格控制信息的使用和披露范围。当信息处理完成后，企业应该合理设置敏感个人信息的保留期限，超过保留期限后应该及时删除或者匿名化相关信息。最后，企业应该建立健全内部管理制度，对处理敏感个人信息的员工进行必要的培训和管理，并加强对外部服务提供商的监管。

针对敏感个人信息，我国在《个人信息保护法》中用了比其他机制更多的要求来加以规制，实际上是为了强调敏感个人信息保护在个人信息保护机制中的重要性。无论是《个人信息保护法》还是GDPR，如果对所有的信息一概重点关注，那么无疑这一保护机制会制约信息和数据的快速流动和有效性，制约数字经济的发展；而如果不对敏感个人信息加以重点保护，那么又必然会将个人信息暴露于风险之下，无法保护个体的合法权益。因此，建立不同种类信息的差异化、等级化保护机制，就是一个有效机制的必然之选。而对敏感个人信息加强保护，正是这样一种选择。

5. 个人信息出境的合规要求

(1) 个人信息出境的监管发展沿革

有关个人信息出境的相关规则和制度,首见于2016年11月7日颁布的《网络安全法》。该法提出了对个人信息出境安全进行评估的要求,但当时的《网络安全法》仅关注到了关键信息基础设施的运营者(CIIO)向境外提供个人信息的情况。[①] 但是由于对个人信息出境进行安全评估的要求仅针对CIIO,导致在此后的几年中,许多公司或组织将个人信息的出境视为一个可以忽略的问题,不去考虑其潜在的风险和影响。

随着国内外个人信息泄露事件的频繁发生,国家互联网信息办公室于2021年相继发布了《数据出境安全评估办法(征求意见稿)》和《网络数据安全管理条例(征求意见稿)》,进一步扩大了数据出境需要进行安全评估的范围。这些文件将出境数据中包含重要数据或者处理达到100万人的个人信息的信息处理者纳入了安全评估的范围,这意味着更多的公司或组织将需要进行数据出境安全评估,以确保个人信息的安全性和合法性。

2021年施行的《数据安全法》对于CIIO在境内收集和产生的重要数据的出境安全管理提出进一步监管要求,加强了对个人信息出境的监管。但是由于《数据安全法》更侧重于对主权、国家安全和国家利益的保障,其仍然没有对个人信息出境的合规提出更为广泛的适用性要求。

2021年8月出台的《个人信息保护法》,针对个人信息的收集、使用、处理和保护等方面提出了具体的规定。其第三十八条第一款规定:

---

① 《网络安全法》第三十七条规定:"关键信息基础设施的运营者在中华人民共和国境内运营中收集和产生的个人信息和重要数据应当在境内存储。因业务需要,确需向境外提供的,应当按照国家网信部门会同国务院有关部门制定的办法进行安全评估;法律、行政法规另有规定的,依照其规定。"

"个人信息处理者因业务等需要,确需向中华人民共和国境外提供个人信息的,应当具备下列条件之一:(一)依照本法第四十条的规定通过国家网信部门组织的安全评估;(二)按照国家网信部门的规定经专业机构进行个人信息保护认证;(三)按照国家网信部门制定的标准合同与境外接收方订立合同,约定双方的权利和义务;(四)法律、行政法规或者国家网信部门规定的其他条件。"

《个人信息保护法》虽然在第三十八条明确提出了个人信息出境的三条路径——保护认证、标准合同和安全评估,但当时相关部门没有发布任何安全评估办法,没有公布任何个人信息保护认证专业机构和认证办法,国家网信部门也没有制定标准合同。《信息安全技术 个人信息安全规范》中对于个人信息跨境传输,也仅仅规定,"在中华人民共和国境内运营中收集和产生的个人信息向境外提供的,个人信息控制者应遵循国家相关规定和相关标准的要求"。可以说,相关个人信息出境制度,是先有制度框架,再有实施细节。尽管监管部门对个人信息出境的合规义务建立了法律层面的依据,但企业在实际操作中还存在很多不明确的地方。

此后,个人信息出境的三条路径及其实际操作合规细节才开始明确起来。

首先是保护认证。2022年6月24日,全国信息安全标准化技术委员会(以下简称信标委)发布了《网络安全标准实践指南 个人信息跨境处理活动安全认证规范》,为企业采取认证途径进行个人信息出境提供了相关认证合规要求的依据。在发布认证规范不到五个月的时间里,信标委又于2022年12月16日发布了《网络安全标准实践指南 个人信息跨境处理活动安全认证规范V2.0》,将认证规范予以升级更新。2022年11月18日,市场监管总局与国家网信办联合发布了《关于实施个人信息保护认证的公告》,该公告中附有《个人信息保护认证实施规则》。该规则明确说明了个人信息保护认证的适用范围及取得有关认证的程序，并明确提到，《信息安全技术 个人信息安全规范》和《网络安全标准实践指南 个人信息跨境处理活动安全认证规范》应作为个人信息安全保护的认证依据。

其次是标准合同。2022年6月30日，国家网信办发布了《个人信息出境标准合同规定（征求意见稿）》（以下简称《标准合同规定》），并通过附件公布了个人信息处理者和境外数据接收方应签订的标准合同的模板。2023年2月24日，国家网信办正式发布了《个人信息出境标准合同办法》（以下简称《标准合同办法》）及其附件《个人信息出境标准合同》（以下简称《标准合同》）。2023年5月30日，为了指导和帮助个人信息处理者规范、有序备案个人信息出境标准合同，国家网信办编制了《个人信息出境标准合同备案指南（第一版）》，对个人信息出境标准合同备案方式、备案流程、备案材料等具体要求作出了说明。2024年3月22日，国家网信办对标准合同备案编制了《个人信息出境标准合同备案指南（第二版）》，对备案个人信息出境标准合同的方式、流程和材料等具体要求作出了调整说明，并对数据处理者需要提交的相关材料进行了优化简化。与此同时，国家网信办还开通了"数据出境申报系统"，为数据处理者提供了全国统一的、在线的标准合同备案申报系统。

最后是安全评估。2022年7月7日，国家网信办发布了最终版《数据出境安全评估办法》。该办法规定了出境需要经过网信部门安全评估的数据和信息的门槛。《数据出境安全评估办法》自2022年9月1日起施行，并给予数据处理者自施行之日起6个月的宽限期，令其对2022年9月1日以前发生但不符合该办法要求的数据出境进行整改。跨境传输活动达到《数据出境安全评估办法》安全评估门槛的数据处理者必须在2023年3月1日前向网信部门申报安全评估。《数据出境安全评估办法》

明确规定,如 CIIO 以及处理 100 万人以上个人信息的数据处理者向境外提供个人信息,以及自上年 1 月 1 日起累计向境外提供 10 万人个人信息或者 1 万人的敏感个人信息的数据处理者向境外提供个人信息,应当向网信办申报数据出境安全评估。与《数据出境安全评估办法》配套的是国家网信办在 2022 年 8 月 31 日编制并发布的《数据出境安全评估申报指南(第一版)》,对数据出境安全评估申报方式、申报流程、申报材料等具体要求作出了说明。这一版申报指南与标准合同备案相同,由国家网信办在 2024 年 3 月 22 日发布了《数据出境安全评估申报指南(第二版)》,对申报数据出境安全评估的方式、流程和材料等具体要求作出了调整说明,并对数据处理者需要提交的相关材料进行了优化简化。

值得一提的还有国家网信办在更新《个人信息出境标准合同备案指南(第二版)》和《数据出境安全评估申报指南(第二版)》的同日(2024 年 3 月 22 日)颁布并即刻开始实施的《促进和规范数据跨境流动规定》。《促进和规范数据跨境流动规定》规定了免予申报数据出境安全评估、订立个人信息出境标准合同、通过个人信息保护认证的数据出境活动条件,并明确了应当申报数据出境安全评估的两类数据出境活动条件。这一规定被理解为对包含个人信息在内的信息跨境流动规则的优化和放宽。

至此,《个人信息出境标准合同办法》、《数据出境安全评估办法》、《个人信息保护认证实施规则》和《促进和规范数据跨境流动规定》共同构成了我国个人信息出境的完整监管体系。

(2)个人信息出境的适用场景

常常会有人问到什么样的企业会有个人信息出境的需求。其实从目前的全球化市场、产品和服务格局来看,除只做境内市场的中小微企业外,大部分企业的业务都涉及个人信息出境。

与个人信息出境关系最密切的行业是跨境电子商务，如阿里巴巴、亚马逊等在全球范围内运营的电商平台，它们的业务涉及用户信息、购物数据、支付信息等个人信息的传输和存储。社交媒体和通讯应用，如脸书、推特、微博等，为全球用户提供服务，涉及用户个人信息、聊天记录、位置信息等数据的跨境传输。旅游行业也与个人信息出境息息相关，如航空公司、酒店、在线旅游平台等均需要处理国际游客的个人信息，包括他们的护照信息、行程安排、住宿和支付信息等。在教育行业，国际学生在申请留学、交换项目等时也需要向境外院校提供个人信息，如成绩单、推荐信等，教育机构也需要将这些信息传输回国内进行处理。在金融行业，跨国银行、支付机构等需要处理跨境交易、投资和汇款等业务，涉及用户的个人信息、账户信息、交易数据等。医疗行业的国际病人在境外就诊、购买药品等时，需要提供个人健康数据；同时，境外医疗机构与国内医疗机构在病例研究、数据共享等方面也涉及个人信息的跨境传输。人力资源和招聘行业中，当跨国公司在境外招聘、调动员工等时，也需要处理个人简历、工作经历等个人信息。

上面所说的是一些经营业务与个人信息出境直接相关的例子，除此之外，还有那些在技术数据层面包含个人信息出境的情况。腾讯云、阿里云等，会在全球范围内部署数据中心，数据中心涉及用户数据的跨境存储和处理（这些用户数据中必然会有个人信息数据）。此外，内容分发网络（CDN）服务商，如阿卡迈（Akamai）、云加速（Cloudflare）等，也需要在全球范围内部署服务器，以提供更快的网络访问速度，当然也涉及用户数据的跨境传输和存储。

有时，企业从业务经营需要出发，也会在特定的业务场景下触发个人信息的出境需求。比如，企业在开展跨国市场调研、用户行为分析等活动时，就需要收集、处理和分析不同国家用户的个人信息。另外，企业在为境外客户提供客服、售后支持等服务时，也需要处理客户的个人信息。

在实务操作中，大量在海外上市的中资企业成为个人信息出境合规需求的客户。海外上市的中资企业在个人信息出境方面的需求场景主要有以下五种情况。

①跨国业务运营：海外上市的中资企业通常有跨国业务，可能在多个国家拥有客户、合作伙伴和供应商。在这种情况下，企业需要处理各国用户、员工和合作伙伴的个人信息，涉及信息的传输、存储和分析。

②企业内部沟通和管理：海外上市的中资企业可能在全球范围内拥有多个分支机构、子公司或办事处。企业在其内部沟通、人力资源管理、财务报告等方面，需要处理员工的个人信息，如工资、绩效评估、人事档案等。

③投资者关系管理：海外上市的中资企业需要与全球投资者保持沟通，处理投资者的个人信息，如姓名、联系方式、投资记录等。

④供应链管理：企业在全球范围内建立供应链合作关系，涉及供应商、物流公司等合作伙伴的个人信息处理，如联系人信息、账户信息等。

⑤技术合作与创新：在全球范围内开展技术合作、研发和创新时，企业需要与境外合作伙伴共享研发人员、技术专家等的个人信息。

由此可见，个人信息出境的合规是信息化数据化时代大部分企业都应充分关注的合规重点。

（3）个人信息出境的主要路径介绍

个人信息出境的主要路径前面已经略作介绍，主要是三个：保护认证、标准合同、安全评估。下面作者就这三条路径为读者逐一进行介绍和对比。

①保护认证：保护认证的主要法律依据是《网络安全标准实践指南个人信息跨境处理活动安全认证规范 V2.0》。这一规范旨在为认证机构对跨境处理个人信息的活动提供认证依据，同时为个人信息处理者在规

范跨境处理活动方面提供指导。该规范对申请认证的主体进行了明确，要求其具备合法法人资格，正常运营且拥有良好的信誉和商誉。跨国公司或同一经济、事业实体的子公司或关联公司在进行个人信息跨境处理时，可以由境内一方申请认证并承担相应法律责任。

保护认证的合规操作流程大致如图3所示。

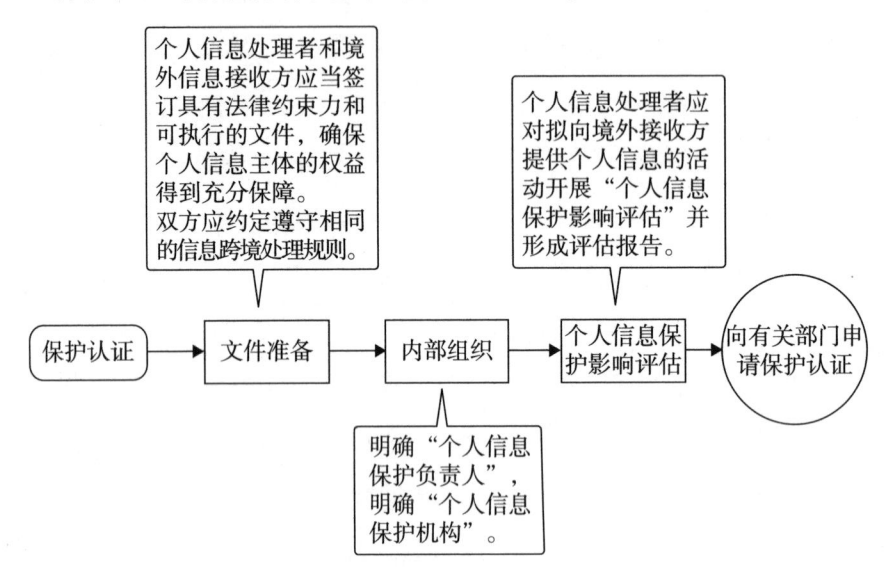

图3 保护认证的合规操作流程

②标准合同：标准合同的主要法律依据是《个人信息出境标准合同办法》。标准合同适用于非关键信息基础设施运营者、年处理不满100万人的个人信息、自上年1月1日起累计向境外提供不满10万人的个人信息，以及自上年1月1日起累计向境外提供不满1万人的敏感个人信息情况。

标准合同的合规操作流程大致如图4所示。

第三章 我国个人信息保护主要制度规范

```
标准合同 → 个人信息保护影响评估 → 订立标准合同 → 备案 → 重新评估/订立标准合同/备案
```

个人信息处理者在向境外提供个人信息前应当开展"个人信息保护影响评估"。

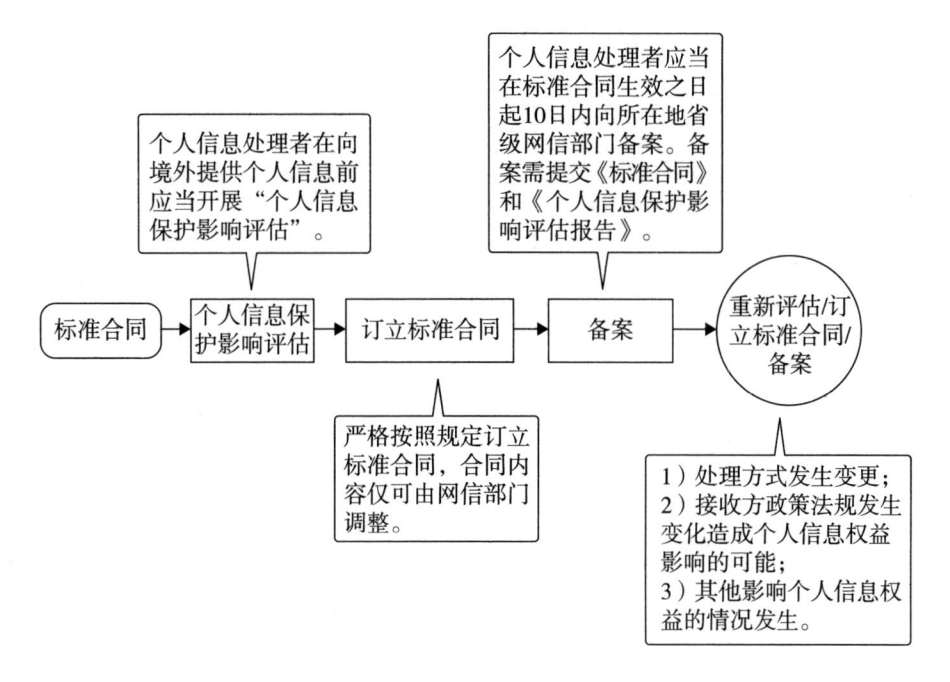

个人信息处理者应当在标准合同生效之日起10日内向所在地省级网信部门备案。备案需提交《标准合同》和《个人信息保护影响评估报告》。

严格按照规定订立标准合同，合同内容仅可由网信部门调整。

1）处理方式发生变更；
2）接收方政策法规发生变化造成个人信息权益影响的可能；
3）其他影响个人信息权益的情况发生。

图4 标准合同的合规操作流程

③安全评估：安全评估的主要法律依据是《数据出境安全评估办法》。安全评估主要适用于数据处理者向境外提供重要数据，关键信息基础设施运营者和处理100万人以上的个人信息的数据处理者向境外提供个人信息，自上年1月1日起累计向境外提供10万人的个人信息或者1万人的敏感个人信息的数据处理者向境外提供个人信息，以及国家网信部门规定的其他需要申报数据出境安全评估的情形。在不满足上述条件的情况下，数据处理者也可以进行数据出境的安全自评估。

安全评估的合规操作流程大致如图5所示。

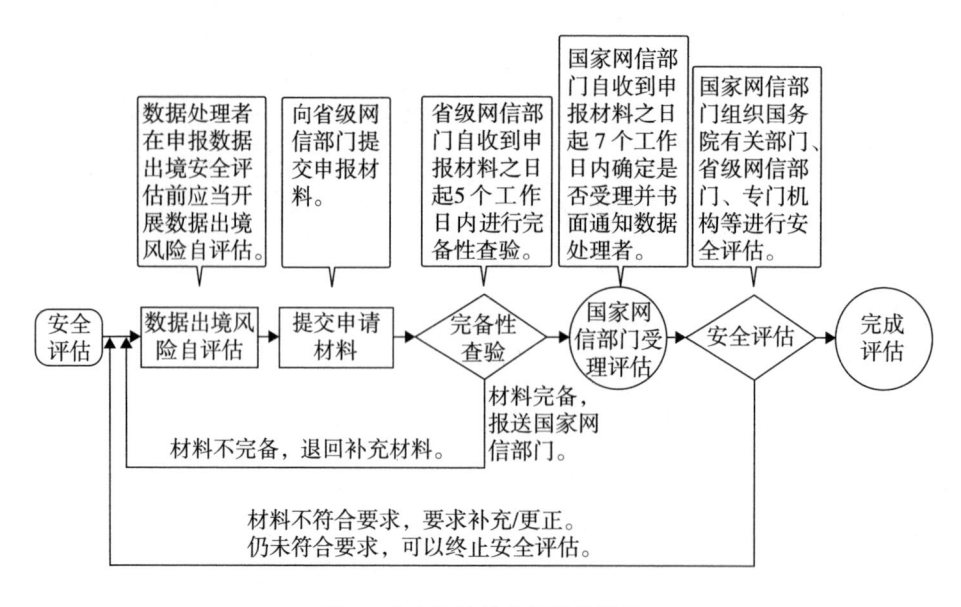

```
安全     数据出境风    提交申请    完备性    国家网    安全评估    完成
评估 →   险自评估  →  材料     →  查验   →  信部门受        →        评估
                                          理评估
```

[流程图说明:
- 数据处理者在申报数据出境安全评估前应当开展数据出境风险自评估。
- 向省级网信部门提交申报材料。
- 省级网信部门自收到申报材料之日起5个工作日内进行完备性查验。
- 国家网信部门自收到申报材料之日起7个工作日内确定是否受理并书面通知数据处理者。
- 国家网信部门组织国务院有关部门、省级网信部门、专门机构等进行安全评估。
- 材料不完备，退回补充材料。
- 材料完备，报送国家网信部门。
- 材料不符合要求，要求补充/更正。仍未符合要求，可以终止安全评估。]

图 5　安全评估的合规操作流程

（4）三条路径的对比

为了便于读者对个人信息出境的三条路径有进一步的清晰认识，并对号入座，找到适合自己的企业和业务类型的出境合规路径，作者对保护认证、标准合同、安全评估进行了对比（见表3）。这个对比的主要目的是帮助读者判断自己究竟应适用哪一条路径，但同时也要提醒读者，目前个人信息出境的路径虽然较之前更为明确，但在具体实操中仍然会存在诸多具体的问题，网信和相关监管部门也在持续采取修正和调整措施。比如，2024年3月22日颁布的《促进和规范数据跨境流动规定》，在这个规定中就提出了一些免予申报数据出境安全评估、订立个人信息出境标准合同、通过个人信息保护认证的数据出境活动条件。因此，个人信息出境的合规问题，在现在乃至将来一段时间内仍然是一个监管政策在不断发展变化、值得我们持续关注的主题。读者在根据作者的指引进行路径选择的时候，一定要关注相关政策的更新。

表3 个人信息出境的三条合规路径对比

对比维度	安全评估路径	保护认证路径	标准合同路径
适用情形	①数据处理者向境外提供重要数据；②关键信息基础设施运营者；③处理100万人以上个人信息的数据处理者向境外提供个人信息；④自上年1月1日起累计向境外提供10万人的个人信息或者1万人的敏感个人信息的数据处理者向境外提供个人信息；⑤国家网信办规定的其他需要申报数据出境安全评估的情形。	个人信息处理者开展个人信息跨境处理活动。	①非关键信息基础设施运营者；②处理个人信息不满100万人；③自上年1月1日起累计向境外提供个人信息不满10万人或者敏感个人信息不满1万人的数据。
法律依据	《数据出境安全评估办法》	《网络安全标准实践指南 个人信息跨境处理活动安全认证规范 V2.0》《个人信息保护认证实施规则》	《个人信息出境标准合同办法》
实施时间	2022年9月1日	2022年11月4日	2023年6月1日
适用类型	满足法定条件即必需	频发、长期需求	少量、偶发需求
有效期	2年	3年	依照合同约定
前置评估	数据出境安全自评估+个人信息保护影响评估	个人信息保护影响评估	个人信息保护影响评估（备案提交）
监管主体	国家网信部门	特定认证机构（如中国网络安全审查技术与认证中心CCRC）	省级网信部门

（5）《促进和规范数据跨境流动规定》对个人信息出境规则的优化调整

2024年3月22日，国家网信办公布了《促进和规范数据跨境流动规定》，该规定自公布之日起实施。《促进和规范数据跨境流动规定》对数据出境安全评估、个人信息出境标准合同、个人信息保护认证等数据出境制度作出优化调整，以促进数据依法有序自由流动，激发数据要素价值，扩大高水平对外开放。

其中关于个人信息出境规则的优化调整主要是规定了免予申报数据出境安全评估、订立个人信息出境标准合同、通过个人信息保护认证的数据出境活动条件：一是国际贸易、跨境运输、学术合作、跨国生产制造和市场营销等活动中收集和产生的数据向境外提供，不包含个人信息或者重要数据的；二是在境外收集和产生的个人信息传输至境内处理后向境外提供，处理过程中没有引入境内个人信息或者重要数据的；三是为订立、履行个人作为一方当事人的合同，确需向境外提供个人信息的；四是按照依法制定的劳动规章制度和依法签订的集体合同实施跨境人力资源管理，确需向境外提供员工个人信息的；五是紧急情况下为保护自然人的生命健康和财产安全，确需向境外提供个人信息的；六是关键信息基础设施运营者以外的数据处理者自当年1月1日起累计向境外提供不满10万人个人信息（不含敏感个人信息）的。

除此之外，《促进和规范数据跨境流动规定》还明确了应当申报数据出境安全评估的两类数据出境活动条件，一是关键信息基础设施运营者向境外提供个人信息或者重要数据；二是关键信息基础设施运营者以外的数据处理者向境外提供重要数据，或者自当年1月1日起累计向境外提供100万人以上个人信息（不含敏感个人信息）或者1万人以上敏感个人信息。同时，明确了应当订立个人信息出境标准合同或者通过个人信息保护认证的数据出境活动条件，即关键信息基础设施运营者以外的数据处理者自当年1月1日起累计向境外提供10万人以上、不满100万人个人信息（不含敏感个人信息）或者不满1万人敏感个人信息。

《促进和规范数据跨境流动规定》的出台，体现了国家着力营造良好数据发展环境、促进数据要素价值释放的鲜明态度。该规定通过简化非重要数据和特定个人信息的出境程序,加强重要数据和敏感个人信息的保护,着力实现数据安全与发展平衡,为数据跨境流动创造更加便利、安全的环境。

(6) 企业个人信息出境路径合规实施指引

作者建议企业按照以下五个步骤进行个人信息的出境路径选择。

第一步,企业依据《数据出境安全评估办法》第四条的规定判断自身是否符合以下情形之一:①数据处理者向境外提供重要数据;②关键信息基础设施运营者;③处理100万人以上个人信息的数据处理者向境外提供个人信息;④自上年1月1日起累计向境外提供10万人的个人信息或者1万人的敏感个人信息的数据处理者向境外提供个人信息;⑤国家网信办规定的其他需要申报数据出境安全评估的情形。其中关于是否涉及重要数据,可以参考相关的行政规定,如在《汽车数据安全管理若干规定(试行)》中就对汽车的重要数据进行了规定。企业须根据自身行业判断其是否涉及重要数据。符合上述情形之一的,除数据出境安全评估外(目前尚不明确是否构成豁免),企业必须采取安全评估路径。作者建议企业立即着手进行数据出境风险的自评估工作。

第二步,如果企业不符合上述情形,那么可选择个人信息保护保护认证路径或标准合同路径。

第二步之一,所有个人信息处理者开展个人信息跨境处理活动都可以适用保护认证路径,只要企业开展个人信息出境活动,就可以申请出境认证,保护认证前,需要企业进行个人信息保护影响评估。个人信息出境活动在已经进行保护认证的情况下,如果触碰到安全评估门槛,是否还需要再进行安全评估?对于这个问题,目前监管方面尚未明确,也没有实际案例。那么出于追求合规最大安全性的考虑,作者认为,在监管没有明确保护认证构成安全评估豁免情形前,一旦触发安全评估条件,仍要进行安全评估。认证流程和内容相对复杂,将更适用于信息接收方当地政策友好、信息传输规模较为稳定、需求相对频发或长期的数据传输活动。

第二步之二，标准合同路径流程较为简单，企业在备案前需要进行个人信息保护影响评估，在签订标准合同后至省网信部门备案即可。标准合同路径比较适用于少量、偶发，但信息出境活动一旦发生变动需要重新签订合同的情形。

第三步，企业在确定合适的出境路径后，应当立即开展前置评估工作，如完成数据出境安全自评估、个人信息保护影响评估。个人信息保护影响评估是任何一个出境路径都需要进行的评估。另外，在梳理三条出境路径后，读者会发现，对境外接收方进行相关数据安全调查、与接收方签署相关法律文件等，是任何一种路径下的实质性要件。因此，在实际开展业务时，在这方面也须加以充分的注意。

第四步，企业根据所选择的路径准备材料，并在限期内办理合规程序。企业应当充分注意合规的办理期限，如标准合同路径要求在标准合同生效之日起 10 日内备案。

第五步，企业需要持续跟踪个人信息出境流程并注意有效期限。数据出境安全评估结果的有效期只有 2 年，个人信息保护认证的有效期为 3 年，并且标准合同在出境活动发生一定变化时需要重新签署并重新备案，个人信息保护影响评估在一定条件下也应重新进行。企业应持续注意识别是否发生了相应的应重新评估或申报的事件，也应持续监督境外接收方的个人信息处理活动，以及监管部门是否提出了个人信息出境的补充合规要求。

四、《个人信息保护法》与《网络安全法》、《数据安全法》的关系

《个人信息保护法》是关于个人信息保护的重要法律。但我国除这部法律外，还有一些其他与个人信息保护密切相关的法律法规。如自2017年6月1日起实施的《网络安全法》，它明确了网络运营者对于网络信息安全的责任和义务，以及对个人信息保护的基本要求。该法明确了个人信息的收集、使用、存储、传输等方面的规定，为个人信息保护提供了法律依据。自2021年1月1日起实施的《民法典》，其中关于个人信息权的规定强调了对个人信息的保护，明确了个人信息的概念、个人信息权的性质、侵犯个人信息权的法律责任等内容。自2021年9月1日起实施的《数据安全法》主要关注数据安全和数据处理行为，从数据的角度规定了数据处理活动的基本规则、数据安全管理制度、数据安全保护责任等内容。另外，还有《消费者权益保护法》，其涉及对消费者个人信息的保护。这些法律法规共同构建起了中国个人信息保护的法律体系，为保护公民的个人信息权益提供了有力支持。

在本节，作者选择《网络安全法》和《数据安全法》为读者进行一些基础性的介绍。

《网络安全法》、《数据安全法》和《个人信息保护法》三者之间既有联系又有区别，它们共同构建起了中国个人信息保护和网络安全的法律体系。

《网络安全法》主要强调对网络安全的保护，确保网络空间的安全稳定运行。《网络安全法》针对建设、运营、维护和使用网络以及网络安全的监督管理，规范网络运行安全、网络信息安全、网络安全监测预警与安全事件应急处置等。该法以网络安全为核心，配合其他规定，如《网络安全审查办法》和《关键信息基础设施安全保护条例》等，为构筑网络空间的安全和有序发展奠定了基础，构建起了网络空间的合规框架。

《数据安全法》确立了数据保护的相关制度，搭建起数据安全的基础，强调数据安全的保护，注重对重要数据和国家核心数据的保护，并对数据处理者提出相关的义务要求，它的范围更广，包括个人信息与非个人信息，数据的载体也不仅限于网络数据。《数据安全法》针对数据处理活动进行安全监管，防止数据处理活动损害国家安全、公共利益或者公民、组织的合法权益，它规范数据安全制度、明确数据安全保护义务、指引政务数据的安全保护与开放。

《个人信息保护法》侧重于个人信息处理准则和保护边界的细化，注重对个人信息保护的全生命周期作出细致且全面的规定。它规范个人信息处理行为、个人信息跨境提供行为，保护个人在个人信息处理活动中的权利，明确个人信息处理者的义务等。

《网络安全法》、《数据安全法》和《个人信息保护法》共同构建起我国数据合规的主要法律架构，它们在不同领域和层面为数据安全和个人信息保护提供全面的指导和保障。从这三部法律文件的内容和框架中，作者试图梳理出国家目前在网络层面的监管和治理思路——既是纵深层面上的"三位一体"，也是水平层面上的"三足鼎立"。之所以说是纵深层面的"三位一体"，是因为这三部法律的价值取向从高到低、从广到细依次为"国家安全—网络安全—信息安全"三个具有纵深关系的层次。从水平层面而言的"三足鼎立"，则是指三部法律之间既有各自侧重规制的内容，如网络安全、数据安全和个人信息保护，又存在交叉和互补。这种纵深和水平的关系交错，形成了一个立体的法律网络。

企业在建立自身数据合规体系时，除了要根据自身需求适用相应的规定，还需要关注三部法律之间的协同，以便构建一个具有融合性的、针对性的、适应企业管理和业务特点的数据合规体系。这意味着，企业应在遵守各项法律法规的前提下，充分挖掘三部法律的内在联系和协同效应，从而更好地满足法律要求，确保数据的安全和对个人信息的保护。

具体而言，企业在建立数据合规体系时应充分了解和分析三部法律的侧重点和关联性，制定相应的合规政策和措施。例如，在网络安全方面，企业应确保网络基础设施的安全，防范网络攻击和数据泄露等风险；在数据安全方面，企业应建立健全数据安全管理制度，分类保护数据，确保关键数据和核心数据得到充分保护；在个人信息保护方面，企业应遵循最小化原则，明确数据主体权利，严格执行个人信息的收集、使用、存储和传输等环节的合规要求。同时，企业应密切关注行业动态和监管政策的变化，完善数据合规体系，以应对未来的发展和挑战。只有全面考虑《网络安全法》、《数据安全法》和《个人信息保护法》三部法律的内在联系和协同作用，才能建设具有融合性、针对性和适应性的数据合规体系，满足法律要求，保障企业的长远发展。

第二节　《网络安全法》

一、《网络安全法》的立法背景和立法目的

1. 立法背景

《网络安全法》主要为网络环境中的个人信息保护提供基础保障，强调网络运营者在信息安全方面的责任，在《个人信息保护法》未涉及的网络安全具体操作层面进行补充和细化，尤其是在技术和安全措施方面。

随着互联网和信息技术的飞速发展，网络已经深入渗透到社会的各个领域，从政府管理、金融、医疗、教育到个人生活等都离不开网络。网络已经成为人们生活和工作的重要组成部分。随着网络的普及，其安全问题也日益凸显，包括黑客攻击、网络诈骗、网络犯罪、个人信息泄露等，严重影响了国家安全、经济发展以及人民群众的利益。在网络安全问题越发严重的背景下，原有的法律法规已经难以满足网络安全领域的监管需求。因此，有必要制定一部专门针对网络安全的法律，以规范

网络行为，保障网络安全。同时，从另一个角度看，网络技术的发展和环境变化，使得网络安全上升到国家战略的层面，各国纷纷加强网络安全立法，以维护国家安全。

在《网络安全法》立法前，我国已有一些专题性的信息安全法律法规、规章条例，如《计算机病毒防治管理办法》《信息安全等级保护管理办法》等。

2014年2月，中央网络安全和信息化领导小组成立，由中共中央总书记、国家主席习近平任组长。在当年的"两会"上，"维护网络安全"首次被写入政府工作报告。

2015年，十二届全国人大常委会审议了《网络安全法（草案）》，并向社会公开征求意见。根据全国人大常委会组成人员和各方面的反馈意见，对草案作了修改后，形成了《网络安全法（草案二次审议稿）》。

2016年，十二届全国人大常委会对《网络安全法（草案）》进行了二次审议，并再次向社会公开征求意见。十二届全国人大常委会第二十四次会议于11月7日通过了《网络安全法》。

2017年6月1日，《网络安全法》正式生效。

《网络安全法》作为一部综合性的法律，旨在维护国家网络安全、保护公民权益。《网络安全法》旨在维护网络空间的主权、安全和稳定，而个人信息保护是实现这一目标的关键措施之一。个人信息泄露会导致公民的权益被侵犯，甚至可能危害国家安全和社会稳定。因此，保护个人信息成为《网络安全法》的核心目标。

换言之，《网络安全法》明确了个人信息保护的法律原则，以及涉及了个人信息的收集、使用、存储和传输的相关规定，为个人信息保护提供了法律依据。《网络安全法》加强了对网络运营者的监管，规范了其收集、使用、存储和传输个人信息的行为，进一步保障了个人信息安全。由此可见，个人信息保护与《网络安全法》之间存在紧密的关联，二者相辅相成，共同维护网络空间的安全、稳定和有序。

2. 立法目的

《网络安全法》的立法目的可以从以下五个方面概括。

首先是维护国家网络安全：网络安全事关国家安全和国家战略。《网络安全法》旨在保障国家网络空间的主权、安全和稳定，防范和应对网络安全风险，确保国家关键信息基础设施的安全运行，以维护国家安全和社会稳定。

其次是保护公民权益：《网络安全法》关注在网络空间中公民权益的保护，包括个人信息保护、网络隐私权、知识产权等方面。制定和实施《网络安全法》，有助于维护公民的合法权益，为公民提供一个安全、有序、健康的网络环境。

再次是规范网络行为：《网络安全法》对网络运营者、服务提供商和用户的行为进行规范，明确了网络安全的基本要求和义务。这有助于引导社会各界遵守网络安全法规，共同维护网络空间的秩序。

从次是促进网络产业发展：《网络安全法》通过规范网络安全行为，为网络产业的健康发展创造了良好的环境。这有助于推动网络安全技术的创新，提升网络安全产业的竞争力，助力我国网络产业的可持续发展。

最后是增强国际合作：在全球化的背景下，网络安全已经成为国际关注的焦点。《网络安全法》有助于加强国际间的网络安全合作，共同应对网络安全挑战，维护全球网络空间的安全与稳定。

二、《网络安全法》解读

1. 《网络安全法》的三大原则

《网络安全法》确立了国家网络安全方面的三大原则。

首先是网络空间主权原则，网络安全意味着领土安全。《网络安全法》第一条"立法目的"开宗明义，明确规定要维护我国网络空间主权。网络空间主权是一国国家主权在网络空间中的自然延伸和表现。各国自主选择网络发展道路、网络管理模式、互联网公共政策和平等参与国际网络空间治理的权利应当得到尊重。其第二条明确规定，该法适用于我国"建设、运营、维护和使用网络，以及网络安全的监督管理"，这是我国网络空间主权对内最高管辖权的具体体现。

其次是网络安全与信息化发展并重原则。安全是发展的前提，发展是安全的保障，安全和发展要同步推进。网络安全和信息化是"一体两翼、驱动双轮"，必须统一谋划、统一部署、统一推进、统一实施。《网络安全法》第三条明确规定："国家坚持网络安全与信息化发展并重，遵循积极利用、科学发展、依法管理、确保安全的方针，推进网络基础设施建设和互联互通，鼓励网络技术创新和应用，支持培养网络安全人才，建立健全网络安全保障体系，提高网络安全保护能力。"

可见，网络发展既要推进网络基础设施建设，鼓励网络技术创新和应用，又要建立健全网络安全保障体系，提高网络安全保护能力，要做到"双轮驱动、两翼齐飞"。

最后是共同治理原则。维护网络空间安全不能仅仅依靠政府，需要政府、企业、社会组织、技术社群和公民等网络利益相关者的共同参与。《网络安全法》坚持共同治理原则，要求采取措施，鼓励全社会共同参与，政府部门、网络建设者、网络运营者、网络服务提供商、网络行业相关组织、高等院校、职业学校、社会公众等都应从各自的角色出发，参与网络安全治理工作。

以上三个原则为《网络安全法》的实施和执行提供了指导思想和基本遵循，有助于国家在保障国家网络安全、维护公民权益和促进经济社会发展等方面取得实效。遵循这些基本原则，可以推动网络安全立法的完善和发展，提高我国网络安全水平，为社会提供一个安全、有序、健康的网络环境。

除此以外，读者还需要认识到，《网络安全法》是一部涉及多个法律关系领域的综合性法律，它调整民事关系、行政关系以及刑事责任关系。

《网络安全法》涉及平等法律主体之间的权利和义务，如网络运营者、服务提供商和用户之间的权益保护、合同履行等。个人信息保护以及知识产权保护也是民事关系调整的重要部分。但同时，《网络安全法》明确了国家和行政机关在网络安全领域的监管职责和权限，如网络安全监管机构的设立、行政许可、行政处罚等。它还规定了网络运营者在网络安全方面的行政责任，如网络安全防护、应急响应等。更进一步地，针对一些严重侵害网络安全的行为，《网络安全法》规定了相应的刑事责任。例如，非法侵入他人网络系统，制作和传播网络攻击工具，非法获取、出售或者提供个人信息等行为可能触犯刑事法律，涉及刑事责任追究。

由此可见，《网络安全法》是一部综合性法律，从不同维度出发、在不同程度上调整与网络安全相关的法律关系，实现国家安全、公共利益和公民权益的平衡与协调。这种立法方式有助于更有效地应对网络安全领域的复杂问题，为构建一个安全、有序、健康的网络环境提供法治保障。

2. 网络安全保护责任主体

《网络安全法》作为一部涉及民事、行政和刑事法律领域的综合性法律，国家、网络运营者以及网络用户都是网络安全保护责任的主体。

《网络安全法》课以国家广泛的保护责任，包括制定战略、建设法律体系、设立监管机构、保护关键信息基础设施、促进技术创新和产业发展以及加强国际合作等。

首先，国家是制定网络安全战略的责任人。《网络安全法》第四条规定："国家制定并不断完善网络安全战略，明确保障网络安全的基本要求和主要目标,提出重点领域的网络安全政策、工作任务和措施。"

其次,国家还承担维护网络安全和秩序的责任。《网络安全法》第五条规定:"国家采取措施,监测、防御、处置来源于中华人民共和国境内外的网络安全风险和威胁,保护关键信息基础设施免受攻击、侵入、干扰和破坏,依法惩治网络违法犯罪活动,维护网络空间安全和秩序。"

再次,国家在网络安全中承担推动网络文明、提高全社会网络安全意识和水平的责任。《网络安全法》第六条规定:"国家倡导诚实守信、健康文明的网络行为,推动传播社会主义核心价值观,采取措施提高全社会的网络安全意识和水平,形成全社会共同参与促进网络安全的良好环境。"

最后,国家在网络安全中承担推动国际交流与合作、维护网络空间国际秩序的责任。《网络安全法》第七条规定:"国家积极开展网络空间治理、网络技术研发和标准制定、打击网络违法犯罪等方面的国际交流与合作,推动构建和平、安全、开放、合作的网络空间,建立多边、民主、透明的网络治理体系。"

除了国家责任,网络运营者的保护责任也是《网络安全法》的核心内容。网络运营者的责任是明确而具体的,主要包括网络安全防护体系建设责任(第二十一条)、实名制管理责任(第二十四条)、安全事件应对责任(第二十五条)、安全协助责任(第二十八条)、个人信息保护责任(第四十条至第四十三条)、网络信息发布管理责任(第四十七条)。

另外,网络用户也是网络安全的责任主体,虽然《网络安全法》没有直接规定用户应承担什么样的责任和义务,但是从对国家和网络运营者的相关规定可以推导出用户在维护网络安全过程中,应当负有遵守法律法规、加强自我保护意识,以及配合网络安全管理工作等相关责任。

3. 网络运营者的定义

《网络安全法》第七十六条对"网络运营者"的定义具有广泛的适

用性。其第三项规定:"网络运营者,是指网络的所有者、管理者和网络服务提供者。"

在当前的数字化时代,越来越多的企业和机构都依赖网络提供服务、开展业务,从而涉及网络运营和对个人信息的处理。对这些企业和机构来说,了解并遵守《网络安全法》的规定是至关重要的。

绝大部分金融机构如银行、保险公司和证券基金公司在提供线上服务时都需要收集和处理大量的个人信息。这些信息可能包括姓名、身份证号码、银行账户、交易记录等敏感个人信息。因此,金融机构应遵守《网络安全法》的相关规定,作为网络运营者,保障用户的信息安全。其合规具体要求包括但不限于加强网络安全管理、设立专门的安全管理部门、对员工进行网络安全培训、加强网络安全技术防护、定期进行安全评估等。

与此同时,网络安全服务和安全产品提供者是网络安全产业的核心参与者,负责为企业和个人提供网络安全解决方案。作为网络运营者,他们需要确保自身网络安全,并保护客户的个人信息不被泄露。其合规要求包括加强内部安全管理、对客户数据进行加密存储和传输、对员工进行安全意识培训、依据法律法规对客户信息进行处理等。

由于《网络安全法》的规制范围扩大至网络服务提供商,而许多企业拥有自己的网站,即通过网站提供各类网络服务,因此,这些企业也属于网络运营者,需要遵守《网络安全法》的相关规定。其合规具体要求包括确保网络设施安全、对员工进行网络安全培训、加强数据安全管理、合规收集和使用个人信息、设置投诉举报机制等。

由此可见,《网络安全法》中网络运营者的定义较为宽泛,构筑起了全社会共同构建网络安全的整体框架。在这个框架下,政府、企业、行业协会和组织、个人等各方共同努力,形成了网络安全的合力。同时,由于网络运营者的范围较广,因此,承担网络运营者责任和义务的主体范围也较广，并不仅限于提供网络设备、网络产品、网络专业服务的那些企业和机构，而更广泛的市场主体均须充分注意自身的网络安全责任。

4. 关键信息基础设施（CII）保护

关键信息基础设施是在《网络安全法》中首次并且反复被提及的术语，在该法中共出现了 27 次，足以说明它对于网络安全的重要性。"关键信息基础设施"是指在国家安全、国民经济、社会民生和公共利益等方面具有重要作用的信息基础设施，一旦遭受破坏、丧失功能或者数据泄露，可能对国家安全、国民经济、社会民生和公共利益造成严重损害的信息基础设施。

《网络安全法》第三十一条第一款规定："国家对公共通信和信息服务、能源、交通、水利、金融、公共服务、电子政务等重要行业和领域，以及其他一旦遭到破坏、丧失功能或者数据泄露，可能严重危害国家安全、国计民生、公共利益的关键信息基础设施，在网络安全等级保护制度的基础上，实行重点保护。关键信息基础设施的具体范围和安全保护办法由国务院制定。"

虽然《网络安全法》提出了关键信息基础设施这一重要概念，但关于其认定标准在此后很长的时间内没有明确。国家网信办于 2017 年 7 月 10 日发布了《关键信息基础设施安全保护条例（征求意见稿）》，但之后一直到 2021 年 7 月 30 日国务院才正式颁布《关键信息基础设施安全保护条例》，该条例自 2021 年 9 月 1 日起施行。

《关键信息基础设施安全保护条例》在强化关键信息基础设施的保障、优化我国网络安全架构、维护国家安全以及保障国民经济和增进民生福祉等方面具有极高的重要性。该条例从多个角度提出了全面的监管要求，包括确定关键信息基础设施范围、建立健全监督管理机制、明确运营者的责任与义务、制定相应的保障措施以及明确法律责任等。这为关键信息基础设施保护法律体系的构建提供了指导性框架，确保了关键信息基础设施的安全稳定运行。

在关键信息基础设施的定义方面,《关键信息基础设施安全保护条例》第二条与《网络安全法》第三十一条采取了类似的定义形式,通过行业列举的方式明确了关键信息基础设施涉及的关键行业——公共通信和信息服务、能源、交通、水利、金融、公共服务、电子政务、国防科技工业。所谓关键信息基础设施,是指上述这些行业和领域的,以及其他一旦遭到破坏、丧失功能或者数据泄露,可能严重危害国家安全、国计民生、公共利益的重要网络设施、信息系统等。

除了明确关键信息基础设施的定义以外,国家市场监督管理总局和国家标准化管理委员会在2022年10月12日发布了《信息安全技术 关键信息基础设施安全保护要求》(GB/T 39204—2022),该国家标准自2023年5月1日起正式实施。其明确了关键信息基础设施安全保护的三项基本原则,即以关键业务为核心的整体防控、以风险管理为导向的动态防护、以信息共享为基础的协同联防;从分析识别、安全防护、检测评估、监测预警、主动防御、事件处置6个方面提出了111条安全要求,围绕关键信息基础设施相关主题,覆盖网络安全、风险识别、风险处理等环节,实现闭环管理,为运营者开展关键信息基础设施保护工作需求提供了强有力的标准保障。

关键信息基础设施安全防护能力的增强不仅需要经济投入和科技创新,而且需要政府的积极参与和政策引导。国际社会普遍认为,对法律法规及制度框架的优化,能够有效推动整体保护能力的逐步提升。目前,关键信息基础设施保护的相关制度和配套标准还在不断地完善。

5. 敏感信息储存和出境

介绍完关键信息基础设施,就有必要引入《网络安全法》中所规定的敏感信息了,因为在该法中,敏感信息与关键信息基础设施紧密相关。

作者在本书中对敏感个人信息进行过详细的介绍,《网络安全法》

的颁布实施（2016年）早于《个人信息保护法》，当时对于敏感信息的定义尚不完整和精确。在此后的各类法律法规之中，包括《个人信息保护法》在内，敏感信息的范围和定义一直在被不断扩大和完善，在对敏感信息作出规定时，这些法律法规均将《网络安全法》规定的敏感信息纳入其中，因此可以说，《网络安全法》是第一部建立敏感信息保护机制的法律，且该机制一直沿用至今。

但需注意到的是，《网络安全法》并没有直接使用"敏感信息"或者"敏感个人信息"这样的词语，而是用"个人信息和重要数据"进行了代替。考虑到《网络安全法》毕竟是一部讲网络安全的法律，因而用"数据"代替"信息"也显得合理。

《网络安全法》第三十七条规定："关键信息基础设施的运营者在中华人民共和国境内运营中收集和产生的个人信息和重要数据应当在境内存储。因业务需要，确需向境外提供的，应当按照国家网信部门会同国务院有关部门制定的办法进行安全评估；法律、行政法规另有规定的，依照其规定。"

从上面的规定可以看出，《网络安全法》仅将与关键信息基础设施的运营者相关的个人信息和重要数据作为敏感信息加以特别保护，并主要规定了这类敏感信息的境内存储规则和境外提供规则。

一方面是数据本地化的要求，即关键信息基础设施运营者在中国境内运营中收集和产生的个人信息和重要数据应当在境内存储。这一要求意味着数据存储需要遵循数据主权原则，确保数据在中国境内存储和管理。如果部分企业需要将数据传输至位于境外的总部/合作方/供应商，那么其一旦符合"关键信息基础设施"运营者的条件，其向境外传输数据的内容、方式方法就均须进行重新评估。

另一方面是跨境数据传输的要求，如果因业务需要，关键信息基础设施运营者需要将数据传输至境外，其就应当按照国家网信部门会同国务院有关部门制定的办法进行安全评估。这意味着关键信息基础设施的运营者在跨境传输数据前，需要进行安全评估，确保数据传输的安全性和合规性。如果将跨境数据传输的规则与《个人信息保护法》中的个人信息跨境对比，就可以看到这一规则在《个人信息保护法》中是得以沿用的。虽然，《个人信息保护法》进一步拓展出了"保护认证""标准合同"等个人信息出境的合规方式，但对于关键信息基础设施运营者的个人信息，仍然仅以安全评估作为信息出境的唯一合规路径。对于存储于境外的个人信息和重要数据，最直接有效的应对方式是将相关数据转移至境内存储，可参考 Apple、Airbnb 等跨国企业对中国用户数据的处理方式；对于原存储于境内但必须向境外发送的个人信息和重要数据，则应视对外发送数据的内容与方式进行相应调整，以满足《网络安全法》的合规要求。

三、《网络安全法》对个人信息保护的作用

1. 个人信息保护

作为我国首部系统地涉及网络空间治理的法律法规，《网络安全法》对个人信息保护方面的规定进行了加强和明确。这些规定不仅继承了当时的法律法规的主要条款，如 2012 年全国人大委员会发布的《关于加强网络信息保护的决定》、2015 年全国人大常委会颁布的《刑法修正案（九）》，以及 2015 年工商总局颁布的《侵害消费者权益行为处罚办法》，还针对新的形势、环境和需求加入了创新性的内容。

在《网络安全法》中，"个人信息"有明确的定义，即"以电子或者其他方式记录的能够单独或者与其他信息结合识别自然人个人身份的各种信息，包括但不限于自然人的姓名、出生日期、身份证件号码、个人生物识别信息、住址、电话号码等"。就内涵而言，个人信息是指那些与自然人个人身份相关的信息，其关键特征是人们能够通过其或将其

与其他信息结合以识别自然人身份。从外延上看，个人信息涵盖了各种类型的数据，不仅局限于基本的身份信息（如姓名、出生日期、身份证件号码），还包括个人生物识别信息（如指纹、面部识别）、联系方式（如住址、电话号码）。对比《个人信息保护法》中对个人信息的定义①，后者由于立法时间晚、针对性强，覆盖面更加完整和周全。

《网络安全法》明确，个人信息保护的责任主体包括网络所有者、网络管理者和网络服务提供商，这些主体共同构成了网络运营者。作为个人信息保护的责任主体，网络运营者需要遵守《网络安全法》规定的个人信息保护原则和要求。这些要求包括但不限于：在收集和使用个人信息时必须遵循合法、正当和必要的原则；在收集个人信息前须征得信息主体的同意；对收集到的个人信息承担保密义务；确保个人信息的安全，防止泄露、损坏和丢失；如有个人信息泄露风险，须及时采取补救措施并报告有关部门。同时，网络运营者还需要接受国家网信部门和其他相关监管部门的监督和管理。这些部门有权对网络运营者的个人信息保护措施进行检查，以确保其符合法律法规的要求。如果网络运营者未能履行保护义务，其可能面临相应的法律责任和行政处罚。

《网络安全法》对个人信息保护确定了九项基本原则，作者将这些原则以及对应的主要条款进行了梳理，将部分相关联原则进行了合并，整理出六个方面，希望可以借此将《网络安全法》中的个人信息保护原则与《个人信息保护法》中的个人信息保护原则进行对比，找到二者的异同。②

---

① 《个人信息保护法》第四条第一款规定："个人信息是以电子或者其他方式记录的与已识别或者可识别的自然人有关的各种信息，不包括匿名化处理后的信息。"

② 其中第二个方面包含了三个原则，分别是合法、正当、必要原则，透明原则，知情同意原则。相互具有关联性，因此合并。第三个方面包含两个原则，分别是最小化原则、契约原则。相互具有关联性，因此合并。

(1) 主动防护原则

《网络安全法》第四十九条第一款规定："网络运营者应当建立网络信息安全投诉、举报制度，公布投诉、举报方式等信息，及时受理并处理有关网络信息安全的投诉和举报。"

该原则要求网络运营者采取预防性措施，主动关注和解决网络安全问题，而不仅仅是在问题出现后采取被动的应对措施。

(2) 合法、正当、必要原则，透明原则，知情同意原则

《网络安全法》第四十一条第一款规定："网络运营者收集、使用个人信息，应当遵循合法、正当、必要的原则，公开收集、使用规则，明示收集、使用信息的目的、方式和范围，并经被收集者同意。"

上述原则要求网络运营者收集和使用个人信息，必须遵守国家的法律法规，不能违法收集和使用个人信息。网络运营者收集和使用个人信息的行为应当符合道德和伦理规范，不得损害他人的合法权益。网络运营者收集和使用个人信息，应当限于实现明确的、合法的目的所必需的范围，不能无限制地、无目地收集和使用个人信息。网络运营者在收集和使用个人信息前，须明确告知信息主体收集、使用信息的目的、方式和范围，并征得信息主体的同意。这要求网络运营者尊重信息主体的知情权和选择权，保障其对个人信息的自主性。网络运营者应当公开收集和使用个人信息的规则，使信息主体能够更好地了解和掌握其个人信息的收集和使用情况，更好地维护信息主体的知情权。

(3) 最小化原则、契约原则

《网络安全法》第四十一条第二款规定："网络运营者不得收集与其提供的服务无关的个人信息，不得违反法律、行政法规的规定和双方的约定收集、使用个人信息，并应当依照法律、行政法规的规定和与用户的约定，处理其保存的个人信息。"

上述原则要求网络运营者在收集个人信息时，应当仅收集与其提供

的服务相关的个人信息，在收集个人信息时要保持审慎的态度，以保护个人信息主体的合法权益。网络运营者在收集和使用个人信息时，须遵守与信息主体的约定、尊重与信息主体达成的协议，按照约定的条款和条件收集、使用和处理个人信息。

(4) 个人信息保护原则

《网络安全法》第四十二条第一款规定："……未经被收集者同意，不得向他人提供个人信息。但是，经过处理无法识别特定个人且不能复原的除外。"

《网络安全法》第四十四条规定："任何个人和组织不得窃取或者以其他非法方式获取个人信息，不得非法出售或者非法向他人提供个人信息。"

如果个人信息经过处理，无法识别特定个人且不能复原，那么这些信息就可称为脱敏数据或者匿名化数据。在这种情况下，数据已不再包含任何可识别的个人身份的特征，因此不再涉及个人信息。个人信息保护原则规定，在确保个人信息得到充分保护的前提下，网络运营者可以在一定程度上利用这些脱敏或匿名化的信息。

利用脱敏或匿名化数据的目的可能包括进行数据分析、统计，市场研究等，这些活动有助于网络运营者改进服务、优化用户体验、制定更有效的商业策略等。然而，在处理个人信息时，网络运营者需要确保遵循相关法律法规和个人信息保护原则，避免不当行为导致个人信息受到侵犯。同时，应当尽量采用先进的数据处理技术和安全措施，防止个人信息被泄露或滥用。

(5) 完整性原则

《网络安全法》第四十二条规定："网络运营者不得泄露、篡改、毁损其收集的个人信息……"

网络运营者应当确保个人信息的准确性和完整性，防止信息在存储、处理、传输过程中被篡改。这一原则要求网络运营者在个人信息的存储、处理、传输等各个环节都要采取必要的技术和管理措施，防止信息被误操作、恶意篡改或者因系统故障而受到损坏。

为了实现这一原则，网络运营者应当定期对个人信息进行校验和更新，确保信息的准确性；制定合理的数据备份策略，防止数据丢失或损坏导致的信息不完整；采用加密等技术手段，保护信息在传输过程中的安全；建立严格的信息访问控制制度，确保只有经过授权的人员才能访问和修改个人信息；对员工进行相关培训，提高其信息安全意识和操作规范性。通过遵循完整性原则，网络运营者能够为个人信息主体提供更可靠、安全的服务，同时也有利于维护网络空间的秩序和安全。

（6）个人信息主动权原则

《网络安全法》第四十三条规定："个人发现网络运营者违反法律、行政法规的规定或者双方的约定收集、使用其个人信息的，有权要求网络运营者删除其个人信息；发现网络运营者收集、存储的其个人信息有错误的，有权要求网络运营者予以更正。网络运营者应当采取措施予以删除或者更正。"

该原则强调个人信息主体在个人信息保护中享有一定的权利，包括要求删除个人信息、要求更正错误信息等。这一原则旨在确保个人信息主体能够对其个人信息的处理和使用拥有一定程度的控制权，从而维护其合法权益。保障个人信息主体的权利，可以促使网络运营者更加重视个人信息的合规处理，从而保护个人信息、维护网络安全与秩序。

2. 安全评估

作者在介绍《个人信息保护法》时详细介绍了一种信息出境合规路径，就是安全评估，而在《网络安全法》中作者也看到了"安全评估"的相关规定。

《网络安全法》第三十七条规定："关键信息基础设施的运营者在中

华人民共和国境内运营中收集和产生的个人信息和重要数据应当在境内存储。因业务需要，确需向境外提供的，应当按照国家网信部门会同国务院有关部门制定的办法进行安全评估；法律、行政法规另有规定的，依照其规定。"

虽然在《网络安全法》实施之时，与之配套的安全评估相关办法和标准均未出台，但将安全评估作为信息出境的合规路径之一在当时即已明确。作者可以确定：《网络安全法》第三十七条所规定的安全评估，就是后来《个人信息保护法》第三十八条规定的安全评估。在《个人信息保护法》中，它只针对个人信息出境，而在《网络安全法》中，它还适用于其他非个人信息的重要数据出境。

3. 国际合作与全球网络安全治理

《网络安全法》第七条是有关国际合作与全球网络安全治理的条款，在此以前的国内法中专设条款强调在网络安全领域进行国际合作和全球化治理的国内法相对较少，毕竟作为国内法而言，其内容不会过多涉及国际法律体系。然而，《网络安全法》作为一部基础性的法律，必然需要就国际合作和全球网络安全治理提出要求，否则将过于狭隘和局限。

由于互联网是全球范围内的基础设施，因此，网络安全问题不局限于一国。网络攻击、网络犯罪、网络间谍活动等很多网络安全问题具有跨国性，只有通过国际合作，各国才能共同应对这些挑战，加强网络安全。国际合作有助于各国分享网络安全经验、最佳实践和技术，提高全球整体的网络安全水平。通过分享网络安全政策、威胁情报、技术研究等，各国可以相互学习，共同提高网络安全防护能力。

另外，网络犯罪往往涉及跨国行为，因此，单一国家的执法力量难以对其进行有效打击。国际合作有助于各国执法部门相互协调，加强跨境追踪、引渡犯罪嫌疑人等执法协作，更有效地打击跨国网络犯罪。

最后，网络安全问题往往涉及国家利益和信息主权，需要在全球范围内制定统一的网络安全规则。国际合作有助于建立多边、民主、透明的全球互联网治理体系，促进各国网络安全法规的协调与统一。它还能促进各国在网络空间中建立互信、加强沟通，形成共同的利益和责任。这有利于维护全球网络空间秩序，防止网络空间的冲突和恶性竞争。

《网络安全法》第七条规定："国家积极开展网络空间治理、网络技术研发和标准制定、打击网络违法犯罪等方面的国际交流与合作，推动构建和平、安全、开放、合作的网络空间，建立多边、民主、透明的网络治理体系。"

国际合作的主要形式包括信息交流、技术合作、执法协作等。信息交流涉及分享网络安全威胁情报、漏洞信息、政策法规等，这可以提高各方的网络安全意识和防御能力。技术合作则涉及共同研发网络安全技术、建设网络安全基础设施，以及推动网络安全技术和产品的国际认证。执法协作包括跨境追踪网络犯罪、引渡犯罪嫌疑人，以及开展联合调查等。

面对全球网络安全治理的种种挑战，如国家间法律适用的差异以及技术的快速迭代等，国际社会需要加强各国间的互相信任并促进沟通，以制定统一的网络安全准则和标准。同时，诸如联合国、国际电信联盟等国际组织在全球网络安全治理领域发挥着至关重要的作用。这些组织通过制定国际条约和技术标准，推动各国间政策法规的协同发展。

《网络安全法》强调了国际合作在全球网络安全治理中的重要性。各国通过信息交流、技术合作、执法协作等方式共同应对网络安全挑战，维护全球网络空间秩序。

4.《网络安全法》对中国个人信息保护制度的作用和影响

作者认为，自《网络安全法》颁布以来，其在中国个人信息保护制度方面产生了深远影响和积极作用。

首先，《网络安全法》明确了个人信息保护的重要性和基本原则，为个人信息安全提供了法律依据。该法通过规定收集、使用和处理个人信息的要求，确保数据主体的权益得到充分保护。

其次，《网络安全法》对网络运营者的个人信息保护义务提出了明确要求，包括数据安全保护措施、数据泄露应对措施、数据存储要求等，这些规定有助于规范企业和组织在处理个人信息时的行为。

再次，《网络安全法》将个人信息安全纳入了国家网络安全体系，提高了个人信息保护在国家安全层面的地位。这有助于强化整个社会对网络安全和个人信息保护的重视，为全面提升国家网络安全水平奠定了基础。

最后，《网络安全法》的实施为后续个人信息保护法规的制定和完善提供了借鉴和基础。例如，后续出台的《个人信息保护法》便从《网络安全法》中汲取了许多有益经验，进一步明确和细化了个人信息保护制度。

综上所述，自《网络安全法》颁布实施以来，其在中国个人信息保护制度方面产生了深远影响，起到了积极作用。《网络安全法》使个人信息保护的重要性和基本原则得到逐步明确，规范了网络运营者的个人信息保护义务，提高了个人信息保护在国家安全层面的地位，为后续法规的制定和完善提供了借鉴和基础。这些改变为中国个人信息保护制度的发展奠定了坚实基础，有力地推动了国家个人信息保护水平的提升。

第三节 《数据安全法》

一、《数据安全法》的立法背景和立法目的

《数据安全法》侧重于数据安全管理，涵盖了包括个人信息在内的各类数据的安全。《数据安全法》与《个人信息保护法》一起，确保数

据在整个生命周期中的安全和合规，特别是在数据的跨境传输和处理方面。

数据是数字化转型的关键组成部分和决定因素之一，在经济增长中具有举足轻重的地位。但是，随之而来的数据安全问题也日益突出，对个人权益、产业健康成长以及国家安全构成了多种风险。网络攻击、入侵等外部威胁与安全漏洞、瑕疵、人为因素等内部弱点相互叠加，使得任何组织完全实现数据安全的目标变得不切实际。自2019年年底以来，全球范围内的新冠疫情和经济危机加剧了国际局势以及国家秩序重塑的变化。尽管公共卫生部门要求人与人之间保持社交距离，但在网络社会中，人们对高度互联的数字世界的依赖性却日益提高，网络与现实世界加速融合。无处不在的数据安全需求与泛滥的数据安全风险形成鲜明对比。疫情之后的世界充满了前所未有的不稳定性和不确定性。

我国在加速推进供给侧结构性改革，快速培养数据要素市场，稳定传统产业的同时，依靠科技创新推动"新基建"发展。在新时代、新形势、新发展和新业态的背景下，将数据安全问题纳入法治轨道变得尤为必要和紧迫。

2015年，《国家安全法》提出，要"实现网络和信息核心技术、关键基础设施和重要领域信息系统及数据的安全可控"。2016年，《网络安全法》将数据安全纳入网络安全领域，为确保网络安全、个人信息保护和数据安全的部分关键和核心制度奠定了基础。2018年，《数据安全法》被纳入人大常委会立法规划。2019年，国家网信办先后发布了《数据安全管理办法（征求意见稿）》《个人信息出境安全评估办法（征求意见稿）》等《网络安全法》的下位配套文件，进一步推进了数据安全制度建设的发展和完善。2020年，《民法典》作为调整民事法律关系的根本大法，明确了个人信息、数据、网络虚拟财产等的相关权益属性，为数据安全法奠定了根本的法律基础。2020年7月3日，历时三年制定的

《数据安全法》公布了草案一审稿。此后，《数据安全法》的立法速度不断加快，在不到一年的时间内便完成了三次审议并正式颁布，充分反映了国家对这部法律的重视。2021年6月10日，十三届全国人民代表大会常务委员会第二十九次会议审议通过《数据安全法》。该法共包含55条，分为7章，分别是总则、数据安全与发展、数据安全制度、数据安全保护义务、政务数据安全与开放、法律责任和附则。《数据安全法》首次以国家立法的方式为在中华人民共和国境内从事数据活动的组织和个人提供了行为规范和指引。

在体系地位方面，《数据安全法》作为数据安全领域的基础性法律，与2017年实施的《网络安全法》，以及此后的《个人信息保护法》共同构成了我国数据保护和数据安全法律体系的三大支柱。从主要内容上看，《数据安全法》正式并首次提出了众多旨在确保数据安全的制度，为我国数据安全法律体系的建立与完善奠定了基本框架。

二、《数据安全法》解读

数据安全对于国家安全至关重要。在数字经济时代背景下，总体国家安全观不断扩展，涵盖了网络安全观等多种表现形式。这其中包括尊重网络主权、推动全球互联网治理体系的变革，以及构建网络命运共同体等。虽然网络安全与数据安全都属于非传统安全领域，但它们之间存在显著差异。数据安全的核心目标是在确保数据安全的同时，维护数据的合法、有序流动，从而实现数据价值的最大化。

在分析数据安全与国家安全的关系时，数据安全问题的复杂性尤为突出。数据安全涉及数据与安全两大领域，覆盖静态数据安全和动态数据利用安全，并涉及个人、企业和国家的多重利益。同时，新技术，如区块链、人工智能和5G等，对传统法律规则产生影响。相较于欧美等国家和地区，我国在数据相关立法方面起步晚，且在借鉴国际经验时需要考虑法律传统、文化差异和产业发展水平等因素，进行本土化改造。

近年来，全球范围内围绕数据资源的竞争日益激烈。欧盟的 GDPR、美国的 CCPA 等国际数据安全立法在某些方面产生分歧。数据安全立法成为全球范围内利益协调与主权斗争的工具。美国和欧盟为了争夺数据话语权，积极推动符合本国本地区利益的国际数据规则体系，扩大本国法律适用范围，提高执法行为的域外效力。中国作为全球最大的数据资源国和第二大数字经济体，面临着与数据安全相关的挑战。新技术，如人工智能、5G 等应用场景丰富，在某些方面已无可循的国际经验。因此，中国亟须加强数据安全保护和治理。中国在维护国家数据安全、增强国际数据话语权和建立符合国内社会经济发展需求的国际数据规则体系方面，数据安全治理的突破和确立将发挥至关重要的作用。

《数据安全法》基本上完成了上述国家在数据安全保护和治理层面需要实现的突破和确立。《数据安全法》第二条规定了其对处理数据可能损害国家安全、公共利益或公民、组织合法权益的境外企业的域外适用效力。这意味着跨国企业在境内提供产品和服务时，即使不涉及数据处理活动，也将受到《数据安全法》的管辖。《数据安全法》明确规定"维护数据安全，应当坚持总体国家安全观"，并将"维护国家主权、安全和发展利益"写入本法的立法目的条款中。

《数据安全法》规定了针对"数据"的国家安全审查。其第二十四条规定，国家建立数据安全审查制度，对影响或者可能影响国家安全的数据处理活动进行国家安全审查，以此实施对相关数据的专门审查。另外，为应对域外长臂管辖，其第三十六条规定了外国司法或执法机构关于提供数据的请求，须根据有关法律和中国缔结或参加的国际条约、协定，或者按照平等互惠原则来批准，明确需要境内主管机关批准。此外，针对近年来我国企业在数据和数据开发利用技术投资、贸易领域遭受的歧视性禁止或限制，其第二十六条为我国采取相应反制措施提供了法律依据。境内企业在遇到境外机构调取数据时，应遵循《数据安全法》的要求，积极利用其提供的法律规则维护数据安全与合法权益。这既是企业的法定义务，也是现实中的可行选择。

在当前的数字经济时代，有序的数据流动和互换是实现数据价值的关键。目前正值我国信息技术发展从数量到质量的转变阶段，数据被视为生产要素，预示着未来数据的共享和流通将更为普遍。《数据安全法》确立了清晰的立法目的，强调推动以数据为核心的数字经济发展，并深入探讨了数据发展与安全之间的辩证关系。与此同时，该法在第二章对合法合规的数据创新利用提出了鼓励和支持政策，尤其是在公共智能服务、数据安全检测评估与认证服务、数据交易市场、教育和科研等关键领域为我国的创新发展注入了新的活力。

因此，我们应该认识到，《数据安全法》虽然在一定程度上增加了企业数据安全合规成本，但在有序数据利用和流动方面却为企业的发展提供了更长久的动力和机遇。这部法律旨在保护企业对合法享有的数据权益在合规范围内的开发和利用，以及推动数字产业和数据产品的创新。在发展过程中，安全和稳定始终是基石，数据安全亦不能忽视。企业数据安全、合规与资产化治理将成为发展的关键课题。企业要以更为积极的态度应对《数据安全法》下的数据安全合规挑战。这不仅有助于适应法律规则的变化，还能借助规则开拓新的发展空间、培育新的竞争优势和市场品牌价值。此外，企业应深入挖掘数据价值，加强与其他企业和行业的合作，共同为社会经济发展做出贡献。

三、《数据安全法》对个人信息保护的作用

1. 数据分类分级保护制度

在《网络安全法》之后，《数据安全法》为数据安全提供了更为专门化的保护制度框架。数据分类分级保护制度是《数据安全法》中最受

关注的制度之一。根据《数据安全法》第二十一条的规定，国家将建立一个针对数据的分类分级保护制度，依据数据在经济社会发展中的重要性，以及数据受到篡改、破坏、泄露或非法获取、非法使用后可能对国家安全、公共利益或个人、组织合法权益造成的危害程度，实行相应等级的保护措施。此外，《数据安全法》明确指出，涉及国家安全、国民经济命脉、重要民生和重大公共利益等方面的数据为国家核心数据，须实施更为严格的管理制度。这样的制度旨在确保关键数据的安全，为我国的数据安全体系提供坚实的保障。

《数据安全法》对"重要数据"的概念作了进一步阐释。该法第二十一条第三款规定："各地区、各部门应当按照数据分类分级保护制度，确定本地区、本部门以及相关行业、领域的重要数据具体目录，对列入目录的数据进行重点保护。"

"重要数据"这一概念首次出现在2016年的《网络安全法》中，当时针对的是关键信息基础设施运营者向境外提供数据的问题，而自那时起，"重要数据"的范围和具体目录就一直在不断扩展和完善。在过去的几年里，许多部门和行业已经发布了各种指导文件和行业标准，如《工业数据分类分级指南（试行）》《证券期货业数据分类分级指引》《个人金融信息保护技术规范》《汽车数据安全管理若干规定（试行）》，这些文件对各特定行业的数据分类和分级标准进行了有益的探索。此外，《信息安全技术数据出境安全评估指南（征求意见稿）》的附录A《重要数据识别指南》为二十余个主要行业的重要数据范围提供了详细、全面的指导。将确定重要数据具体目录的责任交给各地区和行业主管部门，《数据安全法》在一定程度上展示了对各地区和行业特性的充分尊重和考虑。这有助于实现更为有效的重要数据保护，确保数据安全得到切实维护。在这个背景下，企业应密切关注各地区和行业关于重要数据的具体规定，以确保数据安全合规并充分开发数据的潜力。

然而，对于跨行业和跨地区运营的企业，这种重要数据的确定方法可能会导致其在实际执行中遇到协调不同标准的困境。此外，把"重要数据"的界定权交给各地区和行业，可能会导致重要数据范围被不适当地扩大或缩小，从而给跨地区数据的流动和处理带来法律风险。尽管目前这类问题和矛盾尚未显著暴露，但随着数据流动规模的扩大，这种影响势必会日益显现。

为应对这一挑战，各地区和行业应积极沟通协作，确保在规定重要数据范围时能够充分考虑不同地区和行业的需求。同时，跨行业和跨地区经营的企业也应关注可能出现的不同标准，以便在实际操作中做好统筹和协调。在这种背景下，政府和企业应勇于面对数据流动性增长带来的挑战，共同确保数据安全和合规。

2. 重要数据处理者和数据安全负责人

《网络安全法》、《数据安全法》和《个人信息保护法》分别为网络安全、数据安全和个人信息保护设立了专门的负责人。这些法律根据各自的保护目标，对安全管理人员的职责和组织结构进行了详细规定。因此，在实际执行过程中，各个负责人的职责和关注点有所不同。《网络安全法》规定的是"网络安全负责人"，其主要负责网络环境下的安全保护。《个人信息保护法》规定的是"个人信息保护负责人"，其负责个人信息安全维度的安全保障。《数据安全法》规定的是"数据安全负责人"，其侧重数据的安全保障。该法第二十七条第二款规定："重要数据的处理者应当明确数据安全负责人和管理机构，落实数据安全保护责任。"

由于《网络安全法》、《数据安全法》和《个人信息保护法》三部法律之间的关系以及个人信息和重要数据之间关系容易发生重叠，上述负责人的管理责任也不可避免地存在一定的重叠交叉，如网络安全负责人的职责范围也可能涉及网络环境下数据的安全保护。因此，企业在进行相关的组织架构设计时,除了要明确各负责人职责的侧重以外,也要关注各负责人之间在职能上的关联关系。同时,考虑到法律并未禁止不同类型的安全保护负责人重复任职,在明确相关负责人在网络安全、数据安全、个人信息保护方面分别、专门的职责的情况下,不排除上述职责可由同一人员或管理机构同时承担的情况。但应当明确规定网络安全负责人、数据安全负责人和个人信息保护负责人在不同法律项下的主体义务,并且需要对其各自不同的岗位职责和任职要求作出区分界定。

在执行过程中,企业应了解并遵循这些法律的各项要求和侧重点,确保在网络安全、数据安全和个人信息保护方面承担相应的责任,并确保各项安全责任得以落实。这将有助于企业在网络安全、数据安全和个人信息保护方面更好地履行法定义务,提高企业的整体安全水平。

3. 重要数据出境

在处理涉及数据出境的安全管理问题时,《数据安全法》首先遵循了《网络安全法》的现有规定,关键信息基础设施运营者在国内运营过程中收集和生成的重要数据,其出境安全管理仍然适用《网络安全法》的规定。这意味着数据原则上应当在国内存储,如因业务需求确实需要向境外提供,则必须进行安全评估。对于其他数据处理者收集和产生的重要数据的出境管理,国家网信部门将与国务院相关部门共同制定相应的实施办法。这种做法在一定程度上体现了对已有法规的尊重和延续,以确保数据出境安全管理的连续性和一致性。

由于《网络安全法》的立法目的主要是保护互联网环境安全,对涉及国家安全的数据保护一般只限于网络范围,因此有必要利用《数据安全法》对涉及国家安全的数据内容进行专门规制,《数据安全法》第三十一条沿用了《网络安全法》有关关键信息基础设施运营者对重要数据的出口管制规定:"关键信息基础设施的运营者在中华人民共和国境内运营中收集和产生的重要数据的出境安全管理,适用《中华人民共和国网络安全法》的规定；其他数据处理者在中华人民共和国境内运营中收集和产生的重要数据的出境安全管理办法，由国家网信部门会同国务院有关部门制定。"这一规定旨在确保重要数据出境时的安全得到维护，同时充分考虑了各类数据处理者的实际需求。

该条款在《数据安全法（草案）》的初审稿中并未被提及，而是在第二次审议时添加的。将其纳入《数据安全法》的目的是，在《网络安全法》和《个人信息保护法》的基础上，进一步完善中国的数据出境安全管理制度，从而实现对各类主体的重要数据和个人信息出境的全面覆盖。这种变化反映了立法者对不同主体的数据安全需求的关注，并着力确保数据跨境流动时的安全性得到充分保障。

作者在前文有关个人信息出境的内容中给读者介绍过有关个人信息出境的合规路径，其中，当企业产生重要数据出境需求时，目前其唯一的合规路径仍为数据出境安全评估。支持该评估的相关法律依据包括国家网信办《数据出境安全评估办法》和《数据出境安全评估申报指南》。此外，国家网信办曾在2017年4月公布了《个人信息和重要数据出境安全评估办法（征求意见稿）》，但上述评估办法始终未能正式颁布。随着《个人信息保护法》的颁布和对相关具体个人信息出境的合规路径的完善，作者认为，2017年的《个人信息和重要数据出境安全评估办法（征求意见稿）》可能不会再行颁布正式版本，其所包含的内容已经被后续出台的法律法规所覆盖。至于《数据出境安全评估申报指南》，在2024年3月22日国家互联网信息办公室发布了第二版《数据出境安全评估申报指南》和《个人信息出境标准合同备案指南》，对数据出境安全评估的程序和要求进行了更新。从2024年3月22日起，所有的数据出境安全评估，均通过数据出境申报系统提交申报材料（系统网址为https：//sjcj.cac.gov.cn）。

4. 数据出口管制和对等措施

《数据安全法》第二十五条首次明确，对于属于管制物项的数据，国家依法实施出口管制。"属于管制物项的数据"是指在某些国家或地区，根据法律法规和政策，实施出口管制的特定类型数据。这些数据通常涉及国家安全、技术秘密、军事、核能、航空航天等敏感领域。为了确保这些敏感数据不被非法获取、利用或泄露，政府对这类数据实行特殊管理，限制其跨境传输和出口。而"实施出口管制"是指国家对这些数据实行限制或禁止出口的政策措施。实施出口管制的具体措施可能包括：实施出口许可证制度、评估批准制度、数据出口端到端控制，以及更加严格的监管和执法等。

此外，如前所述，《数据安全法》旨在确保数据安全的情况下促进数据的有效流动，因此，当遇到任何国家或地区在数据和数据开发利用技术等有关的投资、贸易等方面对我国采取歧视性的禁止、限制或其他类似措施时，我们可以采取对等的反制措施。该法第二十六条规定："任何国家或者地区在与数据和数据开发利用技术等有关的投资、贸易等方面对中华人民共和国采取歧视性的禁止、限制或者其他类似措施的，中华人民共和国可以根据实际情况对该国家或者地区对等采取措施。"

数据出口管制和对等措施在国际竞争中具有非常重要的作用。数据被视为重要的战略资源，因此，数据出口管制和对等措施有助于保护国家利益。《数据安全法》规定的这些措施为中国回应和反制外国的歧视性、限制性措施提供了法律依据，并提供了更多的手段和工具。

5. 政府数据提供请求

《数据安全法》第三十五条规定："公安机关、国家安全机关因依法维护国家安全或者侦查犯罪的需要调取数据，应当按照国家有关规定，经过严格的批准手续，依法进行，有关组织、个人应当予以配合。"

该条款规定的国内数据请求主体非常明确，仅为公安机关、国家安全机关,除此以外,其他任何国家机关均无权向数据主体调取数据。同时,本条规定的调取数据的目的也比较明确,是为了维护国家安全或者侦查犯罪。这一规定充分显示了国家在数据安全治理上采取谨慎、严格的态度,避免其他无关部门滥用数据调取权限;同时关注数据安全问题,强调对数据的使用必须在法定授权和正当的目的下进行。

《数据安全法》第三十六条规定:"中华人民共和国主管机关根据有关法律和中华人民共和国缔结或者参加的国际条约、协定,或者按照平等互惠原则,处理外国司法或者执法机构关于提供数据的请求。非经中华人民共和国主管机关批准,境内的组织、个人不得向外国司法或者执法机构提供存储于中华人民共和国境内的数据。"

实际上,现行法律法规已针对特定情况下的"跨境数据获取"提出了相应要求。例如,《国际刑事司法协助法》第四条第三款规定:"非经中华人民共和国主管机关同意,外国机构、组织和个人不得在中华人民共和国境内进行本法规定的刑事诉讼活动,中华人民共和国境内的机构、组织和个人不得向外国提供证据材料和本法规定的协助。"

此外,《证券法》第一百七十七条第二款规定:"境外证券监督管理机构不得在中华人民共和国境内直接进行调查取证等活动。未经国务院证券监督管理机构和国务院有关主管部门同意,任何单位和个人不得擅自向境外提供与证券业务活动有关的文件和资料。"

相对仅适用于特定情境下的"跨境数据获取"的相关规定,《数据安全法》第三十六条适用于更广泛的场景。这一规定有三层含义:第一层含义是法律依据,核心是平等互惠——要么依据中华人民共和国缔结或者参加的国际条约、协定,既然中国参加了该类条约或协定,就说明它必定是具备平等互惠基础的;要么双方存在平等互惠的关系。第二层含义是申请主体仅指外国司法或者执法机构,这与《数据安全法》第三十五条针对我国政府机关的限制性主体基本一致。该条也赋予我国的司法或执法机构数据调取权，避免其他无关部门滥用数据调取权限，保护数据安全和个人信息。第三层含义是强制性的批准前置，即任何外国司法或执法机构对于我国数据的请求，均必须经我国主管机关批准，否则绝不能提供。数据安全对于国家的主权和安全至关重要。对外国司法或执法机构数据请求的严格审批，可以确保数据不被滥用或泄露，从而维护国家安全和公共利益。特别是对于跨境数据传输的严格审查，有助于保护境内个人的个人信息等合法权益。通过主管机关的批准，确保外国司法或执法机构的数据请求合法、合规，防止个人信息被非法获取、使用或泄露。另外，批准前置要求也是对国际法原则的遵循。按照国际法原则，各国应根据有关法律和国际条约、协定处理跨境数据请求。通过主管机关的审批，确保数据请求遵循国际法和国家法律，促进国际合作和平等互惠。

作者之所以强调政府数据提供请求，特别是境外政府数据提供请求，是因为当前我国大量的国际贸易企业有可能遇到在跨国经营中受到外国数据合规法律长臂管辖的情况，企业在面临这类状况的时候往往无所适从。作者建议存在此类合规风险的企业考虑以下建议。

首先，跨国经营的企业需要对其所涉及的国家的数据保护法律和法规有充分的了解，以便遵守相关规定，避免触犯法律。了解各个国家数据保护法律的差异，有助于企业在面临冲突时作出更明智的决策。

其次，在遇到本国法律与境外法律冲突的情况下，企业应积极主动地与相关监管机构进行沟通，寻求指导、建议和解决方案。这不仅有助于企业了解监管机构的立场和期望，还可以为企业在处理冲突时提供宝贵的信息和支持。

再次，企业可以设立专门的合规团队负责处理数据保护和合规问题。这个团队可以与各国监管机构保持联系，定期评估企业的合规状况，并及时调整合规策略。企业也可以与各国的数据合规专业机构开展合作，及时掌握各国最新的政策变化。企业可以关注国际数据合规法律和政策动态，及时调整自身的合规策略，还可以积极参与国际合作和行业组织，共同推动数据保护和合规方面的政策制定和实践。

最后，为了避免法律冲突，企业应制定详细的数据保护和合规政策，并确保全体员工了解和遵循这些政策。同时，企业还需要建立相应的流程，确保在面临法律冲突时能够迅速、有效地作出决策。从技术层面上讲，企业还可以选择在不同的国家设立数据中心等，以便在遵守各国法规的同时确保数据的安全和合规。

6.《数据安全法》下的企业数据合规步骤指引

《数据安全法》为企业的数据行为制定了一套全面的合规标准，其中包括正面责任和反面责任等多方面的数据保护措施，均旨在对数据处理过程进行全面监管，以确保数据安全得到完整保障。当前，《数据安全法》已正式实施，作者建议企业从以下三个关键方面出发，结合公司具体情况，主动寻找合适的合规策略。

（1）梳理数据类型、明确数据合规责任

综观整个网络治理法律体系，无论是在《网络安全法》《数据安全法》中，还是在《个人信息保护法》中，重要数据都是一个非常重要的合规义务界限标准。重要数据即一旦泄露可能直接影响国家安全、经济安全、社会稳定、公共健康和安全的数据。虽然重要数据的概念很早就已经被提出，但是对于重要数据的认定方法及认定标准至今仍不是非常明确，重要数据的认定权被下放到地方以及行业主管部门。比如，作者在前文中描述的，汽车行业、金融行业等均已由相关的行业主管部门颁布重要数据的相关认定标准，但仍然有大量的行业尚没有确定其重要数据的行业标准。因此，企业在现阶段应尽可能采取以下措施。

·梳理企业各类业务场景中可能涉及的数据类型，对数据性质加以分类并进行识别。

- 检索并参照行业标准判断所涉数据是否属于重要数据。
- 根据数据属性和法律规定、行业规定明确自身的数据保护义务。
- 实时跟进相关法律法规的发展和完善,及时采取措施调整合规策略。

(2) 完善数据安全组织架构

《数据安全法》规定,数据安全负责人和管理机构承担数据安全保护责任。因此,作者建议企业按照《数据安全法》的要求设置内部数据安全负责人、建立内部数据安全管理机构。

通常来说,数据安全负责人应当是企业内部具有管理职责的管理人员,其可以是一个岗位一个职责,也可以是一个岗位多个职责。由于《网络安全法》《个人信息保护法》也有相应的岗位职责要求,作者建议企业设置一岗多职能的专职人员,同时协调三部法律的相关合规职能。不过,企业在依照此建议设置一岗多职能的专职人员的时候,需要考量企业在合规方面的侧重点。如果企业的合规需求侧重于网络安全和数据合规,作者建议该岗位的专业技能更倾向于技术安全方面;而如果其更侧重于个人信息保护,则该岗位的专业技能可更倾向于法律,兼顾技术背景即可。

但是,作者不建议由外部第三方机构承担数据安全负责人的职责。首先,从合规职责的履行能力看,内部员工更了解企业的数据处理流程和实际操作,更有能力确保数据的安全。其次,从法律规定的行政责任角度看,企业自身应当承担数据安全责任,而不是将其外包给第三方机构。因此,企业应当在内部选拔合适的人员担任数据安全责任人,以保证数据安全管理的有效性。

(3) 建立数据安全制度

《数据安全法》对企业的内部数据安全制度提出了较为明确的要求,其中包括第二十七条的"全流程数据安全管理制度"和"数据安全教育培训制度"、第二十九条的"风险监测与安全事件应对制度"、第三十条的"重要数据风险评估报告制度"等。

"全流程数据安全管理制度",是指在数据的整个生命周期中,从收集、存储、处理、使用到销毁等各个环节,都实施严格的数据安全管理措施,以确保数据安全和个人信息安全。全流程数据安全管理制度不仅贯穿数据的整个生命周期,还针对不同属性的数据制定不同的数据安全管理措施。这样做有助于更加精确地保护各类数据,确保其安全性和合规性。针对敏感个人信息,如身份证件号码、生物识别信息、健康信息等,应实施更严格的安全管理措施。这包括加密存储和传输、限制访问权限、明确收集和使用目的等。针对公共数据,如政府公开数据、行业统计数据等,则应根据数据敏感程度和公众利益需求,采取相应的数据安全管理措施。

7.《数据安全法》的意义和价值

数据安全的核心在于保障数据的安全与合法有序流动。当前,数据作为新型生产要素,正深刻影响着国家经济社会的发展。数据安全保障能力是国家竞争力的直接体现,保障数据安全既是保障国家安全的重要组成部分,也是促进数字经济健康发展的重要措施。

数据已经像石油、芯片一样,逐渐成为国家的基础性战略资源和重要生产要素,对国家实力的展现具有重要的作用和价值。数据作为新型生产要素,推动了数字基础设施的发展和产业创新,使数字经济成为经济高质量发展的新引擎。数据在国家和经济治理领域的重要作用也已成为共识。正因如此,数据安全对国家发展至关重要。确保数据安全是维护经济社会发展和国家竞争力的关键,数据安全保障能力成为衡量国家竞争力的重要指标。

面对数据量的迅速增长及跨境流动,强大的数据安全防护和监管成为关键。国家经济、社会治理、公共服务、国防、个人信息、企业核心数据及国家关键信息等泄露都可能带来严重的国家安全隐患，而全球范围内跨境数据攻击越发频繁，这同样也在挑战国家主权安全。因此，必须从战略高度重视数据安全，将其视为发展核心要素，使其成为国家安全的重要组成部分。

数据安全对数字经济的可持续发展至关重要，它不仅能促进经济复苏和发展，还能创造新机遇与就业。在这个过程中，数据安全和合规使用数据显得尤为关键。滥用或非法使用数据可能损害数字经济的活力；而与之相反，保障数据安全与合法有序流动将成为持续和繁荣数字经济发展的核心治理手段。

《数据安全法》正是我国数字经济时代急需的法治保障。这一重要法律为规范数字产业发展提供了明确的指导和遵循，具有深远的意义。《数据安全法》回应了随着数字技术的迅猛发展而引发的大数据、云计算、人工智能等新技术的安全与合规挑战，构建了一个安全、稳定、可信的数字环境。该法着力强化数据安全保护措施，保障个人信息权益，支持企业创新发展，维护国家安全，为数字经济高质量发展提供有力支撑。同时，它将有助于提高我国在全球数字经济竞争中的地位，推动国家发展战略的实现，为人民群众创造更多就业机会和经济收益。在此背景下，《数据安全法》的颁布实施，展现了我国政府对数字时代发展的高度重视与坚定决心，彰显了法治进步与时代发展的紧密结合。

第四节 《个人信息保护法》相关标准规范

一、关于信息安全的技术标准规范——《信息安全技术 个人信息安全规范》（GB/T 35273—2020）

（1）《信息安全技术 个人信息安全规范》的制定和完善

《信息安全技术 个人信息安全规范》（以下简称《个人信息安全规范》）是中国在个人信息保护领域的一项重要技术标准。2019年，《个人信息安全规范》制定项目在全国网络安全标准化技术委员会立项，被列为重点标准项目。《个人信息安全规范》强调开展个人信息安全影响评估工作，旨在发现、处置和持续监控个人信息处理过程中的安全风险。该规范首次于2017年12月发布，作为国家标准（GB/T 35273—2017）于2018年5月1日正式生效，旨在规范个人信息收集、使用、存储、共享、转让、公开、销毁等方面的处理行为，以保护个人信息安全。2017年版的规范对征得信息主体同意、明示收集目的、使用限制、数据最小化原则等方面提出了详细的要求。

随着技术和市场的不断发展，该规范面临进一步完善和修订的客观需要。修订主要涉及数据存储期限、数据主体权利、敏感信息的定义和处理、数据安全影响评估等方面。2019年，市场监督管理总局、全国信息安全标准化技术委员会秘书处发布了关于国家标准《个人信息安全规范》征求意见稿征求意见的通知。这次修订草案对规范进行了全面的完善和提升，进一步细化了在个人信息的分类、收集、使用、传输、存储、删除等方面的要求。此外，修订草案还对个人信息处理者的管理责任和数据主体权利进行了进一步明确。

2020年3月6日，国家市场监督管理总局、国家标准化管理委员会发布了中华人民共和国国家标准 2020 年第 1 号公告，公布了 173 项国家标准和 2 项国家标准修改单，其中第 68 条公布了由 GB/T 35273—2020《个人信息安全规范》代替原 GB/T 35273—2017 标准规范，自 2020 年 10 月 1 日起正式实施。

2. 标准的法律性质

《个人信息安全规范》（GB/T 35273—2020）是一项国家推荐性标准，并非强制性标准。

中国的国家标准（GB）分为两大类：强制性标准和推荐性标准。"GB"代表国家强制性标准，是国家法律法规要求必须遵守的标准。这类标准主要涉及人身健康、人身安全、动植物卫生、环境保护等领域。"GB/T"代表国家推荐性标准，是国家鼓励实施但不具有强制性的标准。这类标准主要为技术指导性标准，旨在帮助行业和企业提高产品质量、工艺水平和管理水平等。除上述两种主要的标准外，还有一类常见的国家标准指南（GB/Z）。国家标准指南提供了在标准化的基本原则、策略和方法等方面的指导，旨在协助实施国家标准的各方更好地理解和执行相关规定。

《个人信息安全规范》的标准代号为 GB/T 35273—2020，这意味着它对实施主体具有一定的参考适用性，而不是强制性要求。尽管如此，《个人信息安全规范》在实践中仍具有较高的指导价值和参考意义，因为它为个人信息处理的各个环节提供了详细的技术规范。许多行业和企业将其视为实践的最佳规范，以确保个人信息安全和合规性。进一步讲，《个人信息安全规范》与具有法律效力的《个人信息保护法》相辅相成，后者为个人信息保护提供了法律层面的规定，而前者则提供了具体的技术指导和实践建议，有助于实施主体更好地理解和遵守法律规定。因此，在实际操作中，遵循该规范可以大幅度降低相关主体违反《个人信息保护法》的风险，该规范具有极高的合规参考价值。

更为重要的是，自《个人信息安全规范》公布并实施以来，作者发现，大量的立法部门和监管部门采用该规范作为立法参考和执法依据。2019年3月，国家认证认可监督管理委员会发布的《移动互联网应用程序（App）安全认证实施规则》将《个人信息安全规范》作为认证依据，2020年7月，全国网络安全标准化技术委员会公布的《移动互联网应用程序（App）收集使用个人信息自评估指南》也将《个人信息安全规范》作为技术参考依据。可见，虽然《个人信息安全规范》是一个国家推荐性标准，但它在实务操作中的地位相当于一个国家强制性标准，读者须对此有明确而清晰的认识。

3. 新旧规范的对比

2020年新版《个人信息安全规范》前言指明了新标准与2017年版本相比，其中增加的内容主要包括："多项业务功能的自主选择"（见5.3）、"用户画像的使用限制"（见7.4）、"个性化展示的使用"（见7.5）、"基于不同业务目的所收集个人信息的汇聚融合"（见7.6）、"第三方接入管理"（见9.7）、"个人信息安全工程"（见11.2）、"个人信息处理活动记录"（见11.3），修改的内容主要包括："征得授权同意的例外"（见5.6，2017年版的5.4）、"个人信息主体注销账户"（见8.5，2017年版的7.8）、"明确责任部门与人员"（见11.1，2017年版的10.1）、"实现个人信息主体自主意愿的方法"（见附录C，2017年版的附录C）。

4. 明确相关术语的定义与范围

《个人信息安全规范》对与个人信息相关的技术术语进行了明确的定义。作者将这些定义与《个人信息保护法》进行对比，可以看出《个人信息安全规范》在实务合规层面的指导作用，如表4所示。

表4 《个人信息保护法》与《个人信息安全规范》对比

术语	《个人信息保护法》定义	《个人信息安全规范》定义	对比结果
个人信息	个人信息是以电子或者其他方式记录的与已识别或者可识别的自然人有关的各种信息,不包括匿名化处理后的信息。	以电子或者其他方式记录的能够单独或者与其他信息结合识别特定自然人身份或者反映特定自然人活动情况的各种信息。	《个人信息保护法》更明确,并剔除了匿名化信息。
敏感个人信息	敏感个人信息是一旦泄露或者非法使用,容易导致自然人的人格尊严受到侵害或者人身、财产安全受到危害的个人信息,包括生物识别、宗教信仰、特定身份、医疗健康、金融账户、行踪轨迹等信息,以及不满十四周岁未成年人的个人信息。	一旦泄露、非法提供或滥用可能危害人身和财产安全,极易导致个人名誉、身心健康受到损害或歧视性待遇等的个人信息。	《个人信息保护法》更明确,除了定义,还采用列举的方式,并增加了不满十四周岁未成年人信息。
个人信息主体	无	个人信息所标识或者关联的自然人。	《个人信息保护法》未进行明确定义。
个人信息控制者	无	有能力决定个人信息处理目的、方式等的组织或个人。	《个人信息保护法》未进行明确定义。
明示同意	无	个人信息主体通过书面、口头等方式主动作出纸质或电子形式的声明,或者自主作出肯定性动作,对其个人信息进行特定处理作出明确授权的行为。	《个人信息保护法》没有"明示同意"或"授权同意"的单独定义,但有书面同意、单独同意的相关规定。二者侧重点不同。
授权同意	无	个人信息主体对其个人信息进行特定处理作出明确授权的行为。	

续表

术语	《个人信息保护法》定义	《个人信息安全规范》定义	对比结果
用户画像	无	通过收集、汇聚、分析个人信息，对某特定自然人个人特征，如职业、经济、健康、教育、个人喜好、信用、行为等方面作出分析或预测，形成其个人特征模型的过程。	《个人信息保护法》无相关针对性的规定，《个人信息安全规范》有针对性要求。
匿名化	指个人信息经过处理无法识别特定自然人且不能复原的过程。	通过对个人信息的技术处理，使得个人信息主体无法被识别或者关联，且处理后的信息不能被复原的过程。	基本相同。
去标识化	指个人信息经过处理，使其在不借助额外信息的情况下无法识别特定自然人的过程。	通过对个人信息的技术处理，使其在不借助额外信息的情况下，无法识别或者关联个人信息主体的过程。	基本相同。

作者没有将两个规范性文件之中的所有定义进行对比，仅选择了部分核心定义。从中可以看出，两个文件其实存在互补关系且各自的侧重点不同。《个人信息保护法》在个人信息、敏感信息等方面将定义设定得更加详细，使其调整和保护的标的法益范围和内涵更为清晰；而《个人信息安全规范》的侧重点在技术层面，因而对诸如同意、授权、用户画像这类技术操作更加关注。企业在个人信息保护合规的过程中，应当充分注意兼顾两个规范性文件给出的标准，综合参考。

5. 个人信息安全基本原则

《个人信息安全规范》明确提出，个人信息安全必须遵循合法、正当、必要的基本原则，并进一步展开规定了这些原则的具体内涵。

（1）权责一致

要求个人信息控制者采取技术和其他必要的措施保障个人信息的安

全,对其个人信息处理活动对个人信息主体合法权益造成的损害承担责任。

(2) 目的明确

要求个人信息控制者具有明确、清晰、具体的个人信息处理目的。

(3) 选择同意

要求个人信息控制者向个人信息主体明示个人信息的处理目的、方式、范围等规则,征求其授权同意。

(4) 最小必要

要求个人信息控制者只处理满足个人信息主体授权同意的目的所需的最少个人信息类型和数量。目的达到后,应及时删除个人信息。

(5) 公开透明

要求个人信息控制者以明确、易懂和合理的方式公开处理个人信息的范围、目的、规则等,并接受外部监督。

(6) 确保安全

要求个人信息控制者具备与所面临的安全风险相匹配的安全保障能力,并采取足够的管理措施和技术手段,确保个人信息的保密性、完整性、可用性。

(7) 主体参与

要求个人信息控制者向个人信息主体提供查询、更正、删除其个人信息,以及撤回授权同意、注销账户、投诉等的方法。

6. 个人信息处理行为的全流程规范

《个人信息安全规范》作为企业在处理个人信息方面的系统性操作指南,深入阐释了信息收集、存储、运用、授权处理、共享、传递、公开发布,以及个人信息安全事务应对等多个环节的操作准则与具体要求。

《个人信息安全规范》详细规定了个人信息的收集及其必须遵循的合法性、最小必要、自主选择、授权同意等原则,个人信息的存储以及其时间最小化、去标识化处理、敏感信息传输和存储等要求，个人信息的使用以及其在各类不同的使用场景、使用目的下的合规要求。除此以外，《个人信息安全规范》也对信息处理者处理个人信息主体的权利、个人信息安全事件的处置、个人信息责任安全组织等提出了明确的要求和合规指引。

尽管企业面临的商业背景各有差异，然而《个人信息安全规范》规定的操作准则与要求在应用范围上具有广泛性，对于引导企业实施个人信息保护合规措施具有显著意义。

7. 《个人信息保护政策》模板

2017年《个人信息安全规范》在附录中附有一份《隐私保护政策模板》，模板以较大篇幅详细描述了一份隐私保护政策所应包括的具体内容及编写要求，为企业制定发布隐私保护政策提供了更为具体的指引。

2020年《个人信息安全规范》将2017年《个人信息安全规范》中的"《隐私保护政策模板》"调整为"《个人信息保护政策模板》"，这一修改与《民法典》颁布后将隐私和个人信息的定义明确加以区分呼应。

《民法典》第一千零三十二条第二款规定："隐私是自然人的私人生活安宁和不愿为他人知晓的私密空间、私密活动、私密信息。"

同时，《民法典》第一千零三十四条第二款规定："个人信息是以电子或者其他方式记录的能够单独或者与其他信息结合识别特定自然人的各种信息，包括自然人的姓名、出生日期、身份证件号码、生物识别信息、住址、电话号码、电子邮箱、健康信息、行踪信息等。"

遵循《民法典》对隐私与个人信息进行区分的原则，作者观察到，尽管二者在内容上有交叉，但总体而言，个人信息的范围大于隐私。实际操作中，各大网站、应用程序制定和要求用户签署的"隐私保护政策"，其实是个人信息保护政策。

以个人信息保护的目的为出发点，个人信息主体的知情同意是个人信息保护合规的重中之重，《个人信息保护政策》作为企业向个人信息主体进行通知，并获得个人信息主体授权同意的最重要文件，确保其内容编写、发布符合法律规定尤为关键。因此，《个人信息安全规范》在其所提供的《个人信息保护政策模板》中，从收集哪些信息，如何使用信息，如何委托处理、共享、转让、公开披露个人信息，如何保护个人信息，个人信息主体的权利告知，个人信息保护政策的更新，以及如何联系个人信息处理者七个主要方面为企业合规制定《个人信息保护政策》提供了指引。

8. 结语

作为具备极高实践价值和监管参考依据的国家推荐性标准，《个人信息安全规范》在个人信息保护领域无疑占据了至关重要的地位。这也是该规范在2017年发布后的短短三年内再次修订的原因。在个人信息保护范畴，无论是监管部门的行政执法、规范性文件的制定、行政处罚与司法裁定，还是上市公司在应对上市合规方面，作者均可观察到该规范的影响与应用。鉴于此，作者强烈建议，企业在进行个人信息保护合规过程中应充分参照和遵循《个人信息安全规范》的要求与指导，确保企业在个人信息管理与保护方面符合法律法规和行业标准的要求，降低潜在的法律风险，并提升企业形象。

二、《信息安全技术 个人信息安全影响评估指南》（GB/T 39335—2020）

1. 立法背景

作者在前文中所探讨的《信息安全技术 个人信息安全规范》第11条"组织的个人信息安全管理要求"规定了企业在处理个人信息时必须遵守的技术安全规范。特别是在第11.4款中明确提出了"开展个人信息安全影响评估"的要求。该规范强调了进行个人信息安全影响评估的重要性，其作为个人信息控制者实施风险管理的关键组成部分，目的在于识别、处理并持续监控个人信息处理过程中可能出现的安全风险。需要注意的是，个人信息安全影响评估与传统的信息安全风险评估有所区别，它主要关注可能对个人权益产生损害的情况。因此，个人信息安全影响评估实际上是《个人信息安全规范》的一个补充性机制。该评估采用科学且有效的方法，遵循信息化发展的需求，并具备明确的实施指导意义，为保障个人信息安全权益提供了依据和指南。

2018年6月11日，全国信息安全标准化技术委员会发布了《信息安全技术 个人信息安全影响评估指南》（以下简称《个人信息安全影响评估指南》）的征求意见稿，向社会公开征求意见。经过两年的制定和完善，国家市场监督管理总局与国家标准化管理委员会于2020年11月19日发布中华人民共和国国家标准公告（2020年第26号），正式公布GB/T39335—2020《个人信息安全影响评估指南》。《个人信息安全影响评估指南》的发布对于推动个人信息保护工作的深入实施具有重要意义，它进一步提升了个人信息及相关合法权益的保护水平。该指南为相关组织开展个人信息安全影响评估提供了具体的操作指导，有助于确保个人信息安全风险得到有效管控，保障个人权益不受侵犯。

从宏观角度来看，《个人信息安全影响评估指南》吸收了传统信息安全风险评估的方法论，对个人信息的资产性、受到侵害的威胁性和容易受到影响的脆弱性三个维度进行了深入剖析。在此基础上，结合个人信息处理对用户权益的潜在影响，对可能对个人信息主体权益造成损害的各类风险进行了综合评判，并对保障个人信息主体权益的措施的实施效果进行了评估。

除此以外，《个人信息安全影响评估指南》还借鉴了国际标准化组织（ISO）和国际电工委员会（IEC）联合发布的一项关于隐私影响评估的国际标准——《隐私影响评估准则》（ISO/IEC 29134：2017）。该准则旨在为组织提供一个系统化的方法，以评估信息系统在处理个人数据的过程中可能对个人信息产生的影响。

除《个人信息安全规范》外，个人信息安全影响评估更进一步的法律依据是《个人信息保护法》第五十五条和第五十六条的规定。

《个人信息保护法》第五十五条规定："有下列情形之一的，个人信息处理者应当事前进行个人信息保护影响评估，并对处理情况进行记录：（一）处理敏感个人信息；（二）利用个人信息进行自动化决策；（三）委托处理个人信息、向其他个人信息处理者提供个人信息、公开个人信息；（四）向境外提供个人信息；（五）其他对个人权益有重大影响的个人信息处理活动。"

《个人信息保护法》第五十六条规定："个人信息保护影响评估应当包括下列内容：（一）个人信息的处理目的、处理方式等是否合法、正当、必要；（二）对个人权益的影响及安全风险；（三）所采取的保护措施是否合法、有效并与风险程度相适应。个人信息保护影响评估报告和处理情况记录应当至少保存三年。"

2. 评估报告的用途和价值

准确理解个人信息安全影响评估的评估原理对评估的实施具有重要作用和价值。它有助于确保评估的准确性和有效性，更好地将评估原理应用于实际评估过程中。只有对评估原理深入了解，评估人员和机构才能在评估过程中发现组织可能忽略的风险和问题，从而有针对性地采取措施，并进行预防和改进。正因如此，《个人信息安全影响评估指南》在其第四部分"评估原理"中详细介绍了开展评估的价值、评估报告的用途、评估责任主体、评估基本原理和评估实施需要考虑的要素。作者认为，这一部分对于理解个人信息安全影响评估的实施非常重要，有必要为读者进行进一步介绍和分析。

评估报告的用途和价值，也就是解释企业为什么要采取这样的评估措施并取得评估报告。根据《个人信息安全影响评估指南》的介绍，个人信息安全影响评估报告针对不同的四类对象可能存在不同的用途和价值。

第一，提供给个人信息主体，确保个人信息主体了解其个人信息被如何处理、如何保护并使个人信息主体能够判断是否有信息安全风险尚未得到处置。

第二，提供给开展影响评估的组织，在个人信息处理阶段之前协助组织识别潜在的风险，有助于其提供有针对性的安全控制策略，并且帮助企业员工更好地了解个人信息安全风险，增强应对风险的能力。在个人信息处理过程中持续优化安全控制措施的实施，确保风险得到有效控制。最后，评估结果可用作展示组织在个人信息保护和数据安全领域合规程度的依据。若发生个人信息安全事件，已完成的评估工作可以作为组织采取积极措施评估风险和保护个人信息的有力证据，减轻或免除组织在相关责任和声誉损失方面的负担。

第三，提供给主管监管部门，用于帮助监管部门督促企业采取有效的个人信息保护安全控制措施，借此了解相关情况或收集相关证据。

第四，提供给第三方合作伙伴，帮助其了解自身在业务场景中的角色和作用，以及所承担的个人信息保护工作和责任。在证明组织个人信息安全保护能力的同时，也可引导第三方合作伙伴采取适当安全管控措施。

综观以上四项作用，从通常意义上而言，作者认为其中第三项属于企业应关注的个人信息保护合规重点，也是企业被动实施个人信息安全影响评估的主要原因。当然，随着个人信息安全影响评估的实际作用不断显现，未来企业将更多地基于其他的用途而大量地针对不同业务场景开展个人信息安全影响评估。

3. 个人信息安全影响评估的责任主体

《个人信息安全影响评估指南》就评估责任主体明确了以下五个重要内容。

第一，设立评估责任部门或人员。组织需要在内部指定负责个人信息安全影响评估的部门或人员，该责任部门或人员对评估结果质量的真实性承担全部责任。

第二，保证评估责任部门或人员的独立性。为确保评估的客观性，责任部门或人员应具备独立性，不受被评估方的干扰。

第三，指定牵头部门。通常情况下，负责组织内部个人信息安全影响评估工作的是法务部门、合规部门或信息安全部门，这些部门具备相应的专业知识和能力。

第四，选择评估方式。组织可以自行开展个人信息安全影响评估工作，或聘请具有专业能力第三方机构承担评估任务，以确保评估的准确性和公正性。

第五，监管部门的权利。主管监管部门有权对评估流程及相关信息系统或程序进行核查，以验证评估活动的合理性和完备性，确保评估过程符合法律法规的要求。

从以上内容可知，个人信息安全影响评估过程中明确责任人的关键在于设立确定的评估责任部门或人员并赋予其责任。另外，无论是组织选择自行开展评估，还是委托外部专业机构进行评估，都应保留相关的评估过程记录和工作底档，以便监管部门对评估的合规性和完整性进行审查。

4. 评估的方法

《个人信息安全影响评估指南》也就评估的方法进行了规定。通常来说，评估主要采用以下三种方式进行。

第一，访谈。评估人员与相关人员进行交流，以深入了解和分析信息系统中个人信息的处理、保护措施的设计和实施情况。通过访谈，评估人员可以掌握各个角色在信息安全管理中的职责和工作流程，从而发现潜在的风险和漏洞。访谈对象可涉及多个层面的人员，如产品经理、研发工程师、个人信息保护负责人、法务负责人员、系统架构师、安全管理员、运维人员、人力资源人员和系统用户等，以确保评估全面而深入。

第二，检查。评估人员观察、检验和分析各类文件和记录，以便了解、分析或收集关于信息安全管理的证据。在检查过程中可以发现管理制度、安全策略和机制、合同协议、安全配置和设计文档、运行记录等方面的不足和问题。检查对象包括规范、机制和活动，如个人信息保护策略规划和程序、系统的设计文档和接口规范、应急规划演练结果、事件响应活动、技术手册和用户/管理员指南、信息系统的硬件/软件中信息技术机制的运行等。

第三，测试。评估人员通过人工或自动化安全测试工具进行技术测试，收集相关信息，并进行分析，以便获取证据。在测试过程中可以了解安全控制机制的有效性和实际运行情况，如访问控制、身份识别和验证、安全审计机制、传输链路和保存加密机制、对重要事件进行持续监控、测试事件响应能力，以及应急规划演练能力等。通过测试，评估人员可以有针对性地提出改进措施，以降低潜在风险。

《个人信息安全影响评估指南》通过访谈、检查和测试三种途径构建了一个全面且深入的评估体系。访谈可以揭示不同角色在个人信息安全中的责任和工作流程，检查有助于发现管理制度、策略和机制等方面的问题，而测试则有助于评估安全控制机制的有效性和实际运行情况。这三种方法相互补充，共同保证了评估的全面性、深入性和有效性，帮助组织及时发现和处理个人信息安全风险，提升个人信息保护水平。

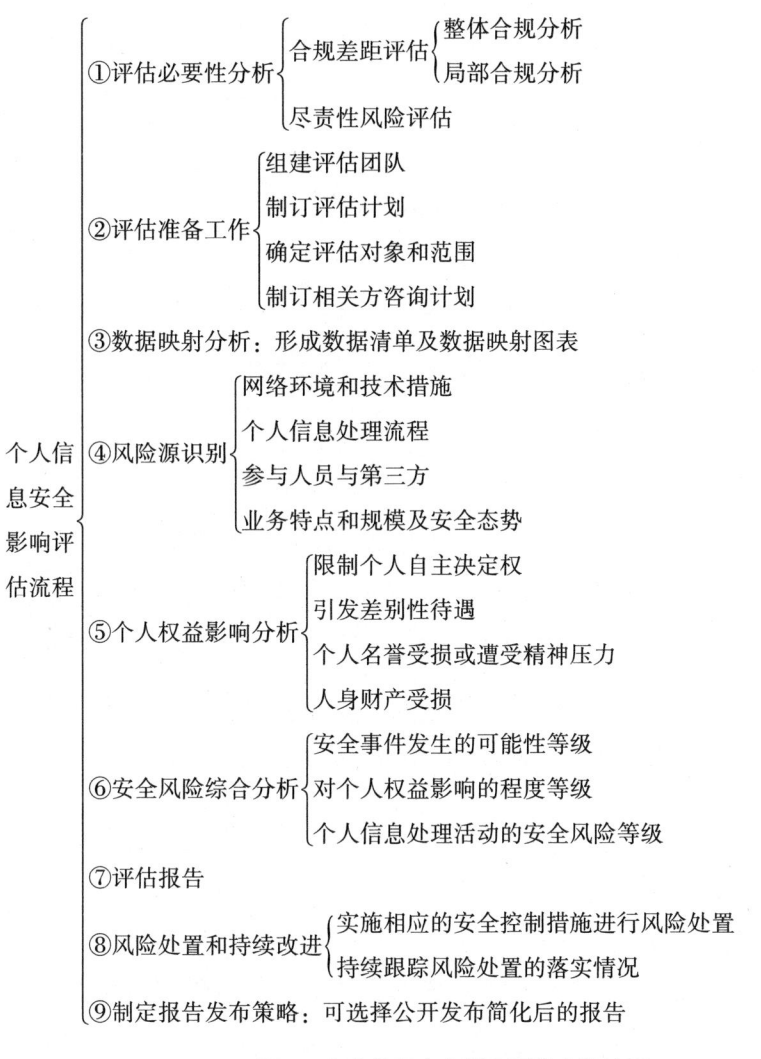

5. 个人信息安全影响评估实施流程

《个人信息安全影响评估指南》第五部分就个人信息安全影响评估的实施流程进行了明确的说明，具体如图6所示。

个人信息安全影响评估流程
- ①评估必要性分析
  - 合规差距评估
    - 整体合规分析
    - 局部合规分析
  - 尽责性风险评估
- ②评估准备工作
  - 组建评估团队
  - 制订评估计划
  - 确定评估对象和范围
  - 制订相关方咨询计划
- ③数据映射分析：形成数据清单及数据映射图表
- ④风险源识别
  - 网络环境和技术措施
  - 个人信息处理流程
  - 参与人员与第三方
  - 业务特点和规模及安全态势
- ⑤个人权益影响分析
  - 限制个人自主决定权
  - 引发差别性待遇
  - 个人名誉受损或遭受精神压力
  - 人身财产受损
- ⑥安全风险综合分析
  - 安全事件发生的可能性等级
  - 对个人权益影响的程度等级
  - 个人信息处理活动的安全风险等级
- ⑦评估报告
- ⑧风险处置和持续改进
  - 实施相应的安全控制措施进行风险处置
  - 持续跟踪风险处置的落实情况
- ⑨制定报告发布策略：可选择公开发布简化后的报告

图6 个人信息安全影响评估实施流程

需要补充说明的是，在"组建评估团队"阶段，评估负责人有责任签署评估报告。作者认为，即便企业委托第三方专业机构实施个人信息安全影响评估，企业内部的责任人也需要签署该专业机构出具的评估报告，以示其对评估结果承担相应的法律责任。

在"制订评估计划"阶段，需要考虑评估场景中止或撤销的情况，兼顾人员、技能、经验、能力，执行各项任务所需的时间，以及进行评估所需的资源和评估工具等。

在"数据映射分析"阶段，需要结合个人信息处理的具体场景。调研内容包括个人信息收集、存储、使用、转让、共享、删除等环节涉及的个人信息类型、处理目的、具体实现方式等，以及个人信息处理过程中涉及的资源（如内部信息系统）和相关方（如个人信息处理者、平台经营者、外部服务供应商、云服务商等第三方）。在调研过程中应尽可能考虑已下线系统、系统数据合并、企业收购、并购及全球化扩张等情况。

在"个人权益影响分析"阶段，需要注意个人权益影响分析包括四个阶段：个人信息敏感程度分析阶段、个人信息处理活动特点分析阶段、个人信息处理活动问题分析阶段，以及影响程度分析阶段。这四个阶段分别针对个人信息的敏感程度对个人权益可能产生的影响，个人信息处理活动是否涉及限制个人自主决定权、可能引发差别性待遇、会使个人名誉受损或遭受精神压力、可能使人身财产受损等，以及个人信息处理活动可能存在的弱点、差距和问题，并综合分析个人信息处理活动对个人权益可能造成的影响及其严重程度。

6. 需开展个人信息安全影响评估的情况

从业务场景的角度分析，作者认为在以下五个场景下进行个人信息安全影响评估是非常必要的。

第一，新项目或新业务开展。在开发新产品、服务或引入新业务流程时，评估可能涉及的个人信息处理风险，确保个人信息处理行为符合法律法规要求和行业标准。

第二，改变个人信息处理方式。当组织对现有个人信息处理方式进行重大调整或变更时，如采用新技术、更改数据存储地点或共享个人信息给第三方时，需要评估这些变更可能导致的风险。

第三，发生数据泄露或安全事件后。在发生数据泄露或其他安全事件后，组织需要对个人信息安全风险进行重新评估，找出漏洞和不足，修正安全控制措施。

第四，合规性审查。为满足行业监管要求，应定期进行个人信息安全影响评估，确保组织的个人信息处理活动始终符合法律法规的要求。

第五，其他特殊场景。比如，合并收购、业务外包等情况，涉及个人信息处理的变更时，也需要进行个人信息安全影响评估，确保企业在新的业务环境中依然能够保障个人信息安全。

除了从业务场景角度分析以外，从法律规定的强制性要求看，《个人信息保护法》和《个人信息安全规范》明确规定了需要开展个人信息安全影响评估的情况。但作者进一步梳理出了其他一些必须或者可能需要开展个人信息安全影响评估的场景。

公安部颁布的《互联网个人信息安全保护指南》第6.5b）款规定："在对个人信息的相关处理进行委托时，应对委托行为进行个人信息安全影响评估；"第6.6b）款规定："在对个人信息进行共享和转让时应进行个人信息安全影响评估……"

《儿童个人信息网络保护规定》第十六条第一款规定："网络运营者委托第三方处理儿童个人信息的，应当对受委托方及委托行为等进行安全评估……"

《儿童个人信息网络保护规定》第十七条规定："网络运营者向第三方转移儿童个人信息的，应当自行或者委托第三方机构进行安全评估。"

由于《儿童个人信息网络保护规定》等相关法律法规可能早于《个人信息安全影响评估指南》和《个人信息保护法》出台，因而其在具体法律条款中可能没有直接采用"个人信息安全影响评估"这样的词语，但作者从其立法目的和条款内容分析，过往法律法规中的"评估"，其含义应当就是指个人信息安全影响评估。

7. 高风险个人信息处理活动与场景

为了帮助企业辨析可能存在的高风险个人信息处理活动和商业场景，防范被动产生的个人信息保护合规风险，《个人信息安全影响评估指南》在附录 B 中为企业提供了《高风险的个人信息处理活动示例》，以提示企业当出现这些场景时必须充分注意个人信息安全风险防范。作者认为这一示例在实务中具备较高价值，因此简单为读者介绍如下。

第一，用户画像评价：涉及对个人信息主体的评价或评分的数据处理行为。比如，企业对个人进行大数据分析，以便进行分类处理；金融机构使用人工智能算法对个人信息主体进行信用评估；保险公司通过分析个人消费、活动、驾驶偏好等进行差异化保费设置。

第二，自动决策裁判：涉及通过分析个人信息作出司法裁定或其他对个人有重大影响决定的行为。比如，自动识别车辆的系统对驾驶员及其驾驶行为进行详细的记录和监督，并给出其某些驾驶行为是否违法的判断；监控用户进行用户画像，分析用户的购买偏好和购买能力，设置针对用户特定偏好的营销计划。

第三，系统性监控分析：涉及系统性监控分析个人或个人信息（仅在涉及违规事件分析时才使用的视频监测系统除外）的行为。比如，大规模公共空间监测系统；在工作场所设置 IT 监测系统，监控员工的电子邮件、所使用的应用程序等。

第四，敏感个人信息处理：涉及收集的敏感个人信息数量多、频率高的行为。比如，通过智能手表或其他移动设备持续收集或监控个人信息主体的活动、健康相关数据；或者对所得数据进行分析和处理并提供定制化的健身建议或改善训练流程的服务。

第五，大规模个人信息处理：涉及对 100 万人以上的大规模数据处理行为。比如，社交网络、在线浏览器、有线电视订阅服务大规模收集用户数据；营业场所通过收集路人和顾客的 GPS、蓝牙或移动通信信号对客流情况进行监测，跟踪顾客的购物路线和购物习惯。

第六，数据融合和交换处理：对不同处理活动的数据集进行匹配和合并，并应用于业务的行为。比如，电商平台合并处理不同来源的数据集，以便根据分析或测试结果显示的风险值采取相应的管控措施，或者通过分析顾客的购物、优惠券使用等行为数据，结合顾客的信用数据、第三方平台和社交网络数据等，获得提高销售额的营销策略。

第七，弱势群体信息处理：数据处理涉及弱势群体（如未成年人、病人、老年人、低收入人群等）的行为。比如，智能玩具收集儿童玩耍的音频、视频数据，位置等信息；在远程医疗场景中，医生通过各类传感器收集分析患者的血糖、血氧等健康数据。

第八，创新个人信息运用：创新型技术或解决方案的应用行为。比如，通过人工智能为客户提供服务或支持并自动评估呼叫者的心情，根据评估结果确定与呼叫者的沟通方式或向呼叫者提供的建议；或者公共场所入口控制系统通过指纹或刷脸等个人生物识别信息判断其是否拥有进入某些区域、使用某些功能的权限。

第九，不公平交易和侵权：处理个人信息可能导致个人信息主体无法行使权利、使用服务或得到合同保障等的行为。比如，提供贷款、信贷、分期付款销售的实体通过个人信息主体的数据库信息针对潜在客户制定信贷决策。

借由《个人信息安全影响评估指南》附录 B 中列明的一系列高风险个人信息处理活动示例，企业可以与自身的业务模式和场景进行对照，充分关注自身是否存在这些高风险活动，并及时采取相应措施，确保个人信息安全和合规。

8. 结语

毫无疑问，《个人信息安全影响评估指南》对于个人信息保护具有极大的现实意义、价值和作用。

《个人信息安全影响评估指南》为企业提供了一个比较完善且结构化的评估框架，有助于组织全面地识别、分析、评估和管理个人信息安全风险。通过遵循该指南开展评估，企业能够揭示自身可能存在的安全漏洞，制定合适的安全控制措施，从而降低个人信息泄露或滥用导致的法律责任和经济损失，为企业的业务稳定和声誉保驾护航。

个人信息安全影响评估有助于企业内部员工深刻认识个人信息保护的重要性，并在实践中锻炼风险识别和应对能力。通过参与评估，员工可以增强安全意识，形成良好的信息处理习惯，从而应对不断升级的信息安全挑战。

在日益严格的监管环境下，企业需要确保其个人信息处理活动遵循相关法律法规。通过开展个人信息安全影响评估，企业能够及时发现合规隐患，采取纠正措施，确保业务的可持续发展。此外，评估有助于企业深入了解法规要求，提升企业对法规变化的敏感性和适应性。

针对个人信息出境的三条路径（安全评估、保护认证、标准合同）开展个人信息安全影响评估具有重要意义。评估成果可作为企业履行跨境数据传输评估法定要求的依据，证明企业已充分评估风险并确保境外数据接收者提供与国内法规相当的个人信息保护。评估结果还能为企业选择合适的数据出境路径提供参考。

值得注意的是，企业应将个人信息安全影响评估纳入其信息安全管理体系，确保评估的持续性和有效性。在个人信息处理活动发生重大变化时，企业需要重新进行评估，以确保安全控制措施的实时性和准确性。此外，企业还应关注监管部门发布的最新法规和指南，以便及时调整评估方法和流程，保持合规状态。

总之,《个人信息安全影响评估指南》为企业提供了一套完善的评估体系,能够帮助企业系统性地识别、评估和管理个人信息安全风险,提升合规水平,优化业务流程,增强员工的信息安全意识,为企业在全球范围内的业务拓展提供有力保障。在个人信息出境方面,遵循该指南开展评估更具有特殊的必要性和重要性,有助于企业在跨境数据传输过程中确保个人信息的安全与合规。

第四章 企业个人信息合规管理制度建设

建设企业个人信息合规管理制度是一项系统性的工程，涉及制度、机构、人员、机制、保护措施、审计/评估、个人信息出境等方面的内容，关于审计/评估、个人信息出境的内容，作者在本书前面的章节中已有论述，本章不再赘述。

本章主要讨论企业个人信息合规管理制度建设中的制度、机构、人员、机制、保护措施等方面的要求与内容。具体而言，第一部分主要对企业个人信息合规管理制度建设进行概述，明确企业个人信息合规管理制度建设的意义、目标和方法以及关键要素；第二部分主要介绍隐私政策的编写、公示和更新要求，以及隐私政策中需要包含的具体内容等；第三部分和第四部分则分别介绍企业在员工管理和与第三方合作中的个人信息保护管理措施。

第一节 企业个人信息合规管理制度建设概述

企业个人信息合规管理制度是指企业为保障个人信息主体的个人信息权益，合规处理个人数据的收集、存储、使用、共享等行为而建立的管理制度。通过建立和完善内部个人信息合规管理制度，企业可以有效地降低个人信息泄露和滥用等风险，保障个人信息主体的合法个人信息权益，促进企业可持续发展。

一、企业个人信息合规管理制度建设的意义

随着技术的快速更迭，当下个人信息泄露的方式多种多样，如病毒与非法入侵、系统漏洞、访问控制和权限管理不善等，这些都使得企业遭受了巨大损失。显然，在当前的数字化时代，个人信息合规已经成为企业管理的一项重要任务。建设完善的企业个人信息合规管理制度，对于企业和个人信息主体都具有重要意义，具体而言，其意义主要体现在以下七个方面。

1. 保护个人信息权益

个人数据的收集、存储和使用已成为企业竞争的重要因素之一，个人信息主体的个人数据包含其生物特征、健康状况、财务状况、消费行为等，这些信息的泄露或对其所滥用会对个人信息主体的利益产生重大影响。建立完善的企业个人信息合规管理制度可以确保个人数据的收集、存储和使用等流程合法、透明、安全，有效防止个人信息主体的个人信息被不法分子窃取和滥用，从而帮助企业保护个人信息主体的权益。

2. 增强客户信任感

建立完善的个人信息合规管理制度可以让个人信息主体感到企业对个人信息的高度重视，能够增强个人信息主体对企业的信任感。同时，个人信息权益得到保护，个人信息主体更加安心，还可以提升个人信息主体的满意度和忠诚度。在竞争激烈的市场中，建立良好的信任关系可以吸引更多的客户，增加企业的市场份额和商业价值。相反，一旦客户发现企业不重视个人信息保护，或是发生了用户个人信息泄露事件，就会对企业产生不信任感，从而降低客户的忠诚度和满意度。

3. 降低企业合规风险

在当前的法律和监管环境下，企业必须依法合规地处理各种数据，

否则将承担巨大的合规风险和法律责任。个人信息合规管理制度的建设需要企业全面了解当前的个人信息法律法规和监管政策，并将其纳入企业的个人信息合规管理制度，从而确保企业的个人信息处理行为符合相关法律法规和标准。因此，个人信息合规管理制度的建设可以规范企业的数据收集、存储和使用等行为，极大地减少企业的违规行为和合规风险。

4. 提高企业形象和声誉

随着公众个人信息保护意识的不断提高，企业的个人信息保护问题已成为公众关注的焦点。如果企业能够建立完善的个人信息合规管理制度，严格遵循个人信息法律法规和标准，加强对个人数据的保护和安全使用，将会赢得公众的信任和尊重、提高企业的品牌形象和声誉。同时，个人信息保护已成为企业社会责任的重要方面之一。建立完善的个人信息合规管理制度，可以展现企业对个人信息权益的尊重和保护，体现其对社会的责任感，有助于提升企业在社会中的地位和形象。

5. 提高员工意识和素养

企业个人信息合规管理制度的建设不仅是建立规章制度和技术安全保障，更涉及企业文化的建设和员工意识的改善。员工是企业运营的重要组成部分，他们的行为将直接影响企业的形象和声誉。如果员工缺乏个人信息保护意识，企业便很容易面临数据泄露、滥用等个人信息问题，这不仅会给企业带来经济损失，还会影响其信誉和形象。因此，企业应建立完善的个人信息合规管理制度，通过加强员工培训、制定个人信息保护规章制度、采用个人信息保护技术、建立内部监管机制等，有效提高员工对于个人信息保护的意识和素养，使员工在日常工作中更加注重个人信息保护，避免员工在个人数据处理方面出现不当的行为，从而为企业的可持续发展奠定坚实基础。

6. 促进数据创新和价值开发

数据是企业的重要资产，通过合法合规的数据收集、存储和使用等，企业可以更好地了解用户需求和市场动态，提高业务流程和决策的效率和精度，从而实现数据驱动的发展和创新。

首先，通过数据收集，企业可以更好地了解客户需求和行为模式。企业可以利用数据分析工具和技术对用户行为数据进行分析，得到用户喜好、购买习惯、需求偏好等信息，从而更好地了解客户，提高产品和服务的精准度和个性化程度。这有助于企业更好地满足客户需求，增加用户黏性和忠诚度，提高市场占有率。

其次，通过数据存储，企业可以更好地跟踪市场动态和趋势。企业可以对市场数据进行收集和存储，通过分析市场趋势和竞争情况掌握市场变化，制定更加精准的市场策略和营销计划，提高销售额和市场份额。

再次，通过数据使用，企业可以提高业务流程和决策的效率与精度。企业可以利用数据分析工具和技术对业务数据进行分析，识别业务瓶颈和优化点，提高业务效率和生产力。此外，数据分析还可以帮助企业制定更加科学合理的决策，降低决策风险，提高决策精度和可靠性。

最后，通过数据创新，企业可以开拓新的业务领域和市场机会。数据分析和挖掘可以帮助企业发现潜在市场和业务机会，创新业务模式和产品设计，从而开拓新的业务领域和市场机会。此外，数据创新还可以带来更多的商业价值和竞争优势，为企业的长期和可持续性发展提供更好的支持。

7. 推动行业标准的制定、发展并促进行业竞争的公平性

随着互联网和大数据技术的快速发展，个人信息保护已成为互联网行业和数字经济发展的重要议题。当一个企业建立起完善的个人信息合规管理制度时，它便可以成为其他企业学习和参考的典范，从而助推行业标准的制定和发展。在行业标准的制定过程中，各企业可以根据自身

的业务特点和实际情况制定相应的个人信息合规管理制度，从而形成更加健康、合理、规范的行业标准。

同时，在数字经济时代，掌握优质数据资源已经成为企业的竞争优势，其中个人信息是优质数据资源的主要部分，因此企业应当重视对个人信息的保护。如果企业没有建立起完善的个人信息合规管理制度，就很可能会在数据收集、存储和使用等方面存在违规行为，形成不公平的竞争环境。而随着越来越多的企业建立起完善的个人信息合规管理制度，行业竞争的公平性将得到有效保障。

综上所述，企业个人信息合规管理制度的建设对于企业与用户都具有重要意义。企业应该严格遵守个人信息法律法规和标准，建立完善的个人信息合规管理制度，保障个人信息安全、避免个人信息滥用和泄露，降低企业合规风险，减轻法律责任，最终实现企业和用户的共赢。

二、企业个人信息合规管理制度建设的目标

企业个人信息合规管理制度的建设目标是确保企业在收集、存储、处理和使用用户个人信息时，能够严格遵守相关法律法规和标准，保障个人信息权益，降低企业的合规风险。具体来说，企业个人信息合规管理制度的建设目标应包括以下七个方面。

1. 合规性

建立企业个人信息合规管理制度的首要目标是确保企业在处理用户个人信息时遵守相关法律法规和标准，避免企业因违反相关规定而产生合规风险和法律责任。企业应该对个人信息保护相关法律法规和标准进行全面了解和认知，并将其落实到企业个人信息合规管理制度中，明确企业在处理个人信息时应遵守的规范和流程，从而确保企业合规经营。

2. 保障个人信息权益

保障个人信息权益是企业个人信息合规管理制度建设的核心目标。

企业应该在个人信息保护方面确立"用户至上"的理念,对用户的个人信息进行严格保护,避免其被滥用、泄露或非法使用等。通过建立完善的个人信息合规管理制度,企业能够提高用户信任度、用户体验感和满意度,增强用户黏性,进而提升企业竞争力和市场占有率。

3. 提高数据管理水平

企业个人信息合规管理制度建设的另一个目标是提高企业数据管理水平。个人信息合规管理制度的建设应该涵盖企业在个人信息收集、存储、处理、使用、共享、转移和销毁等各个环节的管理要求,确保企业在个人信息管理方面合规、高效、安全。个人信息合规管理制度的建设还需要明确企业个人信息管理的责任和义务,加强数据安全风险评估和防范措施,保障用户数据安全。

4. 加强企业内部管理

加强企业内部管理也是企业个人信息合规管理制度建设的重要目标。个人信息合规管理制度应该明确企业个人信息管理的组织架构、管理流程、岗位职责和权限划分等各个方面的要求,从而实现企业内部个人信息管理的规范化、标准化和精细化。同时,企业应该加强员工的个人信息保护意识培训,提高员工的个人信息保护意识。

5. 提高企业社会责任

在信息化时代,企业对用户个人信息的处理涉及重要的社会责任问题,因此提高企业社会责任是建设企业个人信息合规管理制度不可忽略的目标之一。企业必须承担保护个人信息的社会责任,在收集、存储、处理和使用用户个人信息时,应该保护用户的个人信息权益,尊重用户的知情权和选择权,不滥用、泄露或非法使用用户的个人信息,做到诚信经营,提高企业社会形象和声誉。

6. 推动行业自律

推动行业自律也是企业个人信息合规管理制度建设应追求的目标。

企业个人信息合规管理制度的建设可以借鉴行业内优秀的个人信息保护经验和管理模式，促进行业自律的建设，推动行业内个人信息保护标准的制定和落实，从而提高整个行业的个人信息保护水平。

7. 提高企业品牌价值

当企业在个人信息保护方面取得突出成绩时，其可以进一步提高品牌声誉和市场认可度，提升企业品牌价值，从而增加企业的市场竞争力。消费者在选择商品和服务时，也会更倾向于选择个人信息保护做得好的企业。因此，提高企业品牌价值也是企业个人信息合规管理制度建设要追求的关键目标。

综上所述，企业个人信息合规管理制度的建设目标是多方面的，包括合规性、保障个人信息权益、提高数据管理水平、加强企业内部管理、提高企业社会责任、推动行业自律、提高企业品牌价值等。只有在这些目标的共同作用下，企业才能实现对个人信息的全面保护，提高企业的管理水平和社会形象，增强企业的可持续发展能力。

三、企业个人信息合规管理制度建设的方法

企业个人信息合规管理制度建设需要企业考虑各种因素，涉及组织架构、人员培训、流程管理、技术保障等多个方面。下面将简要介绍企业个人信息合规管理制度的建设方法。

1. 制定隐私政策

企业应制定一个清晰明确的隐私政策，告知用户企业将如何处理用户的个人信息。隐私政策应该简单易懂，详细说明企业收集哪些信息、收集目的、使用方式、保护措施、共享情况等信息。隐私政策应该定期更新，并在企业网站的显著位置进行公示。隐私政策的具体编写，以及公示、更新的流程、要求等请参考第四章第二节（"企业个人隐私政策的编写和公示"）的内容。

2. 完善组织架构

企业应该建立专门的个人信息保护部门，该部门应该明确各成员的职责和组织结构，确保部门各成员协调和合作，协同完成个人信息保护工作。通常来说，个人信息保护部门的职责可以包括以下内容。

·全面统筹实施企业内部的个人信息安全工作，对个人信息安全负直接责任。

·组织制订并督促落实个人信息保护工作计划。

·制定、签发、实施、定期更新个人信息保护政策和相关规程。

·建立、维护和更新组织所持有的个人信息清单（包括个人信息的类型、数量、来源、接收方等）和授权访问策略。

·开展个人信息安全影响评估，提出个人信息保护的对策和建议，督促安全隐患整改。

·组织开展个人信息安全培训。

·在产品或服务上线、发布前对其进行检测，避免个人信息收集、使用、共享等处理行为。

·公布投诉、举报方式等信息并及时受理投诉举报。

·进行安全审计。

·与监督、管理部门保持沟通，通报或报告个人信息保护和事件处置等情况。

3. 开展个人信息安全影响评估

企业应建立个人信息安全影响评估制度，评估并处置个人信息处理活动存在的安全风险。个人信息安全影响评估应主要评估处理活动遵循个人信息安全基本原则的情况，以及个人信息处理活动对个人信息主体合法权益的影响。

在法律法规有新的要求时，或在产品或服务发布前，或在业务模式、业务功能、信息系统、运行环境发生重大变化时，或发生重大个人信息安全事件时，企业均应进行个人信息安全影响评估，形成个人信息安全影响评估报告，并据此采取保护个人信息主体权益的措施，使相关风险降低到可接受的水平。同时，企业应妥善留存个人信息安全影响评估报告，确保可供相关方查阅，并以适当的形式对外公开。

4. 明确数据处理规范

企业应该建立明确的数据处理规范，以确保在处理个人信息时合规。具体来说，企业可以按照以下步骤建立数据处理规范。

（1）审查现有数据处理规范

企业应该首先审查现有的数据处理规范，了解其存在的缺陷和不足之处，为制定新的规范做准备。

（2）确定数据处理的目的和范围

企业应该明确数据处理的目的和范围，即数据的收集、存储、使用、共享、转移和删除等环节。在此基础上，企业可以制作相应的数据处理流程图，明确数据处理的全过程。

（3）明确数据处理规范的具体内容

企业应该根据数据处理目的和范围制定具体的数据处理规范。规范的内容应该包括数据处理的基本原则、具体操作流程、数据分类管理、权限控制、数据加密、数据备份、数据删除等。

（4）确认数据处理规范的可操作性和可验证性

企业在制定数据处理规范时，应该确保规范的可操作性和可验证性。数据处理规范应该能够被执行，并且可以进行有效的监督和验证。

（5）征求组织内外各方的意见和建议

在制定数据处理规范时，企业应该广泛征求组织内外各方的意见和建议。这些意见和建议可以来自法务、技术、业务、风险等不同部门，以保证数据处理规范的全方位、多角度的审查和修订。

(6)建立数据处理规范的执行机制

企业应该建立数据处理规范的执行机制，明确规范执行的责任人和流程，制定相应的监管措施，如数据安全审计、数据泄露报告、内部培训等。

(7)不断完善和更新数据处理规范

由于市场环境和监管政策的不断变化，企业应该定期审查和更新数据处理规范。在新的业务场景下，企业应该及时调整数据处理规范，保证规范的适应性和前瞻性。

5. 加强员工教育和培训

员工教育和培训是企业个人信息合规管理制度建设中必不可少的一环，只有通过有效的教育和培训，员工才能真正理解个人信息保护的重要性，认识到违反个人信息保护法律法规的严重性，了解企业的个人信息保护政策和个人信息保护制度，掌握个人信息安全知识和技能，保证企业的个人信息安全。具体而言，在教育和培训方面，企业可以采取以下措施。

(1)制订教育培训计划

企业应针对不同职位和岗位制订相应的教育培训计划，确保员工充分了解个人信息保护政策和制度，掌握个人信息保护法律法规的基本知识，学习个人信息安全知识和技能。

(2)开展定期的个人信息保护培训

企业应定期为员工提供个人信息保护方面的知识和技能培训。培训内容包括个人信息的分类、收集、使用、存储、共享、保护和处置等。

(3)组织有针对性的个人信息保护培训

企业应根据不同岗位的职责组织有针对性的个人信息保护培训，如对数据管理员、技术支持人员、客户服务人员、营销人员等不同职位的员工进行不同的培训，让他们了解各自职责下的个人信息保护要求和标准。

（4）进行个人信息保护意识教育

企业应通过丰富多彩的形式，如举办个人信息保护主题活动、制作宣传海报、发放宣传资料等，提高员工对个人信息保护的重视程度。

（5）组织模拟演练和应急演练

企业应定期组织模拟演练和应急演练，让员工了解个人信息保护工作的具体流程和标准，掌握处理个人信息泄露事件的应急措施和技能。

6. 强化个人信息保护技术手段

随着互联网和信息技术的快速发展，越来越多的个人信息被数字化和共享。然而，随之而来的是个人信息被泄露和滥用的威胁。因此，强化个人信息保护的技术手段变得尤为重要。

个人信息保护技术包括数据加密、匿名处理、脱敏处理、访问控制等多种手段，详细内容请参考第四章第一节（"企业个人信息合规的关键要素"）和第三节（"员工个人信息保护管理措施"）的内容。这些技术措施可以有效地保护个人信息，防止信息被泄露和滥用，保障用户的权益和利益。

企业需要根据自身业务情况选择合适的技术手段保护个人信息，例如，需要进行数据共享和交换的企业，可以采用匿名化或脱敏化技术保护用户个人信息；需要进行加密保护的企业，可以采用数据加密技术保障数据安全。

同时，企业还需要加强对个人信息保护技术的监管。对于个人信息保护技术的实施和运营，企业需要有专门的团队进行管理，并制定相应的策略和流程。此外，企业还需要建立完善的个人信息保护制度和监管机制，及时发现和处理个人信息泄露和滥用的情况。

7. 建立个人信息保护监督机制

企业需要建立个人信息保护监督机制，加强对个人信息保护工作的监督和管理，确保个人信息保护工作的有效实施。具体来说，企业可以采取以下措施。

(1) 设立个人信息保护部门

企业应设立专门的个人信息保护部门、组建个人信息管理团队，或者委派专门的人员负责个人信息保护工作，监督和管理个人信息保护工作的实施情况。个人信息保护部门应制定完善的管理制度、流程和标准，确保所有的工作人员都能遵守个人信息保护政策和法规。

(2) 审查和评估个人信息保护情况

企业应定期对自身个人信息保护情况进行审查和评估，发现问题并及时改进。审查和评估的内容主要包括企业收集、使用、存储用户个人信息的全过程是否存在个人信息泄露、侵犯用户个人信息权益的情况，是否合法、合规等。企业应对评估结果进行全面分析，找出漏洞和不足，制订相应的改进计划，并在一定时间内进行落实。

(3) 确保监管合规

企业应定期对各项个人信息保护政策、制度和流程进行审查，确保自身个人信息保护政策和操作流程符合国家和地区相关的法律法规和行业规范，以及与用户签订的个人信息协议中的约定，不断完善和提高自身的个人信息保护水平。

(4) 接受第三方监督

企业应积极接受第三方的监督和评估，以证明自身个人信息保护工作的合法性、合规性和透明度，也可以提高用户对企业的信任度和满意度。关于接受第三方的监督和评估，企业可以委托独立的监管机构、咨询公司或者组织进行审核、考核和评估，以检查企业个人信息保护工作是否符合规定、是否存在风险和漏洞，进而改善和加强个人信息保护措施。

(5) 定期进行内部和外部审计

个人信息保护监督机制还应该包括定期进行内部和外部审计，以确保个人信息合规管理制度的有效性,并监控实施效果。内部审计可以由企业内部的专门团队或者外部的审计机构进行,对企业的个人信息管理制度、流程、制度落实情况进行检查,发现问题并及时整改。外部审计可以由第三方机构进行,通过评估企业的个人信息管理制度是否符合法律法规的要求,是否具备完备有效的制度、流程、管理体系,是否得到了用户的认可等方面,评估企业的个人信息保护能力。

(6)设立投诉渠道

建立个人信息保护监督机制也需要设立相应的投诉渠道,让用户能够方便地向企业反映自己的个人信息保护问题。企业需要建立完备的投诉受理机制和流程,及时、公正地处理用户的投诉,对问题进行调查和解决,并及时向用户反馈处理结果。

(7)及时响应和处置个人信息事件

企业应建立完善的个人信息事件处理机制,及时响应和处置各类个人信息泄露事故。个人信息事件处理机制应包括事件的识别、收集、分析、定位、应急处置、风险评估、纠正措施、溯源等多个环节,以最大限度地减轻个人信息泄露事件对企业和用户造成的损害,企业应及时向有关部门和用户披露安全事件的情况和处理结果。

8. 审查和更新制度

企业个人信息合规管理制度的建设是一个不断优化和完善的过程,需要定期进行审查和更新,以确保其始终符合最新的法规和标准。企业可以制订详细的审查计划和程序,定期对个人信息合规管理制度进行审查,并记录审查结果和建议改进事项。审查可以由内部人员或独立的第三方机构进行,以确保审查的客观性和准确性。

在审查的基础上,企业需要对个人信息合规管理制度进行更新和完善。法规和标准的变更、业务模式的变化、技术进步等因素都需要及时纳入个人信息合规管理制度。此外,企业也可以结合自身实际情况,适当地增加或调整个人信息合规管理制度的内容和措施，更好地保护个人信息权益，增加企业社会责任。

总之，企业个人信息合规管理制度的建设方法多种多样，并不限于上述内容，企业应该根据自身的情况和需要，综合考虑各种因素，制定适合自身的个人信息合规管理制度，确保用户个人信息得到有效保护。

四、企业个人信息合规的关键要素

为了确保企业个人信息合规管理制度更加完善与健全，企业在制定个人信息合规管理制度时需要重点考虑个人信息安全影响评估、数据处理流程、个人信息保护的技术措施、数据主体权利保护、个人信息培训和教育等关键要素，具体而言，主要包括以下内容。

1. 个人信息安全影响评估

（1）基本概念

传统的信息或网络安全风险评估已有成熟的实践，其针对的是企业数字化的生产经营数据不受外界和内部风险源的破坏。但在注重个人信息保护的环境下，企业之外的个人是保护重点，因此，风险路径完成了"由内及外"的视角转换。为了与过去的风险评估相区别，目前，国际上均采用了影响评估的概念，目的是控制企业的信息处理行为的对外（对个人）影响。

个人信息安全影响评估，借鉴了国际标准化组织在《信息技术—安全技术—隐私影响评估指南》（ISO/ IEC 29134：2017 Information technology-Security techniques-Guidelines for privacy impact assessment）中设定的决策工具：隐私影响评估（PIA），用来识别和减轻隐私风险，通知公众：行为主体正在收集哪些个人可识别信息；行为主体为什么收集个人可识别信息；个人可识别信息将如何被收集、使用、访问、分享、保护和存储。

各国的 PIA 手册中也有适应各自国情的定义，而我国的《个人信息安全影响评估指南》将 PIA 定义为"针对个人信息处理活动，检验其合法合规程度，判断其对个人信息主体合法权益造成损害的各类风险，以及评估用于保护个人信息主体的各项措施的有效性的过程"。

（2）评估内容

个人信息安全影响评估的内容包括但不限于以下六点。

①个人信息收集环节是否遵循目的明确、选择同意、最小必要等原则。

②个人信息处理是否可能对个人信息主体合法权益造成不利影响，包括是否会危害人身和财产安全、损害个人名誉和身心健康、导致差别性待遇等。

③个人信息安全措施的有效性。

④通过匿名化或去标识化处理后的数据集重新识别出个人信息主体或与其他数据集汇聚后重新识别出个人信息主体的风险。

⑤共享、转让、公开披露个人信息可能对个人信息主体合法权益产生的不利影响。

⑥发生安全事件时，对个人信息主体合法权益可能产生的不利影响。

（3）对于企业的价值

个人信息安全影响评估是个人信息控制者实施风险管理的重要组成部分，旨在发现、处置和持续监控个人信息处理过程中的安全风险。其对于企业的价值主要体现在以下四个方面。

第一，奠定个人信息处理的基础。个人信息安全影响评估是一项战略计划，使企业能够规划个人信息处理活动，轻松应对合规审计和消费者要求，防止出现意外。

第二，明确个人信息管理策略。个人信息安全影响评估从确定企业如何收集、管理和保护个人信息等方面入手，评估企业个人信息漏洞和信息泄露的风险,这种数据驱动的系统方法使企业能够在如何处理个人信息漏洞和盲区方面作出高效的决策。

第三,维持消费者和员工关系的稳定。在企业竞争激烈、地缘政治剧烈变化、辞职风潮等诸多压力下,维持消费者和员工关系的稳定非常重要,而保护好他们的个人信息是一种维护良好关系的重要手段,这种方式能够让消费者和员工感到备受重视,从而带来良好且持久的效应。

第四,为合规审计做准备。合规要求是严格、强制的,个人信息安全影响评估全面呈现了个人信息处理过程中存在的错误、问题和个人信息安全风险,并让企业有机会在安全隐患造成法律后果之前处理它们,确保个人信息防护措施没有疏漏。此外,个人信息安全影响评估可以为企业提供可视化的证据表明企业在合规过程中采取了必要的措施。

总之,个人信息安全影响评估是企业保护用户个人信息和确保数据安全的重要手段,有助于提高企业的合规性、信任和声誉,同时降低由于个人信息安全所引发的合规风险。

2. 数据处理流程

数据处理流程是企业在处理个人信息等数据时必须考虑的重要因素,企业应该清楚地描述数据的收集、存储、加工、分析和应用的一系列过程,并确保其符合适用的相关法规和标准。以下是企业在制定数据处理流程时需要考虑的一些关键内容。

(1) 数据收集

数据收集是指从各种来源收集数据,包括手动录入、自动采集、第三方数据源等。对于其中的个人信息,企业应该明确收集数据的目的,并通过明示同意或其他合法方式来收集。同时,企业应该限制收集的信息类型和数量,避免不必要的收集。

(2) 数据存储

数据存储是指将收集到的数据存储到合适的数据库或文件中,以便后续处理和分析。企业应该采取必要的技术和组织措施,确保存储的数据安全可靠,特别是其中的个人信息。

(3) 数据清洗和预处理

数据清洗和预处理是指去除无效数据、缺失值和重复值等,并对数据进行标准化处理和转换。

(4) 数据使用

企业应该遵守相关法律法规和政策规定,确保数据的使用和处理符合法律要求。同时,企业应该明确数据使用的目的和范围,不得擅自变更授权范围和目的。

(5) 数据共享、转让

企业共享、转让包括个人信息等在内的数据时,应充分重视风险,并根据相关法律法规或标准的要求及时履行个人信息安全影响评估、告知等义务。

(6) 数据披露

数据中的个人信息,原则上不应公开披露,经法律授权或具备合理事由确需公开披露的,企业应该遵循相关法规和标准,并仅在必要的情况下披露个人信息。同时,企业应该采取必要的技术和组织措施,确保披露的个人信息安全可靠。

(7) 数据销毁

企业在处理完数据后,应该及时进行数据销毁,确保数据不会被恶意利用。数据销毁应采用安全可靠的方式进行,如物理销毁、加密销毁等,同时应保存销毁证明和记录,以便审计和监测。

总之,通过清晰的数据处理流程,企业可以确保数据的合法、合规处理,从而降低数据合规风险。

3. 个人信息保护的技术措施

个人信息保护的技术措施是保护个人信息安全的重要手段。企业应采取必要的技术措施，确保个人信息的安全处理。以下是常见的一些关键技术措施。

（1）数据加密

数据加密是一种信息安全技术，它通过对数据进行转换，使得未被授权的用户无法阅读、理解或使用这些数据。例如，在数据传输过程中，可以使用安全套接字层协议（SSL）或传输层安全协议（TLS）等加密协议。这些协议使用公钥加密和私钥解密的方法将数据转换为加密形式；在存储和处理过程中，通过使用对称密钥加密和非对称密钥加密等方法对数据进行加密。企业应该采用适当的加密技术，确保个人信息在传输、存储、处理等过程中的安全。

（2）访问控制

访问控制用于限制对系统、应用程序、网络或数据的访问。为了实现访问控制，企业可以采用多种技术和方法，如密码和令牌身份认证、角色和访问控制列表（ACL）授权、审计日志和安全信息及事件管理（SIEM）审计等。企业应该采用适当的访问控制技术，确保个人信息只被授权人员访问、处理和使用。

（3）数据备份

数据备份是指将企业重要数据复制到备份媒介（如硬盘、磁带、云存储等）上，以便在系统故障、人为失误或灾难等情况下恢复数据。数据备份技术可以分为多种类型，如全量备份、增量备份、差异备份等。全量备份是将整个数据集备份到备份媒介上，这种备份方式需要较长的时间和较大的存储空间，但备份数据的恢复速度较快；增量备份是将集中新增的数据备份到备份媒介上，这种备份方式需要较短的时间和较少的存储空间；差异备份则是将数据集中自上次备份以来的修改进行备份，这种备份方式比增量备份更快，但比增量备份需要更多的存储空间。企业应该采用适当的数据备份技术，确保个人信息在这些情况下的安全性和完整性。

(4) 匿名处理和脱敏处理

匿名处理是指去除个人信息中的识别信息，使得处理后的信息无法与特定个人相关联的过程。匿名处理既可以是完全匿名处理，也可以是部分匿名处理。脱敏处理是指替换或删除个人信息中的敏感信息，使得处理后的信息无法被还原为原始信息的过程。脱敏技术可以分为两种：一种是可逆脱敏，即脱敏后的数据可以通过还原算法还原为原始数据；另一种是不可逆脱敏，即脱敏后的数据无法通过还原算法还原为原始数据。企业应该采用适当的匿名处理和脱敏技术，确保个人信息在处理过程中的安全，降低信息泄露的风险。

(5) 安全传输

安全传输是指在数据传输过程中采用安全的技术手段，确保数据不会被窃听、篡改或泄露。安全传输技术主要包括超文本传输安全协议（HTTPS）、虚拟专用网络（VPN）、SSH 文件传输协议（SFTP）和安全复制协议（SCP）等。企业应该选择合适的安全传输技术，确保数据在传输过程中的安全。

(6) 多因素身份验证

多因素身份验证（Multi-Factor Authentication，MFA）是一种通过多个身份验证因素验证用户身份的身份验证方式。与传统的单因素身份验证（如只使用密码）相比，多因素身份验证具有更高的安全性，可以有效防止身份欺骗和账户被盗用。因为攻击者需要同时突破多个身份验证因素，而这往往是非常困难的。例如，即使攻击者知道用户的密码，但如果需要提供物理设备或生物特征才能完成身份验证，攻击者也很难伪造或窃取这些信息。

(7) 区块链技术

区块链技术是一种基于密码学原理和分布式计算的技术，它可以实现在去中心化的网络中记录、存储和传输数据，且数据不可篡改。区块链技术采用去中心化的方式，使得数据不再由一个单一的机构或组织控制，而是由众多参与者共同维护和管理。这种去中心化的特点使得区块链技术具有很高的安全性，因为攻击者必须攻击大部分节点才能篡改数据，而这是非常困难的。企业通过使用区块链技术，可以建立分布式的、不可篡改的数据存储和验证机制，保证数据的完整和安全。

（8）数据审计和监测

数据审计和监测是企业信息安全管理中重要的环节，主要包括数据流量监测、日志审计、数据备份监测、人员访问监测、数据修改监测等。企业通过对数据进行审计和监测，可以及时发现异常行为和数据泄露，并及时采取措施。

（9）智能算法和机器学习

智能算法和机器学习是当前信息安全领域中的热门技术，它们可以帮助企业自动识别和预测可能存在的个人信息风险，并提供自动化的个人信息保护措施，从而提高企业信息安全的水平和能力。智能算法和机器学习技术主要包括：数据分类和标记、个人信息检测和预测、行为分析和识别、异常检测和预警等内容。

以上是一些常见的个人信息保护技术措施，企业和个人应根据实际情况选择适当的技术措施来保护个人信息，降低个人信息被泄露和侵犯的风险。

4. 数据主体权利保护

数据主体权利保护是个人信息安全的重要保障，企业应该尊重数据主体的权利，保障其知情权、访问权、更正权、删除权等权利。

（1）信息披露

企业应该向数据主体清晰地披露个人信息的收集、处理和使用过程，确保数据主体了解自己的权利和企业处理个人信息的目的。

(2) 访问和更正

企业应向个人信息主体提供访问、查询下列信息的方法。

· 其所持有的关于该主体的个人信息或个人信息的类型。

· 上述个人信息的来源、使用目的。

· 已经获得上述个人信息的第三方的身份或类型。

个人信息主体发现个人信息控制者所持有的该主体的个人信息错误或不完整的,个人信息控制者应为其提供请求更正或补充信息的方法。

(3) 删除和遗忘

企业应该建立删除和遗忘个人信息的机制,确保数据主体能够要求企业删除或遗忘自己的个人信息。

(4) 同意和撤回

企业应该确保数据主体在个人信息收集、处理和使用过程中有知情权、自由意志和选择权,同时也应该建立数据主体撤回同意的机制。

(5) 申诉和投诉

企业应该提供申诉和投诉的渠道,确保数据主体能够就个人信息的收集、处理和使用提出异议和投诉。

通过保护数据主体的权利,企业可以增强数据主体对个人信息的控制,促进合规、公正、透明的个人信息处理,从而提高个人信息保护水平。

5. 个人信息培训和教育

个人信息培训和教育是加强企业个人信息保护的重要手段。企业应定期对相关部门和人员进行个人信息培训和教育,提高员工的个人信息保护意识和能力。

(1) 员工个人信息保护意识培训

该培训主要针对一般员工,旨在加强一般员工对个人信息保护的重要性和风险的认识,并增强员工在处理个人信息和避免个人信息泄露等方面的知识。

(2) 高管个人信息保护培训

该培训主要面向企业高层管理人员，旨在让他们了解个人信息保护的重要性和相关的法律法规，并指导他们制定企业内部的个人信息保护政策和流程。

(3) 信息安全培训

该培训主要针对企业的信息安全团队，旨在加强他们的企业信息安全管理意识和技能，提高信息安全水平，从而更好地保护用户的个人信息。

(4) 个人信息保护政策和流程培训

该培训主要针对与个人信息保护相关的工作人员，旨在让他们了解企业的个人信息保护政策和流程，掌握应对个人信息风险和处理用户投诉等方面的知识。

(5) 个人信息保护演练

该培训主要针对企业内部的个人信息保护团队，旨在通过模拟个人信息泄露事件的处理过程，提高团队的应对能力和技能水平。

通过个人信息培训和教育，企业可以提高员工对个人信息保护的认识和能力，从而加强个人信息保护的有效性和可持续性。企业应根据实际情况制订合适的培训计划，并定期开展培训活动，加强员工的个人信息保护教育和培训。

6. 个人信息违规处理和风险应对

个人信息违规处理和风险应对是企业保护个人信息安全的重要手段，企业应制订相应的个人信息违规处理和风险应对方案，及时处理个人信息违规事件和应对个人信息风险。以下是企业需要考虑的一些关键内容。

(1) 个人信息安全影响评估和预防

企业应建设个人信息安全影响评估机制，识别和评估潜在的个人信息风险，并采取必要的预防措施，以确保个人信息的安全性和合规性。

(2) 个人信息违规事件的快速响应

企业应建立个人信息违规事件的快速响应机制，及时发现、处理和通报个人信息违规事件。例如，企业可以建立专门的个人信息违规事件报告渠道，及时收集、分析和处理个人信息违规事件。

(3) 个人信息侵权赔偿和法律责任

企业应该了解和遵守相关的法律法规和标准，建立相应的个人信息保护制度和机制。如果发生了个人信息侵权事件，应及时采取相应的补救措施，赔偿受害者的损失，并承担相应的法律责任。

(4) 个人信息保护文化的建设

企业应建设个人信息保护文化，加强员工个人信息保护意识的培养和教育。例如，企业可以开展个人信息保护培训，定期进行个人信息保护意识调查和评估，加强员工对个人信息保护的认识和意识。

通过建立相应的个人信息违规处理和风险应对机制，企业可以及时发现和处理个人信息违规事件，预防个人信息风险，保障个人信息安全，同时也可以增强企业的信誉和品牌价值。

总之，企业应根据实际情况，全面落实企业个人信息合规的关键要素，建立和完善相关的制度和流程，保护用户的个人信息，促进企业的可持续发展。

第二节　企业个人隐私政策的编写和公示

随着个人信息保护受到越来越多的重视，为了防范个人信息合规风险，保护个人信息权利，隐私政策几乎成了各个企业必备的文本之一。此处需提示的是，如前文所述，隐私与个人信息是具有不同内涵和法律保护要求的两个独立概念，隐私政策从本质上来说，体现的是"个人信息"保护的相关内容，但鉴于目前国内的使用习惯，为避免各位读者疑惑，我们此部分仍称之为"隐私政策"。

一、隐私政策的概念

隐私政策，又称隐私声明、隐私条款等，是企业、组织、网站和应用为了保护用户个人信息而制定的说明。隐私政策通常依据法律法规、行业规则制定，目的在于以告知的方式维护用户之权益，内容通常涉及用户个人信息的收集、利用、共享、转让、公开披露等规则，以及告知用户其所享有的权利，是知情同意原则的体现。

隐私政策的主要目的是保护用户的个人信息和个人数据，同时让用户了解企业收集和使用其个人数据的方式。这可以增加用户对组织的信任度，同时也是合规性要求和法律要求。

二、隐私政策的功能

隐私政策是保护个人信息的重要工具，它的主要功能体现在以下六个方面。

1. 告知用户

隐私政策的披露，最大限度地对用户信息的收集、使用、管理规则进行了告知，且不论企业能以多大程度做到对用户群体的告知，但就整个隐私政策而言，其每个条款均宣告了与个人信息如何被处理有关的内容。

2. 保护用户个人信息权利

隐私政策的一个主要功能是保护用户的个人信息权利。隐私政策告知用户，企业将如何处理他们的个人数据，如数据收集的目的、使用方式和保护措施等，从而使用户可以更好地控制和保护自己的个人信息权利。

3. 建立企业与用户之间的信任

隐私政策可以提高企业的透明度和可信度，当企业公开了其将如何处理用户的个人数据时，用户便可以了解到企业的运作方式，而当用户知晓企业处理个人数据的方式，并采取了必要的保护措施时，将会更加信任企业，此种信任既可以增加用户使用企业产品和服务的频率，也可以增加企业的声誉度。

4. 保护企业的合规性

隐私政策是企业遵守相关个人信息法律法规和规定的必要手段之一，可以帮助企业确保其处理个人数据的合法性和合规性。若企业违反相关规定，可能面临罚款、诉讼和声誉损失等风险。

5. 促进数据保护

隐私政策要求企业明确保护个人数据的机制和流程，其存在一定程度上能够对企业起到威慑作用，使企业在收集、使用个人信息时有所顾忌，从而确保企业能够正确、安全地处理个人数据。隐私政策有助于促进企业数据保护和个人信息保护意识的提高。

6. 监督企业

当企业出现违规收集、处理用户个人信息等行为时，监管机构可依据隐私政策，结合相关法律规定，对企业的违法行为作出处理。

三、隐私政策的法律属性

在《数据安全法》《个人信息保护法》等未正式出台之前，部分隐私政策以声明的方式出现，以告知用户其所享有的权益，在形式上类似于企业内部的自律规范。

但随着相关法规的出台，企业收集个人信息必须经过用户明示及同意，即在用户首次登录企业网站或使用 App 时，企业需要通过弹窗对收集用户信息的情况予以告知，并征得用户同意。隐私政策的内容加上此种明示及同意的形式，事实上已和民事合同相类似。那么，隐私政策在法律上究竟是合同还是企业内部的自律规范呢？

目前，关于隐私政策的法律属性问题，实务中主要存在两种观点。

第一种观点认为，隐私政策体现了用户和企业的真实意思表示，已经在双方之间成立合同。企业在网站或 App 上发布隐私政策的行为构成要约，用户浏览并点击"同意"的过程已然构成承诺。企业收集用户信息的权利与用户同意企业采集其信息的义务构成了网络服务合同中的一对权利义务关系，且在用户不同意企业采集其个人信息的情况下，隐私政策亦无法生效，因此隐私政策并非单纯的企业自律规则，而是双方关于数据采集、信息保护等事项的合同文本。

第二种观点认为，隐私政策仅在企业内部产生规制，本质上属于企业内部的自律规则，无法在双方当事人之间产生合同效力。因为相较网络服务协议而言，隐私政策的内容更为宽泛，当企业违反隐私政策的规定收集、管理、存储用户信息时隐私政策仅产生满足监管主体对企业提出监管要求之效果，不能溯及个人信息纠纷的双方当事人并产生合同效力。

就上述两种观点而言，作者更加赞成隐私政策在法律属性上属于企业制定的格式合同的观点。全国人民代表大会常务委员会发布的《关于加强网络信息保护的决定》规定，网络服务提供者和其他企业事业单位在业务活动中收集、使用公民个人电子信息不得违反法律、法规的规定和双方的约定，从此处的"约定"表述上可推导出立法机关对于隐私政策性质的态度，即将其视为合同。此外，在《最高人民法院公报》2002 年第 6 期（总第 80 期）"来云鹏诉北京四通利方信息技术有限公司服务合同纠纷案"的判决书中，北京市第一中级人民法院亦将新浪网在网站页面上向用户展示的网站服务条款内容认定为格式条款的合同。因此，作者认为可以将隐私政策的法律属性确定为格式合同，而非企业自律规则。

四、隐私政策包含的内容

隐私政策的内容包括但不限于以下方面。

1. 信息收集和使用

隐私政策应明确说明将收集哪些用户信息以及如何使用这些信息，通常应包含以下内容。

（1）收集的信息类型

隐私政策应该清楚地列出所收集的个人数据的类型，如姓名、地址、联系电话、电子邮件地址、出生日期、社交媒体账户、IP 地址、浏览器类型、操作系统、设备型号等。

（2）收集的信息来源

隐私政策应该说明收集的个人数据的来源，如直接从用户收集、从第三方获得等。

（3）收集信息的目的

隐私政策应明确说明收集用户信息的目的及用途，如提供服务、提高用户体验感、统计分析、市场营销、改进产品等。

（4）信息使用方式

隐私政策应明确说明如何使用用户信息，如存储、处理、传输、共享、出售、转让等，并说明具体原因。

2. 信息保护和安全

隐私政策应说明将如何保护用户信息，如保存期限、保存地域，以及为保存用户信息而采取的安全措施等，具体可以包括以下内容。

（1）信息保护措施

隐私政策应明确说明采取哪些措施保护用户信息的安全，如加密、访问控制、身份认证、安全审计等技术措施，以及对企业员工进行数据安全的意识培养和安全能力的培训与考核、建立专门的团队负责信息安全等。

(2) 信息存储方式

隐私政策应说明如何存储用户信息，如云存储、本地存储、备份等。

(3) 信息存储时间

个人信息保护要求数据保存时间最小化，即以尽早尽快删除为原则，而出于监管等目的，法律可能要求相关数据（含有个人信息）至少保存一段时间，二者之间存在一定张力。企业应当在遵守法律要求的前提下，根据企业及其所收集的数据的实际情况确定存储时间，并在隐私政策中进行说明。

(4) 信息存储地域

隐私政策应说明，原则上在境内收集和产生的个人信息，将存储在中华人民共和国境内，如果用户的个人信息可能被转移到用户使用产品的区域，如境外，企业则需要事先获得用户的同意。

3. 用户权利

隐私政策应明确说明用户享有的权利，包括但不限于以下方面。

(1) 访问和修改个人信息的权利

隐私政策应说明用户有访问和修改个人信息的权利，以及如何行使这些权利。

(2) 取消或限制使用个人信息的权利

隐私政策应说明用户有要求取消或限制企业使用个人信息的权利，以及如何行使这些权利。

(3) 删除信息及注销账户的权利

隐私政策应说明在符合一定条件的情况下，用户有权要求企业删除相应的个人信息，企业应及时删除，以及用户有权要求注销账户；企业应向用户提供注销账户的方法，且方法应简便易操作。

（4）投诉和反馈的权利

隐私政策应说明用户有投诉和反馈的权利，以及如何行使这些权利，包括告知企业的名称、地址、电话号码和电子邮件地址，以及隐私政策相关负责人员的信息。

4. 其他内容

除了以上内容之外，隐私政策一般还应当包含以下内容。

（1）未成年人信息的保护

隐私政策应说明对于 18 周岁以下的未成年人的个人信息将如何收集、存储、使用、共享、转让或披露，对于 14 周岁以下的儿童的个人信息将如何收集、存储、使用、共享、转让或披露，以及将采取哪些保障措施。

（2）小型文本文件（Cookie）和其他技术的使用

隐私政策应该说明是否使用小型文本文件和其他技术，以及如何使用这些技术。

（3）免责声明

隐私政策应说明该网站、应用程序或在线服务提供者对用户个人信息的使用所带来的风险和应承担的责任，以及如何限制其责任。

（4）法律依据

隐私政策应说明该网站、应用程序或在线服务提供者收集、使用和保护用户信息的法律依据，如个人信息法律、数据保护法律、电子商务法律等。

（5）隐私政策的更新和修改

隐私政策应说明该网站、应用程序或在线服务提供者如何更新和修改隐私政策，以及如何通知用户。

5. 条款示例

关于隐私政策包含的具体内容、相应法律要求以及条款示例，作者梳理了下表 5，供读者参考。

表5 隐私政策条款

条款	法律法规	条款示例
隐私政策适用范围	《App违法违规收集使用个人信息自评估指南》第17条	本政策适用于某某公司以网站、客户端、小程序以及随技术发展出现的新形态向您提供的各项产品和服务。如我们及关联公司的产品或服务中使用了我们的产品或服务，但未设独立隐私权政策的，则本政策同样适用于该部分产品或服务。我们及关联公司就其向您提供的产品或服务单独设有隐私政策的，则相应产品或服务适用相应隐私政策。
我们如何收集和使用您的个人信息	《民法典》第111、1034、1035、1036条 《个人信息保护法》第4—10、13—32条 《数据安全法》第32条 《网络安全法》第24、40、41、44、61、64条 《电子商务法》第23、25、27、32、33、35、36、76条 《消费者权益保护法》第29、56条 《信息安全技术 个人信息安全规范（2020）》第5、7、9条 《App违法违规收集使用个人信息自评估指南》第5—8、11、14、20—29条	在您使用我们的产品/服务时，我们需要/可能需要收集和使用的您的个人信息包括如下两种： 1. 为实现向您提供我们的产品/服务的基本功能，您须授权我们收集、使用的必要信息。如您拒绝提供相应信息，您将无法正常使用我们的产品/服务。 2. 为实现向您提供我们的产品/服务的附加功能，您可选择单独同意或不同意我们收集、使用信息。如您拒绝提供，您将无法正常使用相关附加功能或无法达到我们拟达到的功能效果，不会影响您使用我们的基本功能。 我们会为您提供的各项具体功能场景以及需要收集和使用的个人信息包括： （一）……； （二）……；（三）……。 若您提供的信息中含有其他用户的个人信息，在向我们提供这些个人信息之前，您须确保您已经取得合法的授权。 若我们将信息用于本政策未载明的其他用途，或者将基于特定目的收集而来的信息用于其他目的，均会事先获得您的同意。

续表

条款	法律法规	条款示例
我们如何收集和使用您的个人信息		我们会根据本隐私政策的内容，为实现我们的产品/服务功能对所收集的个人信息进行使用。 在收集您的个人信息后，我们将通过技术手段对数据进行去标识化处理。当我们展示您的个人信息时，会采用包括去标识化或者匿名化处理方式对您的信息进行脱敏，以保护您的信息安全。 为统计我们的产品/服务使用情况，我们会对经过技术处理的用户数据进行汇总、分析和使用，并与第三方共享处理后的统计信息。我们会通过安全加密的技术处理方式以及其他方式保障信息接收方无法重新识别特定个人。
我们如何委托处理、共享、转移、公开披露您的个人信息		·委托处理 我们可能委托授权合作伙伴处理您的个人信息，以便向您提供相应的产品或服务。但我们仅会出于合法、正当、必要、特定、明确的目的共享您的个人信息，并且只会共享提供产品或服务所必要的个人信息。如果我们的合作伙伴将您的个人信息用于我们未委托的用途，其将单独征得您的同意。 我们的合作伙伴包括以下类型…… ·共享 我们不会与其他的任何公司、组织和个人共享您的个人信息，但以下情况除外…… 为向您提供相关产品或服务，向您展示可能感兴趣的内容，保护您的账号与交易安全，我们可能会将您的个人信息与我们的关联方或者合作伙伴共

续表

条款	法律法规	条款示例
我们如何委托处理、共享、转移、公开披露您的个人信息		享，共享内容及目的详见此处。我们的关联方或者合作伙伴如要改变个人信息的处理目的，将再次征求您的授权同意。 请您注意，您在使用我们的服务时自愿共享甚至公开分享的信息，可能会涉及您或他人的个人信息甚至敏感个人信息。请您共享时谨慎考虑并决定。 ·转移 因合并、分立、解散、被宣告破产等原因需要转移个人信息的，我们会向您告知接收方的名称或者姓名和联系方式，要求接收您个人信息的公司、组织继续受本隐私政策的约束，否则，我们将要求该公司、组织重新向您征求授权同意。 ·公开披露 我们仅会在以下情况，且在采取符合业界标准的安全防护措施的前提下，才会公开披露您的个人信息……
我们如何保护和保存您的个人信息	《民法典》第1038条 《个人信息保护法》第9、11、38—40条 《数据安全法》第29、30、31条 《网络安全法》第22、37条 《个人信息出境安全评估办法（征求意见稿）》全文 《消费者权益保护法》第29、56条 《信息安全技术 个人信息安全规范（2020）》第6条、第9条第8款、第10、11条 《App违法违规收集使用个人信息自评估指南》第10、12条	·我们保护您个人信息的技术与措施 1. 数据安全技术措施…… 2. 其他安全措施…… 3. 安全事件处置…… ·我们如何保存您的个人信息 1. 您的个人信息将存储于中华人民共和国境内。如您使用跨境交易服务，且需要向境外传输您的个人信息完成交易，我们会单独获取您的授权同意并要求接收方按照双方签署的数据保护协议、本隐私政策，以及相关法律法规要求来处理您的个人信息。

续表

条款	法律法规	条款示例
我们如何保护和保存您的个人信息		2. 在您使用我们的产品/服务期间，您的个人信息将在为了实现本政策所述目的之期限内保存，同时将结合法律有强制的留存要求期限的规定确定。在超出保存期间后，我们会根据适用法律的要求删除您的个人信息，或进行匿名化处理。 3. 请您注意，当您成功注销账号后，我们会根据适用法律的要求删除您的个人信息，或进行匿名化处理。 4. 如果我们终止服务或运营，我们会至少提前30日向您通知，并在终止服务或运营后对您的个人信息进行删除或匿名化处理。
您的权利	《民法典》第1037条 《个人信息保护法》第15、16、44—50条 《网络安全法》第43、64条 《电子商务法》第18、24、27、76条 《信息安全技术 个人信息安全规范（2020）》第8条 《App违法违规收集使用个人信息自评估指南》第15、16、30、31、32条	·访问和更正您的个人信息 除法律法规规定外，您有权随时访问和更正您的个人信息，具体包括…… ·删除您的个人信息 在以下情形中，您可以向我们提出删除个人信息的请求…… ·改变您授权同意的范围或撤回您的授权 您可以通过删除信息、关闭设备功能、在我们的网站或软件中进行隐私设置改变您授权我们继续收集个人信息的范围或撤回您的授权。您也可以通过注销账号的方式撤回我们继续收集您个人信息的全部授权。 ·注销账号 您可以在我们的产品中直接申请注销账号。您可以通过移动端App访问"我的—账户设置—账户与安全—注销账户"完成账号注销；您还可以通过PC端访问"我的—账户设置—账户安全—注销账号"完成账号注销。关于您注销账号的方式以及您应满足的条

续表

条款	法律法规	条款示例
您的权利		件，请详见我们的《账号注销须知》。您注销账号后，我们将停止为您提供产品/服务，并根据适用法律的要求删除您的个人信息，或进行匿名化处理。 ·获取您的个人信息副本 您有权获取您的个人信息副本。如您需要获取我们收集的您的个人信息副本，您随时联系我们。在符合相关法律规定且技术可行的前提下，我们将根据您的要求向您提供相应的个人信息副本。 ·响应您的请求 如果您无法通过上述方式访问、更正或删除您的个人信息，或您需要访问、更正或删除您在使用我们产品/服务时所产生的其他个人信息或者获取个人信息副本，或您认为我们存在任何违反法律法规或与您关于个人信息的收集或使用的约定，您均可以发送电子邮件至……或通过本隐私政策中的其他方式与我们联系。为了保障安全，我们可能需要您提供书面请求，或提供您的身份证明文件，我们将在收到您的反馈并验证您的身份后的15日内答复您的请求。对于您合理的请求，我们原则上不收取费用，但对多次重复、超出合理限度的请求，我们将视情况收取一定成本费用。对于那些无端重复、需要过多技术手段、给他人合法权益带来风险或者非常不切实际的请求，我们可能会予以拒绝。

第四章 企业个人信息合规管理制度建设

续表

条款	法律法规	条款示例
我们如何处理未成年人的个人信息	《个人信息保护法》第 31 条 《儿童个人信息网络保护规定》第 1—4、7—28 条	我们非常重视对未成年人个人信息的保护。若您是 18 周岁以下的未成年人，在使用我们的产品/服务前，应事先取得您监护人的同意。我们根据国家相关法律法规的规定保护未成年人的个人信息。 我们不会主动直接向未成年人收集其个人信息。对于经监护人同意而收集未成年人个人信息的情况，我们只会在受到法律允许、监护人同意或者保护未成年人所必要的情况下使用、共享、转让或披露此信息。 如果有事实证明未成年人在未取得监护人同意的情况下注册使用了我们的产品/服务，我们会与相关监护人协商，并设法尽快删除相关个人信息。 对于可能涉及的不满 14 周岁的儿童个人信息，我们进一步采取以下措施予以保障……
本政策如何更新	《个人信息保护法》第 14、17 条 《电子商务法》第 34 条 《App 违法违规收集使用个人信息自评估指南》第 17、18 条	为给您提供更好的服务以及随着我们业务的发展，本隐私政策也会随之更新。但未经您明确同意，我们不会削减您依据本隐私政策所应享有的权利。我们会在我们的网站、移动端上发出更新版本并在生效前通过网站公告或以其他适当方式提醒您相关内容的更新，也请您访问我们的网站以便及时了解最新的隐私政策。 对于重大变更，我们还会提供更为显著的通知。本隐私政策所指的重大变更包括但不限于…… 我们还会将本隐私政策的旧版本存档，供您查阅。

215

续表

条款	法律法规	条款示例
本政策如何更新		为了您能及时接收到通知，建议您在联系方式更新时及时通知我们。如您在本政策更新生效后继续使用我们的服务，即代表您已充分阅读、理解并接受更新后的政策并愿意受更新后的政策约束。我们鼓励您在每次使用我们的服务时都查阅本政策。您可以在我们的网站底部"隐私政策"中查看本政策，或在我们的 App 通过"我的—账户设置—关于我们—隐私政策"中查看本政策。
如何联系我们	《个人信息保护法》第 17、65 条 《网络安全法》第 49 条 《电子商务法》第 59 条 《App 违法违规收集使用个人信息自评估指南》第 9、16、32 条	如您对本隐私政策或您个人信息的相关事宜或者投诉、举报，有任何问题、意见或建议，请通过以下方式与我们联系…… 一般情况下，我们将在 15 日内回复。如果您对我们的回复不满意，特别是我们的个人信息处理行为损害了您的合法权益，您还可以向网信、电信、公安及市场监管部门进行投诉或举报。

五、隐私政策的公示和更新要求

1. 公示方式

隐私政策可以通过以下方式进行公示。

（1）在网站或应用的注册页面或登录页面上公示

在用户进行注册或登录操作时，可以在注册页面或登录页面上直接展示隐私政策或以弹窗等形式展示隐私政策，以引导用户了解和接受隐私政策。这是一种直接的方式，可以让用户在注册或登录前就清楚地知道个人信息被收集和使用的情况。

(2) 在网站或应用的主页上链接至隐私政策页面

在网站或应用的主页上设置明显的链接,将用户引导至隐私政策页面。这样,用户在进入网站或应用时就可以方便地找到隐私政策,了解企业对其个人信息的使用方式。

(3) 在网站或应用的其他页面上链接至隐私政策页面

除主页外,企业也可以在网站或应用的其他页面如设置页面、个人信息管理页面等设置链接至隐私政策页面,但必须是能通过四次以内的点击查阅到(如我的—设置—关于我们—隐私政策)的,以便用户在使用过程中随时查看隐私政策。

(4) 通过邮件、短信或其他通信方式向用户发送隐私政策

网站或应用也可以通过向用户发送邮件、短信或其他通信方式将隐私政策直接发送给用户,以便用户在使用过程中了解企业对其个人信息的处理方式。

对于以上不同的公示方式,企业可以相互结合,确保用户在使用网站或应用时能够方便地了解隐私政策的内容。

2. 更新时机

随着法律法规的变化以及企业、网站和应用的业务调整,隐私政策的内容可能需要进行调整和修改。企业应当在以下情况下更新隐私政策。

(1) 个人信息收集方式或目的发生变化时

如果企业收集个人信息的方式或目的发生了变化,如开始收集新的个人信息类别、采用新的数据收集方法或将个人信息用于新的业务目的时应当及时更新隐私政策,明确说明新的收集方式和目的,并征得用户的同意。

(2) 个人信息使用方式或范围发生变化时

如果企业使用个人信息的方式或范围发生了变化,如改变个人信息的处理方式、用于新的数据处理活动或与合作伙伴共享个人信息的方式

发生变化时应当更新隐私政策，明确说明新的使用方式或范围，并征得用户的同意。

(3) 个人信息保护措施发生变化时

如果企业个人信息的保护措施发生了变化，如加强了数据安全措施、更新了数据存储方式或提高了数据处理的技术水平时应当更新隐私政策，并详细说明改进后的保护措施，以保障用户的个人信息安全。

(4) 个人信息共享方式或范围发生变化时

如果企业个人信息的共享方式或范围发生了变化，如新增或减少了与第三方共享个人信息的合作伙伴、共享目的发生了变化或共享方式发生了变化时应当更新隐私政策，应明确说明新的共享方式或范围，并征得用户的同意。

(5) 相关法律法规发生变化时

如果相关的个人信息保护法律法规发生了变化，如国家、地区或行业的个人信息法律法规更新或修订时应当及时更新隐私政策，确保其合规性，并根据新的法律法规要求对个人信息的处理进行调整。

(6) 其他可能影响个人信息保护的情况发生变化时

除以上情况外，如果其他可能影响个人信息保护的情况发生了变化，如企业的组织结构发生了变化、业务调整导致个人信息处理方式发生变化等时，也应当更新隐私政策，保障用户的权益。

3. 更新要求

企业在进行隐私政策变更时，需要满足以下要求。

(1) 提前通知用户

企业在变更隐私政策前，应当提前通知用户，告知用户隐私政策的变更内容、变更原因、变更时间等信息，可以通过电子邮件、短信、站内信、弹窗等方式进行，让用户有足够的时间了解变更内容并作出相应的决策。

（2）明确告知变更内容

企业应当明确告知用户隐私政策的变更内容，包括对个人信息在收集、使用、保护、共享、保留和变更等方面的修改，并说明变更的影响。

（3）考虑用户权益

企业在变更隐私政策时，应当考虑用户的权益，确保变更内容不会损害用户的合法权益，如未经用户同意，不得收集、使用、共享、披露用户的个人信息。

（4）给予用户选择权

企业应当给予用户选择权，即让用户自主选择是否同意变更后的隐私政策，或者拒绝继续使用企业提供的服务。

（5）更新公示

企业应当及时更新隐私政策公示内容，以体现变更后的内容，并在网站、应用等易于查阅的位置明确告知用户隐私政策的变更情况。

（6）检测和评估

企业应当定期检测和评估隐私政策的变更情况，对变更后的隐私政策进行个人信息安全影响评估，确保变更后的隐私政策符合相关法律法规和规范性文件的要求。

六、应注意的问题

制定隐私政策时，企业应注意以下问题。

1. 做好格式条款的重点提示

隐私政策条款的底层逻辑是默认同意，因此，隐私政策文本在内容上难免涉及个人信息采集权限的授权问题，我国相关法律法规反复强调，采集个人信息应通过明示的方式获取授权。前文已经提到过，隐私政策是企业制定的应用于所有用户的格式合同，法律对格式合同规定了特殊的提示要求。因此，为了避免格式条款受到否定性评价，导致企业收集、处理个人信息等活动的合法性受到挑战，进而使企业遭受不必要的损失，建议企业在隐私政策中采取一定的措施，如对于需要用户重点阅读的内容，可以通过加粗、下划线、加大字号等各种形式进行强调，确保用户能清晰阅读；还可以要求用户阅读隐私政策达到要求的时间，并且下拉至协议底端才可以进行注册或登录操作等。

2. 符合所在行业的特殊监管要求

《个人信息保护法》出台前后，人民银行、工信部、卫健委等部门均已在各自领域内出台了各类适用于各自行业的特殊规则，旨在监管本行业内企业对个人信息的保护行为。因此，企业除需遵守《民法典》《个人信息保护法》《数据安全法》等通用的数据保护法律法规的要求外，还需要遵守相关行业的特殊规定。企业在起草隐私政策之前，应当在专业人士的指导下完整收集、整理个人信息保护领域的行业规定，并在隐私政策中进行体现，避免疏漏。

3. 可以制作简化版隐私政策或隐私政策摘要

由于法律法规规定隐私政策需要对个人信息处理规则进行"全量告知"，难免冗长烦琐，对普通用户而言，阅读友好性也较差，因此，企业可以考虑制作简化版隐私政策或者隐私政策摘要，与完整版的隐私政策一同展示。如选择制作简化版隐私政策或隐私政策摘要，企业在制作时可以考虑通过以下步骤梳理思路。

（1）在内容上

企业在制作简化版隐私政策或者隐私政策摘要时，应优先提炼隐私政策的核心规则，即用户最关心的问题，包括但不限于：主要业务功能收集和使用的必要个人信息、敏感个人信息情况以及用户关心的权限调用情况等。

（2）在呈现形式上

企业可以考虑将简化版隐私政策或者隐私政策摘要放到完整版隐私

政策正文的顶部，或与完整版隐私政策以并列超链接的形式在弹窗中进行展示。

（3）在风险控制上

企业需要在简化版隐私政策或者隐私政策摘要的显著位置说明该文本仅为简化版隐私政策或者隐私政策摘要，不应被视为对用户进行告知的完整文件，关于企业的个人信息处理规则以完整版隐私政策中告知的内容为准。

4. 对所收集的个人信息类型必须一一列举

即使企业需要收集的个人信息类型很多，包括姓名、性别、出生日期、居住地、手机号码、昵称、头像等，且企业业务功能也很多，不同的业务功能所要收集的个人信息类型和收集目的又不尽相同，但在此等情形下，隐私政策中企业收集和使用的个人信息类型、目的、方式仍需要逐项进行列举，切勿使用"等""例如""包括但不限于"之类的词语概括。对于这一点，《个人信息保护法》第十七条已进行了明确规定，企业应当严格遵守。

5. 市面上的自动化合规检测工具无法确保隐私政策的合规性

隐私政策合规属于产品合规的重要部分，仅凭隐私政策的文本内容的表面合规并不能确保企业充分履行个人信息保护合规义务。隐私政策的合规依赖于业务流、个人信息流的梳理工作，需要充分的调查，确保摸清每个业务、功能或场景下的个人信息处理情况。套用行业标杆的模板，或简单地仅通过自动化工具进行检测，并不能保证企业的隐私政策符合法律法规的基本要求。因此，企业可以通过自动化工具初步审查隐私政策可能存在的问题，但最终还是需要在法律专业人士的指导下通过多种核查手段进行深入、彻底的内部调查，实现合格的隐私政策的目标。

综上所述，隐私政策是保护个人信息的重要工具，企业应认真制定和执行，以最大限度地保护用户个人信息和企业的商业利益。

第三节　企业员工个人信息保护管理

个人信息合规制度的有效实施需要员工及第三方合作伙伴的积极参与和配合，只有员工和第三方合作伙伴的个人信息保护意识和能力提高，才有助于企业建立良好的个人信息合规制度并确保制度的有效实施。

员工个人信息保护管理是对企业内部人员进行管理，而第三方合作伙伴个人信息保护管理则是对企业外部人员进行管理，二者在企业采取的具体措施方面会存在一些差异，因此作者将分开论述员工个人信息保护管理与第三方合作伙伴个人信息保护管理。

一、员工个人信息保护管理措施

为了提高员工的个人信息保护意识和能力，企业可以采取以下管理措施。

1. 签署保密协议

大多数企业与员工签署的保密协议都仅是为了保护企业的商业秘密，如相应的技术资料、客户名单等，很少有企业和员工会签署关于个人信息保护方面的保密协议。但在目前的经济环境下，要求员工签署个人信息保护方面的保密协议是十分重要和必要的。

为保护个人信息，企业应该要求所有能够接触到个人信息的员工在入职时签署关于个人信息保护的保密协议，明确员工在工作中对接触到的个人信息的保密义务和责任，以及泄露个人信息所带来的后果和惩罚。该保密协议除需要具备常规的保密协议中的基本条款外，还应当额外包括以下内容。

·定义个人信息：明确哪些信息属于个人信息，包括但不限于个人身份信息、财务信息、个人照片、个人健康信息等；

·使用限制：规定个人信息只能用于特定目的，禁止泄露、传播或透露给未经授权的第三方。

·保密义务：明确员工的保密义务，包括但不限于不得复制、转移、修改、泄露、披露个人信息。

·个人信息收集和使用：明确个人信息的收集和使用方式、范围、目的，并要求员工必须遵守相关法律法规和企业的规定。

·个人信息安全：规定对个人信息应采取合理、安全的方式进行存储、传输和处理，包括但不限于加密、访问控制、备份等。

·个人信息泄露的应对措施：明确员工在发现或怀疑个人信息遭到泄露时应采取的应对措施，包括报告公司安全管理负责人、立即采取措施防止扩散等。

·个人信息安全培训和监督：规定公司对员工进行个人信息保护方面的培训和监督，以提高员工的个人信息保护意识和能力。

·违约责任：明确违反保密协议的后果和责任，包括但不限于赔偿损失、承担法律责任、受到其他惩罚等。

·协议的有效期限和更新：明确保密协议的有效期限和更新规定，企业应定期检查和更新保密协议，以适应不断变化的市场环境和公司需求。

·其他条款：包括但不限于协议的签署和生效方式、争议解决方式等。

2. 个人信息保护意识培训

定期开展个人信息保护培训是提高员工个人信息保护意识和能力的一种有效方法。为了取得最佳效果，企业需要制订一套完整的培训方案，包括培训的内容、形式、周期和对象等。

（1）培训内容

企业对员工的个人信息保护培训内容应当包括以下方面。

·个人信息保护的概念和意义。通过介绍个人信息保护的概念和意义，让员工了解其重要性，树立保护个人信息的观念。

·个人信息的分类和保护标准。通过介绍个人信息的分类和保护标准，让员工了解不同类型的敏感信息需要采取的不同保护方式，以及如何合理处理个人信息。

·个人信息泄露和数据安全的风险。通过介绍个人信息泄露的危害和数据安全的重要性，让员工了解个人信息泄露带来的后果和风险，从而更加重视对个人信息的保护。

·数据安全的技术和工具。通过介绍数据安全的技术和工具，让员工了解如何使用加密技术、访问控制、网络安全技术等，从而提高员工的技能和知识水平。

·个人信息保护的法律法规。通过介绍个人信息保护的法律法规，让员工了解个人信息保护的法律框架和要求，从而合法合规地保护个人信息。

（2）培训形式

企业对员工进行个人信息保护培训的形式可以包括以下三种。

·讲座式培训。讲座式培训是一种传统的培训方式，适合讲解较为基础的概念和知识，具有简单易行、易于组织的特点。

·案例式培训。案例式培训可以让员工了解实际案例中的个人信息保护问题和处理方式，增强培训的互动性和实效性。

·演练式培训。演练式培训可以让员工通过实践学习和掌握个人信息保护的技能和措施，更加贴近实际工作。

（3）培训周期

开展个人信息保护培训的周期应该结合企业的实际情况和员工的学习需要，通常可以分为以下三种。

·新员工培训。针对新员工，可以在其入职后的第一周或第二周安排一次个人信息保护培训,让新员工了解企业的个人信息保护政策和要求。

·定期培训。企业可以根据自身情况和员工的学习需求,每年或每季度定期开展个人信息保护培训,以便员工保持对个人信息保护的关注和了解。

·应急培训。在企业发生重大个人信息泄露事件或数据安全问题时,应及时组织员工进行应急培训,提醒员工注意信息安全和个人信息保护。

(4)培训对象

个人信息保护培训的对象应该包括所有与个人信息处理有关的员工,如负责信息系统的技术人员,负责个人信息采集、存储、处理的业务人员,负责信息安全管理的人员等。不同岗位的员工在个人信息处理中面临不同的风险和挑战,需要进行有针对性的培训。

3. 建立个人信息保护制度

企业可以建立完善的个人信息保护制度,明确员工个人信息保护的责任和义务。个人信息保护制度是指一系列用于保护个人信息和防止个人信息泄露的规章制度、流程、控制措施等。建立健全的个人信息保护制度可以促进企业遵守法律法规,提高信息安全水平,增强员工对个人信息保护的重视程度。

建立个人信息保护制度主要包括以下内容。

(1)建立个人信息保护管理制度

个人信息保护管理制度是企业个人信息保护制度的核心,主要包括管理体系、流程和控制措施。企业可以参照国内外相关标准和最佳实践制定符合企业自身情况的个人信息保护管理制度,明确个人信息保护的目标、职责、流程和控制措施等,确保个人信息保护的全面、有效实施。

(2)制定个人信息保护政策和规定

个人信息保护政策和规定是指企业制定的关于个人信息保护的具体

规定和措施。个人信息保护政策和规定应当体现企业的个人信息保护理念、规范个人信息处理流程、明确保护个人信息的原则、个人信息保护的责任和义务等，这可以有效地保护个人信息，防止个人信息泄露。

（3）实施个人信息安全影响评估

个人信息安全影响评估是指对企业的个人信息处理流程和系统的安全性，以及个人信息处理行为会给个人造成的影响进行的评估。评估可以帮助企业发现个人信息风险点和薄弱环节，为制定有效的个人信息保护措施提供支持。

（4）加强内部管理和监督

加强内部管理和监督是个人信息保护制度的重要环节，企业应当建立健全的内部管理和监督机制，确保个人信息保护制度的全面实施。具体而言，可以采取以下措施。

·明确个人信息保护的职责和义务，建立个人信息保护的内部管理制度，规定内部处理个人信息的流程和要求，确定责任人员和部门。

·制定个人信息保护的监督控制机制，包括内部审核、评估、监测等。定期开展内部个人信息保护检查，对可能存在的个人信息风险点和安全漏洞进行排查和修复。

·加强对员工行为的监督和管理，建立严格的个人信息使用、保管和销毁制度，对不当行为和违规行为进行追责和惩处。

·建立响应机制，对可能发生的个人信息泄露和安全事件进行及时响应和处置，包括制订应急预案、组织应急响应和恢复等。

·持续改进个人信息保护制度，不断优化个人信息保护机制和流程，使其适应企业发展和个人信息保护法律法规的变化。

4. 实施访问控制和权限管理

企业应该建立和实施访问控制和权限管理机制，限制员工对个人信息的访问和使用权限，确保只有获得授权的人员才能获取个人信息，具体方法主要包括以下四种。

·制定访问控制策略，设置员工访问个人信息的权限。对于不同的员工，应制定不同的访问控制策略，根据员工的职责和工作需要分配不同的访问权限。

·建立权限管理机制，控制员工对个人信息的操作权限。对于不同的操作，应设定不同的权限级别，并授予相应的权限。例如，对于敏感信息的访问和操作，应该设定更高的权限级别。

·定期审查权限分配情况，并根据需要进行调整。企业应定期审查权限的分配情况，发现和处理不当的权限分配和使用行为，及时调整权限分配。

·建立访问日志记录和审计机制，监测员工对个人信息的访问和使用行为。企业应建立访问日志记录和审计机制，记录员工对个人信息的访问和使用行为，及时发现和处理异常行为。

5. 建立个人信息保护审查机制

企业应建立个人信息保护审查机制，就员工对个人信息的使用行为进行审查，防止出现恶意操作和滥用个人信息的情况，具体而言包括以下措施。

（1）制定审查标准和流程

企业应制定明确的个人信息保护审查标准和流程，明确审查的范围、方式、周期和目的。审查标准可以根据企业的实际情况和相关法律法规制定，如审查员工在个人信息的访问、使用、存储和传输等方面的行为，审查可以采用抽样、全面、定向等不同的方式，审查周期应根据企业的实际情况和风险程度确定，通常可以定期或针对特定事件进行不定期审查。

（2）确定审查责任人和流程

企业应确定审查责任人和流程，制定明确的审查流程和职责分工。

审查责任人可以由个人信息保护管理人员、信息安全管理人员、人力资源管理人员等担任，他们应对审查标准和流程有深入的了解，并负责具体的审查工作。审查流程应包括审查的前期准备、审查的实施、审查结果的反馈和整改等环节，审查责任人应对每个环节进行严格的管理和控制。

(3) 采用技术手段进行审查

企业可以采用各种技术手段就员工对个人信息的使用行为进行审查。例如，可以采用日志审计、审计工具、数据挖掘等技术手段对员工的行为进行监控和分析，从而发现异常行为和风险隐患。同时，企业还可以采用安全防护系统和安全监控系统等技术手段，加强对个人信息的保护和安全管理。

(4) 整改和改进

企业应及时对发现的问题进行整改和改进，以确保个人信息的安全。对于发现的问题，企业应及时向相关人员反馈，并制订订改计划，按照计划进行整改。同时，企业还应对审查结果进行分析和总结，不断改进和完善个人信息保护审查机制，提高对个人信息的保护水平。

6. 建立信任机制

企业和组织还可以建立信任机制，鼓励员工参与个人信息保护，具体而言，企业可以考虑以下措施。

(1) 建立举报制度

企业应建立个人信息泄露举报制度，让员工可以自由举报泄露个人信息的行为。企业应为员工提供便捷的举报渠道，并对员工的举报及时进行核实和处理。同时，企业应保护员工的权益，确保员工不会因为举报而遭受报复。

(2) 建立奖励制度

企业可以通过建立奖励制度等方式，激励员工积极参与个人信息保护工作。例如，企业可以设立个人信息保护优秀员工奖，对表现优秀的员工进行表彰和奖励,激发员工的积极性和创造力。

(3) 加强沟通和交流

企业应该加强与员工的沟通和交流,让员工了解企业的个人信息保护政策和措施,并鼓励员工提出意见和建议。企业应建立良好的企业文化和信任关系,让员工感到自己的个人信息受到了保护,并愿意积极参与个人信息保护工作。

(4) 落实责任和惩罚机制

企业应建立相应的责任和惩罚机制,对违反个人信息保护规定的员工进行惩罚并纠正。企业应明确员工应该如何处理个人信息,以及在处理个人信息时应遵守的规则和标准,让员工充分认识到自己的责任和义务。同时,企业应对泄露个人信息行为进行严肃处理,保护员工的个人信息权益。

二、员工个人信息保护意识和能力的评估

为了评估员工的个人信息保护意识和能力,企业可以采取以下措施。

1. 问卷调查

企业可以通过问卷调查了解员工对个人信息保护的认知和态度。通过问卷调查,企业可以掌握员工对个人信息保护的了解程度、认识到的风险和威胁,以及他们采取的保护措施等。

2. 个人信息保护技能测试

企业和组织可以通过技能测试来测试员工在个人信息保护方面的实际能力。例如,可以通过模拟测试的方式,让员工识别数据泄露风险并掌握避免数据泄露的方法。测试结果可以为企业制订更有针对性的培训和教育计划提供数据支持。

3. 监测员工数据泄露情况

企业可以通过数据监测和分析了解员工数据泄露的情况。通过监测

和分析，可以及时发现数据泄露问题并采取措施，避免情况进一步恶化。

需要注意的是，在监测员工的数据泄露情况时，企业需要尊重员工的个人信息权，不能越界，侵犯员工的个人信息，否则会适得其反，引起员工的反感和不满，甚至导致出现员工离职等问题。因此，在实施监测措施时，企业需要制定明确的个人信息保护政策和规定，对监测范围、监测方式等进行规范和限制。

总之，员工个人信息保护管理是企业不可忽视的重要问题，企业应根据自身实际情况，选择并采取有效措施，促进员工个人信息保护意识和能力的提高，确保相关个人信息得到有效保护。

第四节　第三方合作伙伴个人信息保护管理

随着信息技术的不断发展和普及，企业需要与越来越多的第三方合作伙伴进行合作，以实现业务的拓展和创新。然而，在与第三方合作伙伴进行业务合作的过程中，个人信息保护问题越来越受到关注。由于第三方合作伙伴通常需要获取企业的敏感信息，如客户信息、交易信息、产品设计信息、员工个人信息等，因此，如何提高第三方合作伙伴的个人信息保护意识和能力，已经成为企业面临的一个重要挑战。

一、第三方合作伙伴个人信息保护管理措施

为了提高第三方合作伙伴的个人信息保护意识和能力，加强对第三方合作伙伴的个人信息保护管理，企业可以采取以下管理措施。

1. 加强对第三方合作伙伴的选择和审核

企业在与第三方合作伙伴进行合作之前，要先对其进行严格的选择和审核。在选择第三方合作伙伴时，企业需要了解其个人信息保护意识和能力的情况；在审核第三方合作伙伴时，企业需要对其进行全面的背

景调查，包括了解其经营范围、资质、信誉度等情况；对于可能涉及个人信息的第三方合作伙伴，企业还需要了解其数据处理流程和数据安全管理制度，以确保其对个人信息的保护符合相关法律法规和标准要求。

①制定第三方合作伙伴审核标准

企业应该制定明确的第三方合作伙伴审核标准，包括但不限于其信誉度、合法性、安全保障能力、个人信息保护意识和能力等。审核标准应综合考虑各种因素，并且根据企业实际情况进行制定，以确保选择的第三方合作伙伴具备足够的能力和资质来保护企业的个人信息。

（2）进行合同签署前的尽职调查

在与第三方合作伙伴签署合同之前，企业应进行尽职调查。这些调查应包括但不限于合作伙伴的信用记录、历史记录、资质证明、个人信息保护能力、数据安全措施等。

第一，核实第三方合作伙伴的资质和信誉。企业应核实第三方合作伙伴的营业执照、经营范围、注册地址、税务登记证等资质，确保其具有正规的法律地位和经营资格。同时，企业也应了解第三方合作伙伴的信誉和口碑，避免与不良的合作伙伴合作。

第二，审查第三方合作伙伴的个人信息保护措施。企业在选择第三方合作伙伴时，应审查其个人信息保护措施，如第三方合作伙伴是否具备个人信息保护的技术手段和措施，是否有相应的个人信息保护管理制度和操作流程等。企业也可以要求第三方合作伙伴提供相关的个人信息保护证明和报告，以确保其具备良好的个人信息保护能力。

第三，识别和评估潜在风险。在选择第三方合作伙伴之前，企业应进行风险识别和评估，以便找出潜在的风险因素。企业应采取专业的风险评估工具和方法评估合作伙伴的安全状况，以避免出现个人信息泄露和安全漏洞。

总之，企业在选择第三方合作伙伴时，应确保其能满足企业的个人信息保护要求，并将这些要求写入合同中，以确保第三方合作伙伴可以理解并遵守这些要求。

2. 签署保密协议和个人信息协议

在与第三方合作伙伴合作之前，企业需要与其签署保密协议和个人信息协议。保密协议应明确规定合作伙伴在工作中对获取的商业秘密和其他机密信息的保密义务和责任，以及泄露机密信息所带来的后果和惩罚。

个人信息协议则应明确规定合作伙伴在处理企业的个人信息时的责任和义务，以及对个人信息的保护措施和安全要求，具体而言包括以下内容。

·明确个人信息的范围。企业应明确规定哪些信息属于个人信息，并将其详细列出，通常包括个人身份信息、财务信息、交易信息等。

·规定个人信息的使用目的。企业应规定第三方合作伙伴收集个人信息的目的，并确保合作伙伴不得将其用于其他目的，这样可以避免合作伙伴利用个人信息从事不正当的商业活动。

·规定个人信息的保护措施。企业应规定第三方合作伙伴在收集、存储、处理、传输和销毁个人信息时必须采取的措施，如加密、备份、防火墙等，以确保个人信息的保密性、完整性和可用性。

·规定个人信息的访问权限。企业应规定谁可以访问个人信息，以及何时可以访问。只有需要使用个人信息的工作人员才能访问，同时还需要明确记录访问日志。

·规定个人信息的存储和保留期限。企业应规定第三方合作伙伴如何存储个人信息，并规定保留期限，以便于后续的审查和监督。

·个人信息的销毁方式。协议中应明确第三方合作伙伴如何销毁个人信息，包括销毁方式、销毁时间和销毁证明等。

·约定违约责任和赔偿方式。协议中应约定违约责任和赔偿方式，以便在发生违约时进行处罚和赔偿。同时，应明确规定相关的法律适用和争议解决方式。

·定期检查和更新。企业应定期检查和更新个人信息协议，以适应不断变化的业务需求和法律法规。

·教育和培训。企业应对第三方合作伙伴进行个人信息保护意识和能力的教育和培训，以确保他们能够遵守个人信息协议并保护个人信息。

总之，签署保密协议和个人信息协议不仅能够明确双方的责任和义务，还能够加强对第三方合作伙伴的约束，确保其遵守相关法律法规和标准要求，有效保护企业的商业秘密和个人信息。

3. 限制第三方合作伙伴的访问和使用权限

企业应建立和实施访问控制和权限管理机制，控制第三方合作伙伴对个人信息的访问和使用权限，确保只有拥有授权的人员才能获取个人信息。

(1) 建立访问控制机制

企业应根据个人信息的保密等级，建立不同的访问控制级别，确定不同级别的个人信息应分配给哪些第三方合作伙伴，并为其分配相应的访问权限。

(2) 实施权限管理

企业应制定权限管理策略，确保只有得到授权的第三方合作伙伴才能访问和使用相关个人信息，以保护个人信息不被非法获取或篡改。权限管理包括用户身份认证、访问控制、数据加密等措施。

(3) 定期审查权限分配情况

企业应定期审查第三方合作伙伴的权限分配情况，并根据需要进行调整。审查应包括权限的分配和取消情况、权限的使用情况、权限的变更记录等。

(4) 谨慎授权

企业应谨慎地给第三方合作伙伴授权访问和使用权限，授权前应对第三方合作伙伴的信誉和安全性进行评估，确保其有能力和意愿遵守个人信息保护要求。

(5) 建立追责机制

企业应建立追责机制，对违反访问控制和权限管理要求的第三方合作伙伴进行追责和惩罚，包括中止或终止合作、追究法律责任等。

总之，限制第三方合作伙伴对个人信息的访问和使用权限是保护企业个人信息安全的重要措施，企业应根据实际情况采取相应的措施并加强管理和监督。

4. 限制数据的共享和传输

企业应限制第三方合作伙伴对个人信息的共享和传输，确保数据的安全性和完整性。企业应明确第三方合作伙伴能够共享的信息范围和条件，并建立数据传输安全机制，对数据传输进行加密和验证，确保数据的安全传输。

(1) 确定共享的信息范围和条件

企业应明确第三方合作伙伴能够共享的信息范围和条件，如只共享必要的信息，共享目的必须符合法律法规等。同时，企业应对共享的信息进行分类，根据敏感程度和重要性等进行分级管理，确保共享信息的安全性和完整性。

(2) 建立数据传输安全机制

企业应采取加密和验证等安全措施，确保数据在传输过程中的安全性和完整性。例如，采用SSL/TLS协议对数据进行加密，建立数字签名机制对数据进行验证等。

(3) 限制共享方的权限和使用范围

企业应根据共享方的职责和工作需要，分配不同的访问和使用权限，并对共享方的行为进行监控和审查。同时，企业应限制共享方将共享信息用于其他目的，防止共享方滥用信息。

（4）定期检查和更新共享协议

企业应定期检查和更新共享协议，确保协议内容符合法律法规和标准要求。同时，企业应对共享方的合规性进行监测和评估，及时发现和纠正不规范的行为。

（5）限制第三方合作伙伴的数据存储权限

企业应限制第三方合作伙伴对个人信息的数据存储权限，并要求其建立安全存储机制，包括物理和逻辑安全措施，以防止未经授权的人员访问和窃取数据。

通过限制数据的共享和传输，企业能够有效保护个人信息的安全性和完整性，降低数据被泄露和滥用的风险。

5. 定期监督和检查第三方合作伙伴的个人信息保护措施

企业应定期监督和检查第三方合作伙伴的个人信息保护措施，确保第三方合作伙伴能够按照规定使用个人信息，并对发现的问题进行及时整改和修正，加强对第三方合作伙伴的监督和管理。

（1）制订监督检查计划

企业应制订监督检查计划，明确检查的内容、时间、方式等，制定检查标准和评估指标，确定检查的频次和具体流程。检查要点包括但不限于：个人信息保护措施是否符合法律法规和合同约定；是否有未经授权的访问和使用行为；是否有未经授权的数据共享和传输行为；是否有丢失或泄露个人信息的情况等。

（2）实施现场检查和文件审查

企业应采取现场检查和文件审查相结合的方式进行个人信息保护措施的检查。现场检查主要对第三方合作伙伴的物理环境和技术措施进行检查，包括但不限于：数据中心的安全措施、网络和系统安全措施、数据备份和恢复措施等。文件审查主要对第三方合作伙伴的个人信息保护政策和流程进行审查，包括但不限于：个人信息政策的公开和透明度、个人信息保护流程的合理性和完整性、个人信息保护措施的有效性和执行情况等。

（3）记录和报告检查结果

企业应记录和报告检查结果，对于发现的问题进行及时整改和修正。检查结果应包括但不限于：检查时间、检查人员、检查要点、检查结果和处理措施等。对于发现的问题，应及时采取相应的整改和修正措施，并建立跟踪机制，确保问题得到彻底解决。

（4）撤销访问权限

如果第三方合作伙伴的个人信息保护措施无法满足要求或第三方合作伙伴存在重大违规行为，企业应该及时撤销其对个人信息的访问权限，并对其进行整改或终止合作等。

定期监督和检查第三方合作伙伴的个人信息保护措施可以帮助企业及时发现并解决个人信息泄露、滥用和恶意操作等问题，保护个人信息的安全和保密性。

6. 建立个人信息保护响应机制

企业应建立个人信息保护响应机制，及时应对第三方合作伙伴个人信息泄露和安全事件。

（1）明确应急处理流程

企业应建立一套应急处理流程，包括第三方合作伙伴个人信息泄露和安全事件的发现、报告、处理和恢复等步骤。应急处理流程应考虑到各种可能的情况，如数据泄露、数据丢失、黑客攻击等，并指定专人负责应急处理工作，及时采取措施阻止信息的进一步泄露。

（2）采取应急措施

一旦发生第三方合作伙伴个人信息泄露和安全事件，企业应与第三方合作伙伴积极合作，及时采取应急措施，防止信息的进一步泄露和损失的扩大。应急措施可以包括立即停止相关业务活动、限制系统的访问权限、采取补救措施等，以减少损失和影响。

(3) 向有关部门报告

企业应及时向有关部门报告第三方合作伙伴个人信息泄露和安全事件，包括相关部门和当地政府。报告应包括事件的时间、地点、影响范围、采取的应急措施等信息，并按照有关规定履行报告程序。

(4) 调查和处理

企业应与第三方合作伙伴一起对第三方合作伙伴个人信息泄露和安全事件进行调查和处理，查明事实，评估损失和影响，并采取措施进行整改和修正。企业应建立问题反馈机制，及时接收和处理相关投诉和反馈。

(5) 通知和补救

企业应向受影响的客户和其他利益相关者提供详细信息，包括泄露的信息类型和数量、泄露的原因和范围，并采取措施补救损失和影响。

建立个人信息保护响应机制可以有效提高企业应对第三方合作伙伴个人信息泄露和安全事件的能力和效率，保障个人信息的安全和完整。

二、第三方合作伙伴个人信息保护意识和能力的评估

为了评估第三方合作伙伴个人信息保护意识和能力的情况，企业和组织可以采取以下措施。

1. 问卷调查

企业可以向第三方合作伙伴发送问卷，了解其个人信息保护制度、政策、技术手段、人员和培训等情况，以及其是否遵守相关法律法规和标准等。问卷调查可以帮助企业快速了解第三方合作伙伴的情况，但也存在问卷填写者不如实填写等问题。

调查问卷可以包括以下内容。

- 对个人信息保护的重视程度。
- 是否制定了个人信息保护相关的政策和措施。
- 是否有专门的人员负责个人信息保护工作。
- 是否对员工进行过个人信息保护培训。
- 是否定期对个人信息保护政策和措施进行检查和更新。
- 是否能够及时发现和应对个人信息泄露事件等。

2. 实地考察

企业可以实地考察第三方合作伙伴的办公场所和技术设备，了解他们的个人信息保护措施是否得到了有效的落实。现场检查可以使企业深入了解第三方合作伙伴的情况，但也可能需要消耗较多的时间和资源。

考察的内容可以包括以下方面。

- 网络安全设施是否得到了有效的保护，是否存在安全漏洞。
- 是否使用了加密等技术手段对个人信息进行保护。
- 是否存在未授权的数据访问行为。
- 是否存在对个人信息的滥用和泄露行为。
- 是否制订了应对个人信息泄露事件的应急预案。

3. 第三方合作伙伴的信誉度评估

企业可以了解第三方合作伙伴的信誉度，以及其是否发生过个人信息泄露事件等不良记录，评估的方法可以包括以下方面。

- 查阅第三方合作伙伴的资质证书和行业认证。
- 查阅第三方合作伙伴的历史业绩和客户反馈。
- 查询第三方合作伙伴的不良记录和处罚情况。

4. 第三方合作伙伴的安全漏洞评估

企业可以对第三方合作伙伴的网络和系统进行安全漏洞评估，评估第三方合作伙伴的安全性能和个人信息保护措施的有效性，了解其在这方面存在的安全风险和漏洞。但该评估可能需要专业的测试人员和工具，并且需要第三方合作伙伴的全力配合与信任。

评估的方法可以包括以下方面。

·扫描第三方合作伙伴的网络和系统，查找存在的安全漏洞。

·通过模拟攻击等方式测试第三方合作伙伴的安全防护能力。

·检查第三方合作伙伴的操作系统、应用程序、数据库等是否存在安全问题。

5. 委托第三方评估机构评估

企业可以委托第三方评估机构对第三方合作伙伴进行评估，以获取独立、客观的评估结果。第三方评估机构通常具有更专业的技术和方法，可以提供更深入的评估和分析。但是，第三方评估机构的评估费用可能较高。

以上评估方法既可以单独使用，也可以结合使用，以达到更加全面和准确的评估结果。对企业的第三方合作伙伴进行个人信息保护意识和能力评估，可以帮助企业确定合作伙伴的个人信息保护水平，并及时发现合作伙伴存在的个人信息保护风险。

综上所述，加强对员工和第三方合作伙伴的个人信息保护管理，提高员工和第三方合作伙伴的个人信息保护意识和能力，将有效降低个人信息的泄露风险，确保企业个人信息的安全和保密，保证企业符合相关法律法规关于个人信息保护的要求。

第五章　企业个人信息安全事件处置及个人信息保护管理

个人信息合规是企业在日常经营中绕不开的话题，特别是个人信息的收集、存储、处理和使用已成为企业商业活动的常态，但同时也带来了个人信息泄露、滥用等问题，进而引发了社会大众对个人信息保护的普遍关注。因此，如何有效处理个人信息安全问题成了每个企业都需要关注的话题。

本章将聚焦个人信息的安全及保护，为读者详细论述个人信息安全事件的分类、应对和处置流程、应注意的后续工作，并从企业角度出发，分享个人信息保护管理的流程及要点。

第一节　企业个人信息安全事件分类

企业个人信息安全事件，是指在信息的采集、处理、存储、传输和使用等过程中，由于技术、管理等方面的问题，导致个人信息被泄露、被篡改、丢失或被破坏等情况。企业个人信息安全事件具有多样性、复杂性和风险性，因此需要按照一定的标准进行划分和管理，并采取相应的应对方法和处置措施。

企业个人信息安全事件可以根据事件类型、事件范围、事件后果等进行分类。下面作者将从不同维度对企业个人信息安全事件进行分类。

一、按事件类型分类

根据事件类型的不同，企业个人信息安全事件可以分为以下四种类型。

1. 泄露事件

泄露事件是指个人信息被非法获取或公开。泄露事件主要包括以下五种类型。

·网络攻击：通过黑客攻击、网络钓鱼、木马病毒等手段获取个人信息。

·数据泄露：企业员工、服务商、供应商等人员在处理个人信息过程中，因管理不当或失误导致数据泄露。

·社会工程学攻击：骗子通过冒充他人身份、仿造网站等手段获取个人信息。

·物理盗窃：窃贼通过偷窃电脑、手机等设备获取个人信息。

·窃取事件：指个人信息未经授权被获取或盗窃。

2. 篡改事件

篡改事件是指个人信息被篡改或被篡改后被使用。篡改事件主要包括以下三种类型。

·恶意篡改：黑客通过网络攻击手段篡改个人信息。

·错误篡改：企业员工在处理个人信息过程中出现错误操作。

·自愿修改：用户在使用社交网络等平台时自愿修改或删除个人信息。

3. 丢失事件

丢失事件是指个人信息在处理或传输过程中丢失。丢失事件主要包括以下三种类型。

- 设备丢失：电脑、手机等存储个人信息的设备丢失。
- 数据传输丢失：个人信息在传输过程中丢失。
- 系统故障：系统故障导致个人信息丢失。

4. 破坏事件

破坏事件指个人信息被破坏或损坏。这种类型的事件通常由恶意攻击者或者内部员工不慎的操作导致，会对个人信息的完整性和可用性造成影响。破坏事件可以分为以下四种类型。

- 数据删除或损坏：攻击者通过恶意代码或攻击手段删除或破坏个人信息，或者通过物理攻击等原因导致数据损坏。
- 数据加密或锁定：攻击者通过勒索软件等手段加密或锁定个人信息，迫使被攻击方支付赎金或达到其他目的。
- 服务停止：攻击者通过攻击或者其他手段停止运行个人信息所在的服务器，导致用户无法正常访问、使用或操作个人信息。
- 硬件损坏：物理设备受到破坏或损坏，如硬盘、服务器等受到攻击导致个人信息丢失或受损。

二、按事件范围分类

企业个人信息安全事件按范围不同，可以分为以下四种。

1. 个人事件

个人事件指的是仅涉及单个个人的个人信息安全事件。这种事件通常是由个人安全措施不足或不当导致的个人信息被攻击者获取、篡改或破坏。例如，个人电子邮件账户密码泄露、社交媒体账户被黑客攻击、个人移动设备被盗或丢失等。

个人信息安全事件对受害者的影响通常是较小的，但在一些情况下也可能会导致严重的后果。例如，在个人账户泄露的情况下，攻击者可以利用这些信息进行诈骗、身份盗窃或其他恶意行为。

2. 企业事件

企业事件指的是涉及企业的个人信息安全事件，通常涉及企业内部员工的个人信息泄露、企业客户数据被黑客攻击获取等。企业事件的发生通常会对企业的声誉和经济造成严重影响。

3. 行业事件

行业事件指的是某一行业中发生的个人信息安全事件。不同行业面临的安全威胁是不同的。例如，医疗行业面临的安全威胁通常涉及病人的个人信息泄露，金融行业面临的则通常涉及客户账户被黑客攻击等。

4. 全球事件

全球事件指的是全球范围内的个人信息安全事件，通常这些事件的规模较大，影响范围广泛，可能涉及多个国家和地区。全球性的个人信息安全事件对整个互联网生态系统和全球经济发展都可能造成巨大影响，其后果可能会更加严重和复杂。

全球性个人信息安全事件的形式多样，包括黑客攻击、网络病毒、勒索软件、恶意代码等。这些事件可能会导致大量个人信息被窃取、泄露、篡改和破坏，造成个人信息和财产的损失，同时也会影响企业的声誉和信誉，进而影响企业的市值和商业活动。此外，还有可能造成国家安全和国际关系的危机，引发政治和经济风险。

三、按损害后果分类

根据损害后果的不同，企业个人信息安全事件可以分为以下四种类型。

1. 无损事件

无损事件是指个人信息虽被盗取、窃取、篡改或破坏，但并没有造成任何实质性的损失。这种事件可能只是个别信息的泄露，如手机号码、邮箱地址等，并不会导致严重的后果。无损事件虽然对个人和企业的影响较小，但仍需要采取相应的措施进行监测和处理，以保护个人信息的安全。

2. 轻微损失事件

轻微损失事件是指个人信息被盗取、窃取、篡改或破坏，但造成的损失较小，可以通过简单的措施恢复。例如，个人账户的密码被盗取，但在及时更改密码后并没有发生任何损失，或者个人信息虽被非法获取，但在发现后及时报警也没有造成实质性的损失。这种事件造成的损失虽然较小，但也需要采取一定的措施进行监测和处理，以避免后续的风险。

3. 中等损失事件

中等损失事件是指个人信息被盗取、窃取、篡改或破坏，造成了一定的损失，需要采取一定的措施进行恢复。例如，银行账户被盗取，造成用户一定金额的财产损失，或者个人信用卡信息被盗取，导致恶意消费等。这种事件可能对个人和企业造成一定影响，需要及时采取措施进行恢复，并对后续的风险进行监测和处理。

4. 严重损失事件

严重损失事件是指个人信息被盗取、窃取、篡改或破坏，造成重大损失，需要采取紧急措施进行恢复，同时可能会对个人和企业造成长期影响。严重损失事件通常包括以下情况。

·敏感个人信息泄露：如个人身份证件号码、银行账户、社保号码等敏感信息被泄露。

·大规模黑客攻击：如黑客攻击某一大型企业或政府机构的信息系统，窃取大量的个人信息，导致数以百万计的人受到影响。

·网络钓鱼攻击：如通过伪造电子邮件或网站，骗取用户的个人信息或密码。

·病毒攻击：如通过病毒感染用户的电脑或手机，窃取用户的个人信息或密码。

・数据篡改或破坏：如黑客对企业或政府机构的数据库进行篡改或破坏，导致数据的完整性或可靠性受到严重破坏。

以上事件均可能给个人、企业或政府机构造成重大损失和影响。对严重损失事件的处理需要采取紧急措施，包括暂停服务、修复系统、通知受影响的用户等，同时需要与相关部门合作进行调查和追踪，以便找到幕后黑手并采取法律措施。

第二节　企业个人信息安全事件应对和处置流程

企业个人信息安全事件的应对和处置是指在个人信息安全遭受威胁或者出现问题时，采取相应的措施进行解决和处理。在面对个人信息安全事件时，正确的应对和处置方法非常重要，它可以避免事件进一步扩大和恶化，从而保护个人信息的安全性。下面将详细介绍个人信息安全事件的应对和处置流程。

一、制订企业个人信息安全事件应急预案

为有效应对企业个人信息安全事件，企业应制订个人信息安全事件应急预案，应急预案的具体内容可以包括以下十项。

1. 应急预案组织架构与责任分工

企业个人信息安全事件应急预案中应明确应急响应小组的组织架构、成员及其职责，明确事件响应的管理体系与流程，确定各个环节的责任和权限，建立健全的组织架构和责任体系，保证应急响应的顺畅和有效性。

2. 事件分类与应急响应级别

针对不同类型的事件，应该设定不同的应急响应级别，将事件分级分类处理，分别制定应对措施，以避免不必要的损失。根据事件类型、

事件级别，及时启动应急响应计划，制订相应的应急处置方案。

3. 应急响应流程

应急响应流程是应急预案中非常重要的一部分，它直接关系到应急响应的速度和效率，应急响应流程应包含以下环节。

·事件发现：包括事件发生的时间、地点，事件的类型、级别、影响范围等信息。

·事件评估：对事件的类型、级别和影响范围进行评估，确定应急响应级别和相应的处置措施。

·应急响应：包括应急响应的组织、启动、指挥、协调、处置等各个环节。

·事后处理：包括恢复数据、复盘事件、总结经验教训等。

4. 应急响应措施

应急响应措施是应急预案的核心部分，具体措施应根据事件的类型、级别和影响范围确定，应该包括以下方面。

·信息收集：针对事件进行全面信息收集，包括事件的起因、影响范围、损失情况、攻击手段等。

·紧急处理：采取紧急的技术和管理措施，尽快控制和解决事件，减少损失和影响。

·数据恢复：采取数据备份、数据还原、数据恢复等技术手段，尽快恢复数据。

·事后分析：对事件进行分析和评估，总结经验教训，改进应急预案，提高应急响应能力。

5. 应急响应设备和工具

应急响应设备和工具是应对企业个人信息安全事件的重要组成部分，它们可以帮助组织或个人快速有效地应对事件、减少损失。

首先，网络安全监测设备是应急响应设备的核心部分。这些设备包括入侵检测系统（IDS）、网络流量分析器、漏洞扫描器等。它们可以监视网络活动，检测和记录不正常的活动和攻击，并生成警报。在应急响应中，这些设备可以帮助防御者识别和跟踪攻击源，并采取必要的措施。

其次，安全日志管理工具是应急响应的重要设备之一。安全日志记录了各种系统和网络事件的详细信息，包括用户登录、文件访问、系统配置更改等。当发生安全事件时，安全日志可以帮助企业确定事件的起因、范围和影响，以便采取适当的措施。

最后，还有一些其他的应急响应工具，如远程访问工具、漏洞修补工具、防病毒软件等。这些工具可以帮助企业识别和修复系统中的漏洞、删除恶意软件和恶意代码、清理系统等。

在选择应急响应设备和工具时，企业应考虑具体需求和环境。对大型企业来说，网络安全监测设备和安全日志管理工具可能是必不可少的。对小型企业来说，可能有防病毒软件和防火墙就足够了。此外，对应急响应设备和工具的选择也应考虑到设备和工具的可操作性，不同的设备和工具之间需要有良好的兼容性和协同工作能力，以确保在应急响应中能够快速高效地工作。

6. 应急预案评估和修订机制

应急预案需要定期进行评估和修订，以确保应急预案符合当前的安全需求。评估的主要目的是确定应急预案的有效性和可行性。修订的主要目的是根据评估结果和实际情况调整应急预案内容，提高应急响应的能力和效率。

7. 应急资源清单和保障机制

应急资源是指在安全事件发生时需要使用的资源，包括人员、设备、物资、信息等。应根据应急预案的实际需要制订应急资源清单，并定期更新。同时还需要建立应急资源保障机制，以保障应急资源的及时调配和有效使用。

8. 应急信息共享机制

应急信息共享是保障应急响应能力的关键，建立应急信息共享机制可以使企业及时获取并传递应急信息，协调应急响应工作。应急信息共享机制应包括信息收集、信息整合、信息分析、信息传递等环节，同时需要建立信息保密机制，保障应急信息的安全性和机密性。

9. 应急后续处理和复原机制

安全事件的后续处理和复原是保障应急响应工作顺利进行的关键，应急后续处理和复原机制包括对安全事件的善后处理、数据恢复、恢复业务运营等，需要明确各方面的职责和具体措施。

10. 进行应急响应培训和应急演练

进行企业个人信息安全事件应急响应培训和应急演练是保障企业和个人信息安全的重要手段，它可以提高相关人员的应急响应能力和处置效率。企业应定期（至少每年一次）组织内部相关人员进行应急响应培训和应急演练，使其明确岗位职责和熟悉应急处置策略和规程。

（1）应急响应培训

应急响应培训的目的是使相关人员了解企业个人信息安全事件的基本概念、应急响应的流程、责任分工和具体措施，提高其应对突发事件的能力，应急响应培训应包括以下内容。

·个人信息安全事件的基本概念和分类。培训应先介绍企业个人信息安全事件的基本概念和分类，使相关人员了解个人信息安全事件的本质和特点。

·应急响应的流程和步骤。应急响应的流程和步骤包括事件上报，应急响应组织，信息收集、分析和评估，应急响应措施制定和实施，后续监测和评估等。

·应急响应的责任分工。应急响应的责任分工包括应急响应组织机构和人员的职责、部门间协调和配合等。

·应急响应的具体措施。应急响应的具体措施包括信息备份、网络隔离、系统修复、恢复数据、应对攻击等。

·应急响应的技能培训。应急响应技能培训应对网络安全技术、数据恢复技术、系统维护技术等进行培训，提高相关人员的技能水平。

（2）应急演练

应急演练是指以模拟真实事件为基础，对应急响应流程、措施进行模拟，以检验应急预案的可行性和完备性，并提高应急响应人员的处置能力。

首先，常见的应急演练方法包括以下三种。

①桌面演练：桌面演练是在模拟真实事件的基础上，对应急预案和流程进行评估和测试，评估应急响应人员的反应和处置能力。通常在办公室或会议室内进行，参与人员包括应急响应小组成员、相关部门负责人等。

②功能演练：功能演练是指通过模拟一些实际操作过程，检验应急响应人员的操作能力和反应速度。比如，将计算机系统出现安全漏洞作为演练场景，然后由应急响应小组成员进行反应和处置。

③全流程演练：全流程演练是指对整个应急响应流程和应急措施进行全面测试和检验。比如，将某种类型的个人信息安全事件作为演练场景，然后由应急响应小组进行全流程应急响应和处置。

其次，应急演练的具体内容可以包括以下方面。

①模拟不同类型的企业个人信息安全事件，如网络攻击、数据泄露、恶意软件感染等，演练人员需要根据不同类型的事件选择不同的应急响应流程和措施。

②模拟不同级别的企业个人信息安全事件，如轻微损失事件、中等损失事件、严重损失事件等，演练人员需要根据事件级别选择不同的应急响应级别和措施。

③模拟不同的应急响应场景，如演练人员在不同时间、不同地点接到应急响应通知，其需要根据不同的场景选择不同的应急响应流程和措施。

最后，应急演练的基本要求包括以下方面。

①演练人员需要了解应急响应预案中的岗位职责和责任分工，明确每个岗位的职责和权利。

②演练人员需要了解应急响应措施和工具的使用方法和操作步骤，如如何使用防病毒软件、如何进行数据备份和恢复等。

③演练人员需要模拟协同工作，如不同岗位之间的协作和沟通、如何协调应急响应措施、如何交接任务等。

④演练结束后，需要对演练过程进行总结和评估，发现不足之处并加以改进，以提高应急响应能力。

二、企业个人信息安全事件的处置

发生企业个人信息安全事件后，企业应该如何进行处置，才能尽量减少损失，保护个人信息的安全？通常可遵循以下步骤。

1. 发现事件并评估风险

当发生企业个人信息安全事件时，应立即启动应急预案，并尽快组织应急响应小组，确定事件的性质、规模和影响范围，评估风险等级，并对事件进行分类。根据事件的紧急程度和影响范围，选择适当的应急响应级别，以便及时采取适当的应急措施。

2. 阻止进一步损失

在评估完事件风险后，应立即采取措施，阻止事态进一步恶化，避免进一步的损失。在这个阶段，应急响应小组应采取措施尽可能地隔离和控制受影响的系统或设备，停止数据的传输或处理，以保护关键数据不被进一步破坏或篡改。此外，也可以采取其他适当的措施，如断开网络连接、关闭受影响的系统或设备、暂停业务等。

3. 初步收集证据和信息

在阻止进一步损失之后，应急响应小组应开始初步收集相关证据和信息，以便为后续的调查和法律程序提供支持。此外，收集证据和信息还有助于确定事件的起因和影响范围。收集证据和信息的方式包括采集数据和日志、收集现场证据、调查目击者等。

4. 分析和确认事件

收集完证据和信息后，应急响应小组应对事件进行分析和确认。在分析事件的过程中，应急响应小组需要确定事件的起因、影响范围、受影响的数据、设备和系统以及事件的严重程度。同时，应评估事件对业务的影响，以及可能对受影响方造成的潜在损失。

5. 制订应急处置方案

根据事件的严重程度和影响范围，应急响应小组应制订具体的、有针对性的处置方案。处置方案应明确指出事件的处置流程和具体措施，包括恢复数据、设备和系统，重建网络架构，加固安全防御，进行安全审计等方面的措施和步骤，并明确具体的责任分工和时间节点。

6. 执行处置方案

应急响应小组应根据制订的处置方案执行具体的处置措施，包括但不限于以下内容。

（1）封堵事件源头

如果个人信息泄露源头还在，应急响应小组需要立即采取措施封堵源头，防止个人信息继续泄露。

（2）收集证据

应急响应小组应及时、全面收集和保存与本次事件有关的证据和信息，以便进行后续的调查和追责。

(3) 通知相关方

对于严重的企业个人信息安全事件，应急响应小组需要及时通知相关方，包括内部相关人员、外部相关合作伙伴、客户、监管机构等。

第一，对个人信息主体的告知要求包括：应及时将事件相关情况以邮件、信函、电话、推送通知等方式告知受影响的个人信息主体，难以告知个人信息主体时，应采取合理、有效的方式发布与公众有关的示警信息。

第二，对个人信息主体的告知内容应包括但不限于以下方面。

- 安全事件的内容和影响。
- 已采取或将要采取的处置措施。
- 个人信息主体自主防范和降低风险的建议。
- 针对个人信息主体提供的补救措施。
- 个人信息保护负责人和工作机构的联系方式。

第三，对监管机构的报告要求：按照《国家网络安全事件应急预案》等有关规定及时上报。

第四，对监管机构的报告内容包括但不限于以下方面。

- 个人信息主体的类型、数量、内容、性质等总体情况。
- 事件可能造成的影响。
- 已采取或将要采取的处置措施。
- 事件处置相关人员的联系方式。

(4) 恢复数据和系统

应急响应小组应根据应急处置方案的要求，及时采取措施恢复数据和系统，确保业务的正常运行。

(5) 分析事件原因

应急响应小组应结合收集到的证据和信息对个人信息安全事件进行分析和评估，找出事件发生的原因和漏洞，并加强信息安全措施，防止类似事件再次发生。

(6) 进行事后评估

应急响应小组应对企业个人信息安全事件的处置过程进行评估和总结，发现问题和不足，并改进应急响应预案和处置方案，提高应对能力。

7. 监控和评估

在实施处置方案后，需要对应急处置工作进行监控和评估。应急响应小组需要定期汇报事件处置的情况和结果，及时调整和优化应急响应措施，以保证个人信息安全事件得到全面、有效地处置。

第三节 企业个人信息安全事件后续工作

企业个人信息安全事件后续工作是指在应对企业个人信息安全事件时需要进行的一些后续工作，包括总结经验、完善安全管理体系、加强监控和预警等。

一、总结经验

总结经验是企业个人信息安全事件处置完毕后非常重要的一个环节。通过对事件的总结和分析，可以发现存在的问题和不足之处，及时制订改进措施和提高安全意识和能力的培训计划。

第一，召开总结会议。在企业个人信息安全事件处理完毕后，应急响应小组应召开总结会议。会议应由应急响应小组的领导主持，成员应包括所有参与应急响应工作的人员。会议的主要议程应包括事件的经过、处置效果、不足之处、教训和经验等内容。

第二，分析问题和不足之处。在总结会议中，应急响应小组应对事件的经过、处置效果和不足之处进行分析。需要探讨的问题包括：事件的起因、影响和损失，应急响应小组的反应和处置过程、技术手段和工具的应用情况、沟通协调的效果等。分析问题和不足之处可以为今后的工作提供指导，防止类似事件的再次发生。

第三，制定改进措施。在总结会议中，应急响应小组应根据分析结果制定相应的改进措施。改进措施应该是具体、可行、有效的，应有时间表和责任人。改进措施应包括技术、管理和培训等方面的内容，以提高企业个人信息安全事件应急响应的能力和水平。

第四，记录总结经验的过程和结果。总结经验的过程和结果应记录下来，作为今后的参考。记录内容应包括事件的经过、处置效果、不足之处、教训、改进措施和落实情况等。记录应详细、准确、全面，以提高今后的工作效率和质量。

二、完善安全管理体系

企业个人信息安全事件发生后，企业应当深入分析事件的原因和经过，总结经验教训，完善安全管理体系，以提高企业的安全保障能力，具体方法包括以下四种。

第一，加强安全管理规章制度的建设。进一步完善安全管理制度，明确各岗位职责和安全责任，推动安全文化建设。

第二，加强安全培训和教育。对企业内部员工进行安全培训和教育，进一步提高员工的安全意识和应对能力。

第三，加强安全审计和评估。定期进行安全审计和评估，及时发现和解决潜在的安全问题和隐患。

第四，建立安全管理责任制。明确安全管理的责任主体和工作职责，强化安全管理工作责任制和落实力度。

三、加强监控和预警

在企业个人信息安全事件的后续工作中，企业应当加强安全监控和预警工作，以发现和防范潜在的安全风险和漏洞，具体方法包括以下四种。

第一，加强日志记录和分析，对系统和网络的操作、访问和异常行为进行监控和分析，及时发现异常情况并进行预警和处理。

第二，建立安全事件监测和预警机制，对于可能引发安全事件的异常情况和行为进行监测和预警，及时采取措施防范和化解风险。

第三，加强漏洞的管理和修补，对系统和应用程序的漏洞进行及时修补，避免被黑客攻击利用。

第四，加强恶意代码的检测和清除，对系统和网络中的恶意代码进行及时检测和清除，确保系统和网络的安全稳定。

四、进一步增强员工的安全意识

在企业个人信息安全事件的应急响应过程中，员工是最重要的参与者。因此，企业个人信息安全事件处置完毕后，可就该企业个人信息安全事件，进一步加强员工安全意识的培训和教育，这有助于员工了解该事件的起因、影响和解决方案，以及日后应如何防范和应对类似事件。此外，企业应定期组织员工进行安全意识教育和培训，内容包括网络安全意识、信息安全政策、安全风险意识、安全管理知识等方面。同时，企业应加强对员工的监督和管理，建立健全的员工信息安全责任制度。只有让员工时刻保持警惕并具备防范和应对能力，才能从根本上避免个人信息泄露等安全事件的发生。

五、维护用户权益

企业个人信息安全事件发生后，企业应当积极采取措施保障用户的权益，减少用户损失，具体方法包括以下四种。

第一，企业应当及时向受影响的客户通报事件的影响和处理情况，尤其是在客户个人信息被泄露的情况下，应告知客户被泄露的信息类型、泄露的范围以及可能对客户带来的影响等。同时，企业也应告知客户企业所采取的应对措施以及未来避免个人信息泄露的方案。通过及时通报事件的处理情况，可以增强公众对企业的信任度，避免负面影响扩大。

第二，企业需要及时回应客户的关切和疑虑，如客户质疑企业是否存在个人信息安全风险等方面的问题。对于客户的问题和疑虑，企业需要进行耐心解答，使客户更好地了解事件真相及企业对事件的应对措施。同时，企业需要在客户关注的问题上进行深入探讨，以改进安全管理策略，加强对客户个人信息的保护和管理。

第三，企业应在日常经营管理中加强对客户个人信息的保护和管理，采用先进的信息安全技术和管理措施，加密存储和传输客户的个人信息，保障客户的个人信息权益。

第四，企业应加强用户申诉和投诉渠道的建设，及时回应用户的申诉和投诉，保障用户的合法权益。

第四节 企业个人信息保护管理流程

通过以上对企业个人信息安全事件的分类及处置流程等的分析、介绍可知，个人信息安全事件对企业造成的影响不容小觑。而近年来，企业个人信息泄露事件不断发生，不仅给个人的生活和工作带来了严重的影响，也给各个企业带来了巨大的经济和信誉损失。因此，制定和执行完善的企业个人信息保护管理流程，保护个人信息安全和保密，成为现代企业的重要任务。企业个人信息保护管理流程涉及个人信息收集、存储、使用、共享、转让、披露、删除等各个流程的管理，具体而言，应考虑以下内容。

一、基本原则

企业个人信息保护管理流程的制定应当遵循以下基本原则。

1. 合法原则

个人信息的采集、处理、存储、使用、共享、转移、删除等各个环节应当符合法律法规的规定，保障个人信息的合法性和合理性。

2. 正当原则

个人信息的采集、处理、存储、使用、共享、转移、删除等各个环节应当遵循合理、必要、公正、透明的原则，不得超出合理范围和目的。

3. 必要原则

个人信息的采集、处理、存储、使用、共享、转移、删除等各个环节应当遵循必要性原则，仅收集和使用必要的个人信息，避免过度收集和使用。

4. 自愿原则

在个人信息的采集、处理、存储、使用、共享、转移、删除等各个环节应当建立个人信息主体自主选择机制，确保个人信息主体的知情权、自主权和选择权。

5. 管理和持续改进原则

企业应建立健全的管理机制，不断进行对个人信息保护管理流程的监测、评估和改进，确保其持续有效。

二、企业个人信息收集管理流程要点

企业应该明确收集个人信息的目的，并通过明示同意或其他合法方式收集个人信息。同时，企业应限制收集的信息类型和数量，避免不必要的收集。具体而言，主要需满足以下要求：

1. 合法性

企业收集个人信息应遵循合法性原则。

- 不应以欺诈、诱骗、误导的方式收集个人信息。
- 不应隐瞒产品或服务所具有的收集个人信息的功能。
- 不应从非法渠道获取个人信息。

2. 最小必要性

企业收集个人信息应遵循最小必要性原则。

- 收集的个人信息的类型应与实现产品或服务的业务功能有直接关联。直接关联是指没有上述个人信息的参与，产品或服务的功能无法实现。
- 自动采集个人信息的频率应是实现产品或服务的业务功能所必需的最低频率。
- 间接获取个人信息的数量应是实现产品或服务的业务功能所必需的最小数量。

3. 多项业务功能的自主选择

当产品或服务提供多项需收集个人信息的业务功能时，企业不应违背个人信息主体的自主意愿，强迫其接受产品或服务所提供的业务功能及相应的个人信息收集请求。

- 不应通过捆绑产品或服务等各项业务功能的方式，要求个人信息主体一次性接受并授权同意其未申请或未使用的业务功能收集个人信息的请求。
- 应把个人信息主体自主作出的肯定性动作，如主动点击、勾选、填写等作为产品或服务的特定业务功能的开启条件。企业应仅在个人信息主体开启该业务功能后，开始收集个人信息。
- 关闭或退出业务功能的途径或方式应与个人信息主体选择使用业务功能的途径或方式同样方便。个人信息主体选择关闭或退出特定业务功能后，企业应停止该业务功能的个人信息收集活动。

·个人信息主体不授权同意使用、关闭或退出特定业务功能的，不应频繁征求个人信息主体的授权同意。

·个人信息主体不授权同意使用、关闭或退出特定业务功能的，不应暂停个人信息主体自主选择使用的其他业务功能，或降低其他业务功能的服务质量。

·不得仅以改善服务质量、提升使用体验、研发新产品、增强安全性等为由，强制要求个人信息主体同意收集个人信息。

4. 授权同意

企业收集个人信息应获得相应的授权同意。

·收集个人信息，应向个人信息主体告知收集、使用个人信息的目的、方式和范围等规则，并获得个人信息主体的授权同意。

·收集敏感个人信息前，应征得个人信息主体的明示同意，并应确保个人信息主体的同意是其在完全知情的基础上自主给出的、具体的、清晰明确的意愿表示。

·收集个人生物识别信息前，应单独向个人信息主体告知收集、使用个人生物识别信息的目的、方式和范围及存储时间等，并征得个人信息主体的明示同意。

·收集年满14周岁未成年人的个人信息前，应征得未成年人或其监护人的明示同意；不满14周岁的，应征得其监护人的明示同意。

·间接获取个人信息时，应要求个人信息提供方说明个人信息来源，并对其合法性进行确认；应了解个人信息提供方已获得的个人信息处理的授权同意范围，包括使用目的，个人信息主体是否授权同意转让、共享、公开披露、删除等；如开展业务所需进行的个人信息处理活动超出已获得的授权同意范围，应在获取个人信息后的合理期限内或处理个人信息前，征得个人信息主体的明示同意，或通过个人信息提供方征得个

第五章 企业个人信息安全事件处置及个人信息保护管理

人信息主体的明示同意。

三、企业个人信息存储管理流程要点

企业应采取必要的技术和组织措施，确保存储的个人信息安全可靠。同时，企业应限制个人信息的存储时间，并按照相关法规和标准进行安全销毁。具体而言，主要需满足以下要求。

1. 存储时间最小化

个人信息存储期限应为实现个人信息主体授权使用的目的所必需的最短时间，法律法规另有规定或者个人信息主体另行授权同意的除外。超出上述个人信息存储期限后，企业应对个人信息进行删除或匿名化处理。

2. 去标识化处理

收集个人信息后，企业宜立即进行去标识化处理，并采取技术和管理方面的措施将可用于恢复识别个人的信息与去标识化后的信息分开存储，并加强访问和使用的权限管理。

3. 敏感个人信息的传输和存储

敏感个人信息的传输和存储应注意以下事项。

·传输和存储敏感个人信息时，应采用加密等安全措施。

·个人生物识别信息应与个人身份信息分开存储。

·原则上不应存储原始个人生物识别信息（如样本、图像等），可采取的措施包括但不限于：仅存储个人生物识别信息的摘要信息；在采集终端中直接使用个人生物识别信息实现身份识别、认证等功能；在使用面部识别特征、指纹、掌纹、虹膜等实现身份识别、认证等功能后删除可提取个人生物识别信息的原始图像。

4. 停止运营

当企业停止运营其产品或服务时，应及时停止收集个人信息；将停

止运营的通知以逐一送达或公告的形式通知个人信息主体；对其所持有的个人信息进行删除或匿名化处理。

四、企业个人信息使用管理流程要点

企业个人信息使用是指对存储的个人信息进行查看、分析、使用等操作。企业在使用个人信息时，应遵循相关法规和标准，并确保使用方式符合事先确定的目的。同时，企业应采取必要的技术和组织措施，防止未经授权的使用或滥用个人信息。具体而言，主要需满足以下要求。

1. 访问控制措施

企业应对个人信息实施访问控制。

·对被授权访问个人信息的人员，应建立最小授权的访问控制体系，使其只能访问职责所需、最小必要的个人信息，且仅具备完成该项数据操作的权限。

·对个人信息的重要操作设置内部审批流程，如进行批量修改、拷贝、下载等。

·对安全管理人员、数据操作人员、审计人员的角色进行分离设置。

·确因工作需要须授权特定人员超权限处理个人信息的，应经个人信息保护责任人或保护工作机构审批，并记录在册。

·对敏感个人信息的访问、修改等操作行为，宜在对角色权限进行控制的基础上，按照业务流程的需求触发操作授权。例如，当收到客户投诉时，投诉处理人员才可访问该个人信息主体的相关信息。

2. 展示限制

涉及通过界面展示个人信息的（如显示屏幕、纸面），企业宜对需要展示的个人信息采取去标识化处理等措施，减少个人信息在展示环节的泄露风险。例如，在个人信息展示时，防止内部非授权人员及个人信息主体之外的其他人员未经授权获取个人信息。

第五章　企业个人信息安全事件处置及个人信息保护管理

3. 使用目的限制

企业在使用个人信息时，不应超出与收集个人信息时所声称的目的具有直接或合理关联的范围。确因业务需要须超出上述范围使用个人信息的，应再次征得个人信息主体的明示同意。

对所收集的个人信息进行加工处理而产生的信息，如能够单独或通过与其他信息结合识别特定自然人身份或者反映特定自然人活动情况，应将其认定为个人信息，对其处理应遵循收集个人信息时获得的授权同意范围。

4. 用户画像的使用限制

· 用户画像中对个人信息主体的特征描述，不应包含淫秽、色情、赌博、迷信、恐怖、暴力，以及表达对民族、种族、宗教、残疾、疾病歧视的内容。

· 在业务运营或对外业务合作中使用用户画像的，不应侵害公民、法人和其他组织的合法权益；不应危害国家安全、荣誉和利益，煽动颠覆国家政权、推翻社会主义制度，煽动分裂国家、破坏国家统一，宣扬恐怖主义、极端主义，宣扬民族仇恨、民族歧视，传播暴力、淫秽色情信息，编造、传播虚假信息扰乱经济和社会秩序。

· 除为实现个人信息主体授权同意的使用目的所必需外，使用个人信息时应消除明确的身份指向性，避免通过该信息精确定位到特定个人。例如，为准确评价个人信用状况，可使用直接用户画像；而用于推送商业广告时，则宜使用间接用户画像。

5. 个性化展示的使用

· 在向个人信息主体提供业务功能的过程中使用个性化展示的，应显著区分个性化展示的内容和非个性化展示的内容。

· 在向个人信息主体提供电子商务服务的过程中，根据消费者的兴趣爱好、消费习惯等特征向其提供商品或者服务搜索结果的个性化展示

263

的，应当同时向该消费者提供不针对其个人特征的选项。

·在向个人信息主体推送新闻信息服务的过程中使用个性化展示的，应为其提供简单直观的退出或关闭个性化展示模式的选项；当个人信息主体选择退出或关闭个性化展示模式时，应向其提供删除或匿名化定向推送活动所基于的个人信息的选项。

·在向个人信息主体提供业务功能的过程中使用个性化展示的，宜建立个人信息主体对个性化展示所依赖的个人信息（如标签、画像维度等）的自主控制机制，保障其调控个性化展示相关性程度的能力。

五、企业个人信息共享、转让管理流程要点

企业在共享、转让个人信息过程中，主要需满足以下要求。

1. 非因收购、兼并、重组、破产原因共享、转让的

企业共享、转让个人信息时，应充分重视风险，非因收购、兼并、重组、破产原因的，应符合以下要求。

·事先开展个人信息安全影响评估，并依据评估结果采取有效的保护个人信息主体的措施。

·向个人信息主体告知共享、转让个人信息的目的、数据接收方的类型以及可能产生的后果，并事先征得个人信息主体的授权同意。共享、转让去标识化处理的个人信息，且确保数据接收方无法重新识别或无法关联个人信息主体的除外。

·共享、转让敏感个人信息前，除第二项中告知的内容外，还应向个人信息主体告知涉及的敏感个人信息类型、数据接收方的身份和数据安全能力，并事先征得个人信息主体的明示同意。

·通过合同等方式明确数据接收方的责任和义务。

·准确记录和存储个人信息的共享、转让情况，包括共享、转让的日期、规模、目的，以及数据接收方基本情况等。

- 企业发现数据接收方违反法律法规要求或双方处理个人信息约定的，应立即要求数据接收方停止相关行为，并要求数据接收方采取有效补救措施（如更改口令、回收权限、断开网络连接等）控制或消除个人信息面临的安全风险；必要时，个人信息控制者应解除与数据接收方的业务关系，并要求其及时删除从企业获得的个人信息。

- 因共享、转让个人信息发生安全事件而对个人信息主体合法权益造成损害的，企业应承担相应的责任。

- 帮助个人信息主体了解数据接收方对个人信息的存储、使用等情况，以及个人信息主体的权利，如访问、更正、删除、注销账户等。

- 个人生物识别信息原则上不应共享、转让。确因业务需要须共享、转让的，应单独向个人信息主体告知目的、涉及的个人生物识别信息类型、数据接收方的具体身份和数据安全能力等，并征得个人信息主体的明示同意。

2. 因收购、兼并、重组、破产原因共享、转让的

当企业发生收购、兼并、重组、破产等变更时，应向个人信息主体告知有关情况。变更后的个人信息控制者应继续履行原个人信息控制者的责任和义务，如变更个人信息使用目的时，应重新取得个人信息主体的明示同意；如破产且无承接方，应对数据做删除处理。

六、企业个人信息披露管理流程要点

个人信息原则上不应公开披露，个人信息控制者经法律授权或具备合理事由确需公开披露时，应符合以下要求。

- 事先开展个人信息安全影响评估，并依评估结果采取有效的保护个人信息主体的措施。

- 向个人信息主体告知公开披露个人信息的目的、类型，并事先征得个人信息主体明示同意。

· 公开披露敏感个人信息前，除第二项中告知的内容外，还应向个人信息主体告知涉及的敏感个人信息的内容。

· 准确记录和存储个人信息公开披露的情况，包括公开披露的日期、规模、目的、公开范围等。

· 承担因公开披露个人信息对个人信息主体合法权益造成损害的相应责任。

· 不应公开披露个人生物识别信息。

· 不应公开披露对我国公民的种族、民族、政治观点、宗教信仰等个人敏感数据的分析结果。

七、企业个人信息删除管理流程要点

信息删除是指删除已经收集、处理、存储的个人信息。在达到法定保存期限或者信息主体要求删除等情况下，应当及时删除个人信息。同时，对于因技术原因无法删除的个人信息，应当采取必要的安全保护措施，保证其不被非法使用、泄露或者篡改。个人信息删除管理流程应当遵循以下规定。

1. 删除方式

企业应当采用安全、合法、公正、透明的方式进行个人信息删除，确保个人信息的安全和保密。

2. 删除范围

企业应当仅删除达到法定保存期限或者信息主体要求删除或根据相关法律规定可以删除的个人信息，并应当限制删除的范围，避免误删重要信息。

3. 删除完整性

企业在删除个人信息时，应当确保其完整性和彻底性，不得留下任何痕迹或备份。

4. 删除记录

企业应当记录个人信息删除的时间、方式、内容等信息，并加强对记录的保护，防止个人信息泄露和滥用。

八、企业个人信息安全事件管理流程要点

企业个人信息安全事件是指发生在个人信息收集、存储、使用、共享、转让、披露、删除等环节中的违反安全规定的事件，包括个人信息泄露、损毁、丢失等。即使企业或组织尽力遵守个人信息保护管理流程，企业个人信息安全事件也有可能发生。因此，企业或组织应当建立健全的个人信息安全事件管理流程，及时、有效地处理个人信息安全事件。

关于企业个人信息安全事件具体的应对和处置流程请参考前文内容，本部分仅简单论述处理个人信息安全事件时应遵循的基本原则。

1. 及时性原则

企业应当及时发现企业个人信息安全事件，并立即采取措施。

2. 调查核实原则

企业应当对企业个人信息安全事件进行调查核实，了解事件的起因和影响，避免类似事件再次发生。

3. 通知公告原则

企业应当及时向受影响的个人、有关部门和社会公众公告企业个人信息安全事件的情况，并告知可能造成的影响和采取的措施。

4. 应急响应原则

企业应当根据企业个人信息安全事件的具体情况，采取必要的应急措施，减少事件的影响。

5. 责任追究原则

在处置完企业个人信息安全事件后，企业应当对个人信息安全事件的相关责任人进行责任追究，确保个人信息的安全性和保密性。

九、企业个人信息保护管理流程的监督和评估

为确保企业个人信息保护管理流程的有效性和合规性，企业应当建立健全的监督和评估机制，确保该机制能够及时、有效地监督和评估个人信息保护管理流程的执行情况。具体应当遵循以下原则。

1. 内部监督原则

企业应当建立健全的内部监督机制，以及时、有效地监督个人信息保护管理流程的执行情况。

2. 外部监督原则

企业应当接受有关部门、社会公众和个人对个人信息保护管理流程的监督，并及时、有效地回应监督意见。

3. 评估原则

企业应当定期对个人信息保护管理流程进行评估，以便了解执行情况和改进需要。

4. 持续改进原则

企业应当根据评估结果和监督意见持续改进个人信息保护管理流程，提高个人信息保护水平。

总之，制定和执行个人信息保护管理流程是企业保护个人信息的重要手段。通过制定合理的个人信息保护管理流程，企业能够规范个人信息的采集、处理、存储、使用、共享、转让、披露、删除等各个环节，确保个人信息的安全性和保密性，保障个人信息主体的合法权益。

同时，制定和执行个人信息保护管理流程是企业履行社会责任的重要体现，也是提高企业的竞争力和信誉度的关键环节。通过加强个人信息保护，企业能够提高客户的满意度和忠诚度，赢得更广泛的市场和社会认可，实现可持续发展的目标。

附录　企业个人信息保护主要法规、规范、标准

序号	实施日期	名称
法律			
1	2021.11.01	《中华人民共和国个人信息保护法》
2	2021.01.01	《中华人民共和国民法典》
3	2024.03.01	《中华人民共和国刑法》（2023年修正）
4	2021.09.01	《中华人民共和国数据安全法》
5	2017.06.01	《中华人民共和国网络安全法》
6	2014.03.15	《中华人民共和国消费者权益保护法》（2013年修正）
7	2019.01.01	《中华人民共和国电子商务法》
8	2021.06.01	《中华人民共和国未成年人保护法》（2020年修订）
9	2021.04.29	《中华人民共和国广告法》（2021年修正）
10	2012.01.01	《中华人民共和国居民身份证法》（2011年修正）
行政法规			
11	2021.09.01	《关键信息基础设施安全保护条例》
12	2016.02.06	《中华人民共和国电信条例》（2016年修订）
13	2013.03.15	《征信业管理条例》
司法解释			
14	2021.08.01	《最高人民法院关于审理使用人脸识别技术处理个人信息相关民事案件适用法律若干问题的规定》
15	2021.01.01	《最高人民法院关于审理利用信息网络侵害人身权益民事纠纷案件适用法律若干问题的规定》（2020年修正）
16	2019.11.01	《最高人民法院、最高人民检察院关于办理非法利用信息网络、帮助信息网络犯罪活动等刑事案件适用法律若干问题的解释》
17	2018.11.09	《检察机关办理侵犯公民个人信息案件指引》
18	2017.06.01	《最高人民法院、最高人民检察院关于办理侵犯公民个人信息刑事案件适用法律若干问题的解释》

续表

序号	实施日期	名称
部门规章及规范性文件		
19	2013.09.01	《电信和互联网用户个人信息保护规定》
20	2019.10.01	《儿童个人信息网络保护规定》
21	2021.05.01	《网络交易监督管理办法》
22	2022.02.15	《网络安全审查办法》
23	2017.07.01	《移动智能终端应用软件预置和分发管理暂行规定》
24	2019.03	《App 违法违规收集使用个人信息自评估指南》
25	2019.11.28	《App 违法违规收集使用个人信息行为认定方法》
26	2019.04.10	《互联网个人信息安全保护指南》
27	2019.08.10	《关于引导规范教育移动互联网应用有序健康发展的意见》
28	2019.10.31	《工业和信息化部关于开展 APP 侵害用户权益专项整治工作的通知》
29	2021.04.06	《工业和信息化部办公厅关于进一步抓好互联网应用适老化及无障碍改造专项行动实施工作的通知》
30	2021.05.01	《常见类型移动互联网应用程序必要个人信息范围规定》
标准文件		
31	2020.10.01	《信息安全技术 个人信息安全规范》（GB/T 35273—2020）
32	2020.03.01	《信息安全技术 个人信息去标识化指南》（GB/T 37964—2019）
33	2021.06.01	《信息安全技术 个人信息安全影响评估指南》（GB/T 39335—2020）
34	2020.09.18	《网络安全标准实践指南——移动互联网应用程序（App）个人信息保护常见问题及处置指南》
35	2020.07.22	《网络安全标准实践指南——移动互联网应用程序（App）收集使用个人信息自评估指南》
36	2020.09.18	《网络安全标准实践指南——移动互联网应用程序（App）系统权限申请使用指南》
37	2020.11.27	《网络安全标准实践指南——移动互联网应用程序（App）使用软件开发工具包（SDK）安全指引》

续表

序号	实施日期	名称
38	2022.11.25	《T/TAF 077.1—2022 App 收集使用个人信息最小必要评估规范 第1部分：总则》
39	2020.11.26	《T/TAF 077.2—2020 App 收集使用个人信息最小必要评估规范 位置信息》
40	2022.02.23	《T/TAF 077.3—2022 App 收集使用个人信息最小必要评估规范 第3部分：图片信息》
41	2020.11.26	《T/TAF 077.4—2020 App 收集使用个人信息最小必要评估规范 终端通讯录》
42	2022.09.15	《T/TAF 077.5—2022 App 收集使用个人信息最小必要评估规范 第5部分：设备信息》
43	2020.11.26	《T/TAF 077.6—2020 App 收集使用个人信息最小必要评估规范 软件列表》
44	2020.11.26	《T/TAF 077.7—2020 App 收集使用个人信息最小必要评估规范 人脸信息》
45	2022.09.15	《T/TAF 077.8—2022 App 收集使用个人信息最小必要评估规范 第8部分：录像信息》
46	2022.02.23	《T/TAF 077.9—2022 App 收集使用个人信息最小必要评估规范 第9部分：短信信息》
47	2021.01.08	《T/TAF 077.10—2021 App 收集使用个人信息最小必要评估规范 录音信息》
48	2022.09.15	《T/TAF 077.11—2022 App 收集使用个人信息最小必要评估规范 第11部分：通话记录》
49	2021.01.15	《T/TAF 077.12—2021 App 收集使用个人信息最小必要评估规范 好友列表》
50	2021.01.15	《T/TAF 077.13—2021 App 收集使用个人信息最小必要评估规范 传感器信息》
51	2021.01.15	《T/TAF 077.14—2021 App 收集使用个人信息最小必要评估规范 应用日志信息》
52	2021.01.15	《T/TAF 077.15—2021 App 收集使用个人信息最小必要评估规范 房产信息》

续表

序号	实施日期	名称
53	2021.01.15	《T/TAF 077.16—2021 App 收集使用个人信息最小必要评估规范 交易记录》
54	2021.01.15	《T/TAF 077.17—2021 App 收集使用个人信息最小必要评估规范 身份信息》
55	2022.09.15	《T/TAF 077.18—2022 App 收集使用个人信息最小必要评估规范 第18部分：剪切板信息》
56	2023.10.31	《T/TAF 077.20—2023 App 收集使用个人信息最小必要评估规范 第20部分：搜索及浏览记录》
57	2023.06.26	《T/TAF 078.1—2023 App 用户权益保护测评规范 第1部分：超范围收集个人信息》
58	2020.11.26	《T/TAF 078.2—2020 App 用户权益保护测评规范 定向推送》
59	2020.11.26	《T/TAF 078.3—2020 App 用户权益保护测评规范 个人信息获取行为》
60	2023.06.26	《T/TAF 078.4—2023 App 用户权益保护测评规范 第4部分：权限索取行为》
61	2020.11.26	《T/TAF 078.5—2020 App 用户权益保护测评规范 违规使用个人信息》
62	2023.06.26	《T/TAF 078.6—2023 App 用户权益保护测评规范 第6部分：违规收集个人信息》
63	2023.06.26	《T/TAF 078.7—2023 App 用户权益保护测评规范 第7部分：欺骗误导强迫行为》
64	2020.11.26	《T/TAF 078.8—2020 App 用户权益保护测评规范 移动应用分发平台管理》
65	2023.06.26	《T/TAF 078.9—2023 App 用户权益保护测评规范 第9部分：移动应用分发平台信息展示》
66	2023.06.26	《T/TAF 078.10—2023 App 用户权益保护测评规范 第10部分：自启动和关联启动行为》

图书在版编目（CIP）数据

企业个人信息保护合规手册 / 朱凯，夏蕊，蒋皓宇著. -- 北京 : 中国法制出版社，2024.8. -- ISBN 978-7-5216-4587-3

Ⅰ．D923.74

中国国家版本馆 CIP 数据核字第 20244UC108 号

策划编辑：赵　宏
责任编辑：陈晓冉　　　　　　　　　　　　　　封面设计：杨鑫宇

企业个人信息保护合规手册
QIYE GEREN XINXI BAOHU HEGUI SHOUCE

著者/朱凯　夏蕊　蒋皓宇
经销/新华书店
印刷/河北鑫兆源印刷有限公司
开本/710 毫米×1000 毫米　16 开　　　　印张/ 17.75　字数/ 188 千
版次/2024 年 8 月第 1 版　　　　　　　　2024 年 8 月第 1 次印刷

中国法制出版社出版
书号 ISBN 978-7-5216-4587-3　　　　　　　　　　　定价：69.80 元

北京市西城区西便门西里甲 16 号西便门办公区
邮政编码：100053　　　　　　　　　　　传真：010-63141600
网址：http：//www.zgfzs.com　　　　　编辑部电话：010-63141835
市场营销部电话：010-63141612　　　　印务部电话：010-63141606

（如有印装质量问题，请与本社印务部联系。）